本书系西南大学校项目资金资助
（项目编号 SWU1709710）成果

西南大学教育学部
现代教育文库

统筹城乡背景下一体化职业教育

艾兴 著

人民出版社

图书在版编目（CIP）数据

统筹城乡背景下一体化职业教育 / 艾兴 著. —北京：人民出版社，2019

ISBN 978-7-01-020866-4

Ⅰ.①统… Ⅱ.①艾… Ⅲ.①职业教育－研究－中国 Ⅳ.①G719.2

中国版本图书馆CIP数据核字(2019)第095787号

统筹城乡背景下一体化职业教育
TONGCHOU CHENGXIANG BEIJINGXIAYITIHUA ZHIYE JIAOYU
著　　者：艾　兴
责任编辑：阮宏波　韩　悦
出版发行：人　民　出　版　社
地　　址：北京市东城区隆福寺街99号
邮政编码：100706
印　　刷：廊坊市海涛印刷有限公司
版　　次：2020年1月　第1版
印　　次：2020年1月　河北第1次印刷
开　　本：710毫米×1000毫米　1/16
印　　张：19.5
字　　数：258千字
书　　号：ISBN 978-7-01-020866-4
定　　价：78.00元
销售中心：(010) 65250042 65289539

目　录

第一章

统筹城乡发展与职业教育

第一节 统筹城乡发展的时代背景

城乡关系是影响我国经济和社会发展全局的关键，一部人类发展史在很大程度上就是城乡关系演进史，"城乡关系一改变，整个社会也跟着改变"。[①] 改革开放以来，我国农村经济社会发展取得伟大成就，但城乡二元体制仍制约着城乡的均衡发展，尤其制约着农业和农村的发展。基于解决农村问题，实现城乡一体化的目标，党的十六大以来提出统筹城乡的发展战略，以促进城乡关系的协调发展，最终走向城乡一体化。

一、统筹城乡发展的国内背景

统筹城乡发展之所以作为发展战略提到议事的日程，是社会历史发展的必然趋势，是改变我国固化的城乡二元经济结构新的战略指导思想。统筹城乡发展的提出，标志着我国开始由城乡二元经济结构向城乡一体化的现代经济结构转变，标志着我国经济社会将进入一个新的阶段。

（一）城乡二元结构的发展演进

1. 城乡二元结构历史背景（1840—1949）

1840 年鸦片战争之前，中国城乡一直处于共生状态，经济没有根本分离。城市与农村的经济联系主要是单向的，即城市从农村征收贡

[①] 《哲学的贫困》，《马克思恩格斯选集》（第 1 卷），人民出版社 2012 年版，第 237 页。

赋、调集劳役，同时封建社会的城市经济功能弱，对社会经济发展的推力较小。① 鸦片战争之后，中国逐步演变为半殖民地半封建社会。西方列强的商业和资本开始冲击着中国自给自足的自然经济，在西方现代工业的冲击下，中国近代工业城市开始兴起，从而使得城乡分离加速。首先，自然经济结构遭到破坏。农产品的商品化程度提高、买办和买办化商人出现，商品经济日益发展。其次，城市和农村功能发生变化。工商业向城市集中，城市成为贸易中心，沿海地区形成城市商业网，而农村成为原料的提供地。再次，人口流动加速。自然经济的瓦解、市场经济的发展以及交通条件的改善，成为推动农村人口流向城市的巨大力量。第四，城乡发展差距逐渐扩大。西方现代工业推动着城市工商业的发展，而农村的农业却得不到重视和发展。因此，城乡差距逐渐拉大，这就形成了城乡二元社会结构的雏形。

2. 城乡二元结构形成阶段（1949—1978）

新中国成立之后，我国国民经济得到三年短暂的恢复期，之后国家提出"一五"计划，确立了重工业优先发展的赶超型战略。政府制定了户籍制度、人民公社、统购统销、农业合作化等一系列城乡关系制度。这种城市偏向制度促使农业对工业、乡村对城市的长期贡献，且被不断固化。新中国成立之初，小农经济占主体地位，现代工业基础薄弱，重工业比重在工业总产值中很低。为了获得经济上的独立，国家领导人结合当时国内外环境，借鉴苏联工业化模式，确立了重工业优先发展的赶超型战略。与经济上的重工业优先发展战略相对应，国家为了进一步保护工业化的顺利进行，开始在社会层面出台一系列政策法规，其中最重要的就是出台了二元户籍管理制度。

户籍制度是造成中国城乡分割的制度基础，它不仅是一种户口登记形式，而且是包括公民居住、迁徙、就业、获取相关资源和福利、行使

① 李森：《城乡二元结构下的基础教育公平问题》，中国社会科学出版社2012年版，第67页。

政治权利等内容的复杂系统。① 1958 年 1 月 9 日，全国人民代表大会常务委员会第九十一次会议通过《中华人民共和国户口登记条例》，标志着从法律上确认了二元户籍管理制度。这一制度中，公民户口被人为分成农业户口与非农业户口两种形式，以户口为基础，国家又相继推出了与户籍制度相配套的政策制度，如粮食供应制度、教育制度、就业制度、医疗制度、养老保险制度等。这些制度中所规定的社会福利只有城镇居民才能享有，农民无法享受。《中华人民共和国户口登记条例》第 10 条规定，"公民由农村迁往城市，必须持有城市劳动部门的录用证明，学校的录取证明，或者城市户口登记机关的准予迁入的证明，向常住地户口登记机关申请办理迁出手续"。而在 1975 年修订的宪法中，"公民居住与迁徙自由"的相关条款被删除，这就严格限制了农村居民迁入城市，限制了农村人口转为非农人口，从而严重影响了农业、农村和农民的现代化进程，形成了城乡分治的二元社会结构。

人民公社制度是计划经济时期农村的主要管理制度。在人民公社制度下，生产资料全部归集体所有，生产队统一配置土地、劳动力、资金、大型生产工具等生产要素。农村人民公社，是在高级农业生产社的基础上联合起来组成的劳动群众集体所有制的经济组织。国家采取通过人民公社体制优势实施"以农养工"和"用农民集体力量建设农田水利基础设施"的策略，顺利实现了依靠农业积累建立工业化基础，以集体优势建成了一大批农田水利基础设施。但人民公社制度存在着管理过分集中、经营方式过于单一和分配上的平均主义等缺点，同时限制农民自由迁徙，严重束缚了农民的生产自主性和生产积极性，阻碍了农业生产力的发展。

统购统销制度是一项控制粮食资源的计划经济政策，是政府汲取农业剩余的重要方式，同时也为政府控制农村居民迁入城市提供了重要手

---

① 王颂吉：《中国城乡双重二元结构研究》，人民出版社 2016 年版，第 53 页。

段。1953 年 10 月，中共中央发出了《关于实行粮食的计划收购与计划供应的决议》。所谓"计划收购"被简称为"统购"，"计划供应"被简称为"统销"，也就是借助政权的强制力量，让农民把生产的粮食卖给国家，全社会所需要的粮食全由国家供应，农民自己食用的数量和品种也得由国家批准后才能留下。此外，国家还严格控制粮食市场，禁止粮食自由买卖。之后，统购统销的范围又继续扩大到棉花、纱布和食油，政府以低价从农村购入农产品，以高价向农民出售工业品，通过工农业产品价格"剪刀差"从农村汲取大量经济剩余。资料显示，1953 年开始实施统购统销之后，我国农业为工业化提供的积累所占比重达到 40% 以上，国民收入的积累部分大约有 1/3 来自农业。① 这一政策制度取消了原有的农业产品自由市场，通过政府统一收购粮食，对城市居民实行定量平价凭票供应，优先保障市民的基本粮食需求，限制了农村居民向城市流动，且严重阻碍了农业经济的发展。

农业合作化，是指在中国共产党领导下，通过各种互助合作的形式，把以生产资料私有制为基础的个体农业经济，改造为以生产资料公有制为基础的农业合作经济的过程。根据统计，1955 年 3 月底全国已有 63 万个合作社，较 1954 年年底增加了 13 万个，到 10 月底全国已有农业合作社 128 万个，11 月底为 158 万个，12 月底达到 190 万个。② 虽然农业合作化提高了单位面积产量，增加了复种面积，但是到了 1956 年农业合作化高潮的后期，由于毛泽东对形势做了不切实际的过分乐观的估计，导致原来指导思想的改变，以至于陷入"左"的偏向，出现了急躁冒进和偏差。同时，在整个合作化运动过程中，把农村商品经济视为自发的资本主义倾向来加以反对，禁止农民经商，不准合作社从事商业活动，农民和合作社几乎没有自主权。因此，农业合作化体制并不

---

① 冯海发、李澂：《我国农业为工业化提供资金积累的数量研究》，《经济研究》1993 年第 9 期。
② 《我国农业合作化运动发展过程》，《统计工作通讯》1956 年第 15 期。

能真正调动群众的生产积极性。

3. 城乡二元结构改善阶段（1978—1985）

改革开放之后，市场经济体制使我国进入发展的快车道。为保障以"经济建设为中心"发展战略的实施，政府在一定程度上延续了城市偏向制度，但城乡联系开始加强，原本刚性的二元结构，开始呈现软化的趋势。

随着经济社会的发展，户籍等城乡分割制度开始松动。20 世纪 80 年代，乡镇企业蓬勃兴起，大量非农从业人员向小城镇聚集。为解决越来越多的农民迁入集镇落户问题，国务院于 1984 年 10 月发出《关于农民进入集镇落户问题的通知》，规定"凡申请到集镇务工、经商、办服务业的农民和家属，在集镇有固定住所，有经营能力，或在乡镇企事业单位长期务工的，公安部门应准予落常住户口，及时办理入户手续，发给《自理口粮户口簿》，统计为非农业人口。粮食部门要做好加价粮油的供应工作，可发给《加价粮油供应证》。地方政府要为他们建房、买房、租房提供方便，建房用地，要按照国家有关规定和集镇建设规划办理。工商行政管理部门要做好工商登记、发证和管理工作。各有关部门都要给以热情支持，积极引导，加强管理，促进集镇的健康发展"。[①] 这在一定程度上松动了城乡居民的关系，促进了城乡之间的人员往来，密切了城乡交流互动。同时，人民公社的管理制度也发生了重大变革。20 世纪 80 年代初，全国农村普遍实施了家庭联产承包责任制改革。1983 年 10 月，中共中央、国务院发布了《关于实行政社分开建立乡政府的通知》。其首要任务是把政社分开，建立乡政府，按乡建立乡党委，并根据生产的需要和群众的意愿逐步建立经济组织。此后，各地逐步废除人民公社。随着农产品供应状况的改善，政府对农产品统购统销制度也进行了改革。1984 年 10 月中共十二届三中全会通过的《关于经济体

---

① 《国务院关于农民进入集镇落户问题的通知》，《中国劳动》1984 年 141 号。

制改革的决定》提出了"建立自觉运用价值规律的计划体制，发展社会主义商品经济"的新提法，认为社会主义的计划体制"应该是统一性同灵活性相结合的体制"。1984 年 12 月，中央政治局讨论通过的《中共中央、国务院关于进一步活跃农村经济的十项政策》（即 1985 年 1 号文件）指出，除个别农产品之外，国家从当年开始不再实施统购统销，转而对农产品实行合同订购或市场收购，这标志着农产品购销制度由统购统销向"双轨制"的转变。

4. 城乡二元结构固化阶段（1985 年至今）

这一阶段实行以城市为重心的改革开放战略，使城乡差距重新扩大。突出表现在城乡经济发展差距和社会发展差距。城乡居民收入差距从 1985 年的 2.2 倍扩大到 2003 年的 3.2 倍，2003 年城乡居民消费水平差距达到 3.6 倍左右，城乡经济差距扩大明显。① 此外，城乡居民的社会福利差距更大，城市居民享有各种社会福利，农村居民却不享有任何社会福利。

首先，经济上的差异。1985 年以来，我国城乡居民收入有大幅度提升，城镇居民人均可支配收入从 1985 年的 739.1 元增加到 2013 年的 26955 元；农村居民的人均收入从 1985 年的 397.6 元增加到 2013 年的 8896 元。从城乡居民的收入差距看，1985 年两者差距 341.5 元，而 2013 年两者的差距扩大到 18059 元，其收入差距呈剪刀式持续扩大趋势。② 其次，社会发展差距。主要表现在教育、医疗以及社会保障方面。据第五次全国人口普查统计，农村人口中初中及以上文化程度的占 39.1%，远低于城市人口 65.4% 的水平。农村人口主要由受过初中和小学教育的群体构成，城市人口主要由接受了高中及以上教育的群体构成，这是城乡之间最大的不平等。义务教育经费分配格局也存在着严重的城乡差

---

① 郭翔宇等：《统筹城乡发展—理论、机制、对策》，中国农业出版社 2007 年版，第 55 页。
② 赖文燕：《我国城乡居民收入差距的回归分析分析》，《企业经济》2015 年第 1 期。

距，据国务院发展研究中心调查，农村的义务教育经费中央政府只负担2%，省地两级政府负担11%，县级政府负担9%，而78%的经费由乡镇负担。从卫生总费用的城乡分配看，也存在严重的偏向城市倾向。1990年城市人均占有卫生费用为158.8元，农村仅为38.8元。而在2002年城市和农村人均占有卫生费用分别为932.9元和268.6元。除了费用分配方面，城乡医疗设施的质量和卫生人员的技术水平也存在极大差距。城市的各类综合性医院和专业性医院集中了各类高端的医疗仪器设备，而农村地区，常规医疗设备短缺，卫生人员的技术水平也普遍偏低，乡镇卫生院大专及以上学历卫生技术人员只有10.4%，无专业学历人员高达36.4%。[①] 在社会保障方面，按享受社会保障的从业人员计算，农村的社会保障覆盖率只有3%，城乡社会保障覆盖率的比例为22：1，城乡人均社会保障费的比例为24：1，2002年，农村只有404万人得到了最低生活保障，占应保人数的25%，城镇享受最低生活保障人数达到了2054万人，基本实现了应保尽保。

（二）统筹城乡发展的必然趋势

1. 统筹城乡发展理论提出的背景

改革开放以来，农村家庭联产承包责任制和城市经济体制改革释放了巨大的生产力，我国宏观经济迅速发展，整体上呈现良好态势。但同时也应看到，我国典型的"二元社会"格局所造成的深层次矛盾依然突出，城乡社会事业和公共服务水平差距依然较大，城乡居民收入差距持续扩大，城乡经济差距逐年拉大的趋势更加明显。十六届三中全会通过的《中共中央关于完善社会主义市场经济体制若干问题的决定》中，首次提出了"五个统筹"的发展战略方针，把"统筹城乡"置于"五个统筹"之首。党的十七大明确提出要建立以工促农、以城带乡长效机制，形成城乡经济社会发展一体化新格局。做法有：取消了农业税和农

---

① 颜媛媛、张林优：《医疗卫生资源城乡分配差异的全面审视》，《调研世界》2006年第4期。

民的其他负担、实行了多项农业生产性直接补贴、加大了农村基础设施建设投入、加快了农村教育卫生文化等社会事业发展、普遍建立了农村最低生活保障制度、加强了对农民工的权益保障等，初步形成了有利于统筹城乡发展的新的农村政策体系。

2．统筹城乡发展的内涵

"城乡统筹"这个概念，指的是江泽民同志十六大报告中提出来的统筹城乡社会经济发展，是一个宽广的内容，是指整个国家经济和社会各方面的发展如何做到城乡统筹。城乡统筹发展就是在科学发展观的指导下，把城市与农村作为一个有机整体，统一规划、通盘考虑，打破城乡分割的二元结构，建立一种良性互动的平等的城乡关系，逐步缩小城乡差距，促进城乡全面、协调、可持续地发展，最终实现城乡一体化。城乡统筹发展要统筹兼顾、综合平衡城乡问题和各种利益，解决影响我国经济社会发展的农业、农民和农村问题，要努力形成有利于城乡统筹兼顾、协调发展的政策机制和制度措施，努力使广大群众共享改革与发展的成果，实现城乡共同发展和共同繁荣。

城乡统筹发展是相对于过去的城乡二元结构而言的。它要求我们把农村经济、社会发展纳入到整个国家经济、社会发展的全局之中，把农业与工业、农村与城市、农民和市民看作是一个有机的、既相互区别又紧密联系的统一体，在城乡布局规划、政策调整、财税国民收入分配的时候，一定要对城乡关系、工农关系进行合理调整，统筹考虑，改变以往重城轻乡，重工轻农的偏向，统筹解决城乡问题和城乡矛盾。同时，在具体实践中，要充分发挥工业对农业的支持和反哺作用、城市对农村的辐射和带动作用，建立健全以工促农、以城带乡的长效机制，改变城乡二元结构，形成城乡经济社会发展一体化新格局。

城乡统筹发展包括统筹城乡经济、政治、文化和社会发展等几方面内容。统筹城乡经济发展主要包括统筹城乡国民收入分配和税费制度、统筹城乡经济结构及产业结构、统筹城乡资源配置与利用和统筹城乡市场建设。城乡经济的统筹发展关系到国民经济的全面协调可持续发展，统筹城乡经济发展是其他一切统筹的基础。统筹城乡政治发展主要包括统筹城乡户籍制度及政策，统筹城乡行政管理体制及其改革，统筹城乡民主政治建设和基层民主制度，推进城乡居民社区自治制度等。统筹城乡文化发展主要包括统筹城乡科教文卫政策和基础设施建设，统筹城乡劳动力就业培训与人才培养等。统筹城乡社会发展主要包括统筹城乡规划和基础设施建设，统筹城乡社会保障制度改革与发展，统筹城乡生态环境的建设保护。

3. 统筹城乡发展的主要内容

统筹城乡发展是一项综合性、系统性、协调性很强的发展战略，其包含的内容十分丰富，体现在一个国家经济发展、社会发展、政治发展、文化发展等方方面面，只有把握住了城乡统筹发展的核心内容，才能在战略实施的过程中逐步推进，通盘考虑。

（1）统筹城乡产业发展

统筹城乡产业发展主要体现在以下三个方面。一是要根据资源禀赋与产业基础，调整城乡产业结构和优化产业布局。特别是在推进农业和农村经济结构调整上，在发展思路上，要体现围绕农业发展二、三产业，办好二、三产业以促进农业的发展。在发展方向上，城市产业要与农村二、三产业有合理分工与布局，要逐步将技术成熟、产业成型的劳动密集型、资源密集型产业向农村转移，加快形成农村新的产业优势。二是要大力开拓农村市场，积极发展农村非农产业。农业和农村要发展，不仅仅只能依靠传统的种植业，传统产业由于自身的某些先天性不足，必须要依靠发展非农产业来弥补，要充分发挥农业的自身优势，结合当地的实际情况，开发市场前景较好、与城市产业相比有比较优势的新兴产业。三是要努力培育和完善农业产业链条，形成生产、收购、加工、运输、仓储、销售一条龙服务体系，提升农业产业附加值与自身产品的竞争力。

（2）统筹城乡就业市场

统筹城乡就业是针对过去在计划经济体制下形成的"城乡劳动力市场分割"的就业管理体制而提出来的。长期以来，大量富余劳动力被束缚在农村，农业劳动生产率低下，农民增收缓慢，已经成为制约农村经济增长的主要因素。要实现城乡统筹发展，就必须有效地实现农村剩余劳动力的转移。要尽快建立城乡统一的劳动力市场，引导和帮助农村剩余劳动力向城市转移。同时，要加快户籍制度等一系列不利于农民工进城务工的制度改革，推进城乡一体化的制度建设，为农村居民提供充分、平等的就业机会和完善的就业服务。最后，政府要实施促进就业的积极政策，以经济的持续较快增长来不断扩大就业市场的总体容量，以产业结构的优化调整带动城乡就业结构的改善和提升。

（3）统筹城乡社会事业

如果说城乡经济发展差距大的话，那么城乡的社会事业发展差距更大。应当明确，发展农村教育、卫生和文化等社会事业是政府的重要职责。所需要的投入应当纳入各级政府的财政支出范围。各级财政都要加大对农村教育、卫生、文化等事业经费的投入。加强农村卫生服务体系建设，逐步建立新型的农村合作医疗制度和医疗救助制度，改善农民的医疗条件。大力发展农村文化事业，丰富农民的文化生活，加强农村精神文明建设。要采取政策措施，引导社会力量投资举办农村的社会事业，建立多元化的投入机制，加快农村教育、卫生、文化事业的快速发展。

（4）统筹城乡教育与科技发展

完善以农村九年义务教育为主的基础教育体制，提高农民的科技与文化素质。要进一步理顺教育管理体制和投入机制，确保教师工资按时发放和学校正常运转所需经费。做好普及九年义务教育的巩固和提高工作，实现将农村义务教育的主要责任从农民转移到政府，把农村教育的费用列为县级政府财政预算支出的范围。加强农村劳动力的技能教育，逐步建立起职业培训与农民分工分业相衔接的机制。城市要将先进的科学技术通过有效的传导机制向农村转移，鼓励城市科技人员到农村领办、创办民营科技企业，实行科技生产要素参与分配政策，形成科技创新、创业的激励机制，提高农村的科技水平，促进农村、农业的发展，从整体上提高农民的科技与文化素质。

4. 统筹城乡发展的必要性和现实意义

统筹城乡发展是党中央在正确把握我国新阶段经济社会发展新的时代背景下，在遵循现代经济社会发展规律的基础上提出来的，是针对我国目前发展中所面临的困难局面的创新之举与破解之路，对于全面建设有中国特色的小康社会具有极为重要的战略意义。

随着我国经济社会的发展，我国的国际化与城市化进程逐步加快，城市发展日新月异，但农民增收难、农业增效慢、农村发展慢的社会问题一直以来就没有得到明显的改善，城乡差距进一步扩大的趋势还没有得到根本的扭转，"三农"问题已经严重阻碍了我国经济的进一步发展，农业问题得不到解决，中国的现代化发展就会举步维艰。而造成这一困境的根本原因还在于城乡二元经济结构对城乡联动发展的割裂作用还没有得到根本性的纠正，城乡经济社会发展缺乏内在的有机联系，城市化建设与工业发展对农村经济社会的正向带动力较弱，没有起到应有的科技溢出与劳动力吸收的双向作用，大量过剩的劳动力被滞留在农村，造成严重的资源浪费。这种城乡分治的制度性障碍所导致的发展不均衡状态，是"三农"问题产生的根源，农村小康建设成为全面建设小康社会的关键与难点。而统筹城乡发展则站在全局的高度，打破了以往城乡分割而治的政策性阻碍，突破了就农民论农民、就农业论农业、就农村论农村的思想束缚，充分把握住城乡发展之间的内在联系与统一性，形成以城带乡、以工促农、城乡互补、共同发展的新局面，加快推进全面小康建设。统筹城乡发展是繁荣农村经济、实施扩大内需战略的客观需要。

二、统筹城乡发展的国外启示

在城市化、工业化进程的过程中，城市逐渐成为先进的象征，而农村则处于落后的境地。第二次世界大战后，城乡关系和乡村发展成为研究的重要领域之一。许多思想家、政治家和社会学家等开始研究理想社会，提出城乡协调发展的观点及诸多方案。最早提出城乡一体化思想的，是英国城市学家埃比尼泽·霍华德。他于 1898 年出版了《明日：一条通向真正改革的和平道路》，1902 年再版时改名为《明日的田园城市》。他倡导"用城乡一体化的新社会结构形态，来取代城乡对立的旧社会结构形态"。[①]

（一）国外城乡统筹发展的过程

1. 英国城乡一体化的过程

工业革命之后，英国迅速开启了城市化进程，并成为世界上第一个城市化的国家。在经历了早期城市化带来的城乡失衡、城市居住环境恶化和生态系统破坏的教训后，英国政府开始了对城乡统筹政策的探索。面对城市化带来的一系列社会问题，霍华德最早提出了解决方案。他将工业化背景下日益衰落的农村重新纳入自己社会改革的蓝图，在充分肯定农村在整体社会系统中的地位的基础上，倡导一种新的社会改革思想，即用城乡一体的新社会结构形态来取代城乡分离的旧社会结构形态。[②] 为推进城乡一体化发展，英国的城乡统筹政策内容主要有以下几个方面。

第一，注重对农村基础设施和公共事业的投入。英国一直重视对农村基础设施和公共事业的建设，注重乡村生活的城市化。同时，农村的自然生态环境也得到政府的重视，并将此作为其得天独厚的核心竞争

---

① 陈承明等主编：《中国特色城乡一体化探索》，吉林大学出版社 2010 年版，第 7 页。
② 王勇辉、管一凡：《英国城乡统筹政策对我国城乡一体化战略的启示》，《城市观察》2014 年第 5 期。

力。为此从 1978 年开始，英语政府已经在全国范围内组织四次乡村调查（Countryside Survey），对农村地区的水资源、土地利用、生物多样性、植被和地理环境等的变化情况进行长期监控和评估，并建立了农村生态服务系统，在政策制定、资金支持、灾害预防、资源利用等方面为农村生态系统保护提供保障，以充分挖掘农村生态环境的经济价值。[1]

第二，建立城乡一体化的社会保障机制。英国的社会保障制度最早可以追溯到 1601 年伊丽莎白的"济贫法"。1927 年，英国开始建立城乡居民的失业保险制度。1957 年，政府设立了单独的农场主养老保险制度，并且通过"农业社会互助金"的形式，实现全国农村人口的社会保险。同时，以国家《社会保障法》为基础，实行城乡统一立法，统一管理。英国现代社会保障制度体现了受益普遍性原则，不论地域差异或收入高低，每个公民都有权享受社会保障权益，社会保障项目覆盖面广泛。[2]

第三，注重对农业的保护和发展。英国政府重视运用法律手段支持和保护农业，还制定了保护农产品的价格政策，以此来保护农业。英国还重视农业机械化的发展，注重提高农业劳动的生产率，目前，英国的农业机械配套、农业机具齐全，从耕作到收获、运输、仓储，每个程序都运用相应的机械来进行农业生产，实现其全部的机械化、自动化作业。[3]

第四，加强统筹城乡规划立法工作。1947 年，英国颁布了第一部真正意义上的关于城乡规划的法律规范《1947 年英国城镇和乡村规划法》，奠定了英国现代规划体系的基础。1990 年，英国颁布新的《城市

---

① 王勇辉、管一凡：《英国城乡统筹政策对我国城乡一体化战略的启示》，《城市观察》2014 年第 5 期。

② 孙健夫、张士军：《英国社会保障制度对我国的启示：借鉴与创新》，《甘肃社会科学》2002 年第 5 期。

③ 国务院农村综合改革工作小组办公室考察团，黄维健等：《英国农业支持与保护体系建设考察报告》，《财政研究》2008 年第 1 期。

规划法》，强调城乡的协调发展，完善了国家、区域、结构和地方规划体系。20世纪以来，政府通过创建新城，实现城市和乡村生产方式和生活方式的完美结合，是城乡统筹规划的典范。

2. 法国城乡一体化的过程

法国工业化较早，相伴而来的城市化也比较早。二战后，法国人口急剧增长，大量农村人口涌入城市，尤其是巴黎地区。因此，巴黎的城市规模急剧膨胀，其经济和政治地位也逐渐增强。然而，经过多年的发展，巴黎等城市的迅猛发展与农村的衰退状态矛盾越发突出。因此，为了控制大城市的盲目发展，平衡城乡的均衡发展，法国政府采取了以下重要措施。

第一，建立卫星城。卫星城镇理论的渊源可追溯到19世纪末英国社会活动家霍华德提出的"田园城市"，是指在大城市外围建立的既有就业岗位，又有较完善的住宅和公共设施的城镇，是在大城市郊区或其以外附近地区，为分散中心城市的人口和工业而新建或扩建的具有相对独立性的城镇。法国为改变长期以巴黎为中心的辐射发展模式，均衡分布工业和人口，减轻巴黎城市中心区的压力，通过对交通设施的建设，把"巴黎—新城—郊区农村"结合起来，形成一个和谐的统一体。

第二，重视农村及农业的发展。政府在国家预算中专列了"农村发展整治基金"，对衰退的农村地区进行改造，1985年拨出40亿法郎，用以建设农村的公共设施。在两次世界大战之后，法国的农业受到严重打击，为了恢复和发展农业，政府将农业机械化放在极为重要的位置。农民购买农业机械，既可以享受到政府的价格补贴，还可以享受到由国家担保的5年期低息贷款，金额占自筹资金的一半以上，同时机械燃料全部免税。法国用了15年时间，实现了农业的机械化发展。

第三，制定系列法规和措施。从20世纪50年代开始，法国政府为缓解市中心的产业和人口压力，制定了一系列的相关法规和措施。如1955年宣布，市区之内不准再建新工业项目，鼓励政府部门外迁。

1958 年规定，市内工业企业改扩建占地规模不得超过 10% 。1959 年宣布，禁止在市区建造 1 万平方米以上的办公大楼。从 60 年代开始，在市区征收"拥挤税"，对迁出市区到郊区的 500 平米以上的工厂，给予 60% 的搬迁补偿费。对迁出巴黎的各类机构，给予 15%—20% 的投资津贴。[1] 法国政府的系列法规和政策，有力推动了农村城市化，促进城乡的协调发展。

3. 美国城乡一体化的过程

美国城市化开始于 19 世纪，从 19 世纪 50 年代开始逐渐由东北部向西部推进，扩展到全国，至今已是一个高度城市化的国家。美国的城市化源于工业化的发展，随着城市数量的增加以及规模的不断扩大，其空间结构也发生了变化。

第一，注重基础设施的发展。美国通过大力发展基础设施来推动城乡一体化的发展。在艾森豪威尔执政期间，兴建了大量的州际公路，促进了美国城市和乡村的协调发展。[2] 同时，还通过实行郊区优惠的税收政策来吸引更多的企业迁往郊区。通过基础设施的高度现代化，实现了其村镇的高度现代化，大大缩小了城乡之间的差距。

第二，注重农业现代化的发展。美国始终把农业发展作为缩小城乡差距、促进城乡一体化发展的重要措施。通过对农民收入的提高、农地的改良、农村发展环境的改善以及社会保障制度的完善等措施，促进城乡一体化的发展。同时，宽松的土地政策、耕地质量的提高、灌溉工程的兴办等，满足了工业化和城市化对农产品的需要。

第三，制定郊区发展的系列政策。美国政府通过对郊区实行政策鼓励，促进郊区的工业发展，推进城乡的均衡发展，以此优化城市的空间

---

[1] 陈承明等主编：《中国特色城乡一体化探索》，吉林大学出版社 2010 年版，第 275 页。

[2] 陈承明等主编：《中国特色城乡一体化探索》，吉林大学出版社 2010 年版，第 276 页。

布局。美国联邦政府允许房屋贷款的利息用于抵税，还为符合标准的私人贷款提供相应的保证，从而实现城市的郊区化。同时，郊区偏低的建筑成本也吸引大量建筑企业的加入。在政府一系列郊区发展政策的推动下，美国城市的空间结构，由单一的中心模式逐渐发展成为多中心的城乡一体大都市区。

4. 日本城乡一体化的过程

二战后，日本经过探索和总结，经历了由城乡二元对立到一体化的成功转型，实现了城乡的均衡协调发展。1955 年，日本结束战后恢复期，工业生产达到了战前的最高水平。20 世纪 60 年代后，经济高速发展，农村人口大量涌向东京、大阪、名古屋三大都市圈，到 1970 年城市化已经达到 72%。由于土地稀少、价格昂贵，因此日本农业现代化模式有着独有的特点。

第一，地方自治的平等实现。地方自治是推动日本城乡一体化的绝对动力。1946 年，日本宪法及地方自治法规定，日本政府体系分为中央、都道府县、市町村三个层级，都道府县和市町村实行自治，同时规定"地方公共团体的长官、议会议员以及法律规定的其他官员，由该地区的公共团体的居民直接选举之"，各地方公共团体具有管理财产、处理事务以及执行行政的权能，彼此之间是"并列和平等的关系"。这从法律上肯定了城乡的平等政治地位，也确保了乡村政府自主有效地处理公共事务。

第二，制定相关的惠农政策。战后政府积极扶持农业的发展，通过出台一系列的政策措施，来恢复农业生产、解放农村的生产力。1946 年公布了《自耕农创设特别法案》和《农地调整法修改法案》，通过对农地制度的改革，提高了农地利用率。同时，政府将推行农业政策所需的经费专门列入财政预算，加大对农村农业发展的支持力度。

第三，建立农业协同组合。农业协同组合，是日本农民在生产和经营活动中形成的自我管理的一种互助性组织，肩负着生产组织功能和利益表达功能。农业协同组合旨在通过建立统一的业务网络和组织体系，扩大农业生产规模，提升农业和农产品的市场竞争力。同时，拥有 800 多万成员的农业协同组织历来是自民党执政的基础，而自民党内部农村出生的议员比例一直高达 60% 以上，这不断促使政府制定保护农业生产的相关政策。

第四，促进农民的兼业化。日本为了将工业引入农村，鼓励农民兼业化，先后在 1969、1971 年出台了《新全国综合开发计划》和《农村地区工业导入促进法》等法律法规。① 具体包括组织农民外出打工、发展农村家庭工业、鼓励农民在乡务工以及离村就职等。一系列法规的实施使日本农民的就业率得到提升，同时也提高了农民的收入，改善了他们的生活方式。这是日本农村工业化完成的重要标志。

（二）国外城乡统筹发展的启示

工业革命后，为了促进城乡一体化发展，发达国家依靠政府以及企业部门的努力，通过建立保障机制以及相关法律法规等措施，成功实现了城乡的统筹发展。我国目前正处于城市化加速推进的关键时期，为了更快实现现代化的目标，就需要借鉴国外城乡一体化发展的成功经验，并且结合我国的国情，以此促进我国城乡一体化的全面实现。

1. 树立城乡均衡发展的观念

发达国家的城市化进程表明，城市化滞后不利于农业现代化的实现，而过度的城市化既会造成城市环境的恶化，也不利于城乡均衡发展。法国城乡一体化进程，就采取建立卫星城的方式，来减轻巴黎市中区的城市压力，同时通过建立城乡交通基础设施的方式来加强城乡之间的联系，保障卫星城的工业化发展。因此，既要重视优化城区环境，又要重视农村地区的经济建设，促使城乡之间优质均衡的发展。从我国实际的城市化进程来看，虽然城乡差距在缩小，但由于农村人口比例大，

---

① 孔祥利：《战后日本城乡一体化治理的演进历程及启示》，《新视野》2008 年第 6 期。

在实现现代化的道路上存在一定的困难。因此，必须以合理均衡布局的发展模式为目标，必须树立城乡统筹发展的观念。

2. 重视农村、农业的发展

农村和农业的发展是城乡一体化的基础，在工业化和城市化的过程中不能忽视农村以及农业的发展。从国外的发展来看，其城市化进程的过程中，十分重视农村、农业的发展，注重城乡资源的合理分配以及应用，形成城乡协调发展的良性循环，乡村的生活方式和城市几乎没有区别。我国在工业化和城市化进程的初期，发展向城市倾斜，严重剥夺农村的发展，造成了农业的缓慢发展，也强化了城乡二元结构。我国工业化和城市化正处于加速推进时期，政府应该协调好城乡资源的合理分配，加大对农村以及农业的投入，使农村成为统筹城乡的稳固基础。

3. 注重基础设施的建设

城乡发展中最重要的是对基础设施的投入，例如交通、通讯等设施的建设。交通设施的作用在于缩短城乡之间的距离，加强城乡的联系，从而促进农村的经济发展。同时，城市发展的结构以及城市用地的扩展都与交通系统有关。美国在艾森豪威尔执政期间，通过州际公路的修建，促进了美国城市和乡村的协调发展，实现了乡村的高度现代化。通讯设施的作用在于提高城乡信息交流的效率，使农村能跟上时代发展的步伐。因此，我国的城乡一体化发展，必须重视对乡村基础设施的建设，特别是西部偏远山区。由于西部偏远乡镇和东部发达城市分化尤为严重，因此只有不断加强国家高速公路系统的联系，为乡镇配置先进的通讯系统，才能促进我国城乡一体化的发展。

4. 以科技优势带动农业发展

科技是农业发展的强大动力，发挥科技优势，可以提高农业生产率，促进农业现代化的实现。德国农业广泛应用生物技术，在植物遗传育种、动物优良品种培育方面成果显著。日本也以生物技术为重点提高农业单产，成为世界上出口农产品的重要国家之一。荷兰通过生物技术、电脑控制技术、精准水肥管理技术等发展农业高效种植技术，成为世界第二大农产品出口国。澳大利亚在最近几年投入大量资金用于农场采纳推行 GPS（全球卫星定位系统）农田耕作、灌溉管理系统。其目的在于节约农业生产人力成本，提高农业生产效率。① 因此，我国可以加大对科技的利用，以科技的优势充分带动农业的发展，加强科技在农业生产中的应用，不断提高农业的生产率，促进农业现代化发展。

5. 完善相应的法律法规

纵观城乡一体化成功的发达国家，都十分重视有关农村发展的法律法规。为了充分调动农民的积极性，发达国家在农村改革和建设中，采取了很多保护农村、农业发展的措施，制定了保护农民权益的政策。如美国的《农地政策保护法》，日本的《自耕农创设特别法案》、《市民农业建设法》等一系列法律法规，使得城乡一体化顺利进行。我国目前也出台了有关农村社会保障、医疗保障、教育保障等方面的政策，使农民能够享受所有社会保险。但总体上来说，目前农村关于农业发展的法规还不够健全，实施力度也不能促进农村现代化的发展，因此我国应加强法制建设，尽快完善相关的制度和政策，保障我国统筹城乡的顺利进行。

6. 注重政府的作用

任何国家在工业化过程中，都会不可避免地形成城乡二元结构，而城乡发展差距也是客观存在的，但政府的有效调控可以缩小城乡间的差距。一旦出现城市偏向发展，城乡收入将遵循"马太效应"，即富者更富，穷者更穷。因此，政府在城乡协调发展过程中发挥着重要作用。日本为了协调城乡发展，制定了系列的惠农政策，积极扶持农业的发展，加大对农村、农业发展的支持力度，缩小城乡发展差距。我国统筹城乡经济发展是一项巨大的系统工程，政府必须做好扎实的准备工作。例如：制定城乡产业统筹发展计划；扶持劳动密集型产业的发展；调整国

---

① 王勇：《国外农业可持续发展科技创新战略研究》，《广东农业科学》2008 年第 8 期。

民收入分配结构等。

第二节　统筹城乡发展背景下职业教育发展的机遇与挑战

教育作为公共事业的重要组成部分，构成了统筹城乡发展的重要内容。统筹城乡背景下的教育实质是将乡村教育纳入城市教育的体系中，改变过去城乡教育二元结构。城乡职业教育一体化是指突破城乡二元结构对职业教育分离的束缚，把职业教育放在与普通教育同等重要的位置，重视职业教育发展，优化职业教育资源，实现城乡职业教育的双向流动。一体化的职业教育是推动城乡统筹发展的重要组成部分，是改变乡村落后面貌、实现城乡融合的重要举措。

一、统筹城乡发展背景下教育发展的内涵

统筹城乡教育发展作为教育决策而提出是在《教育部关于"十二五"期间加强学校基本建设规划的意见》中关于"科学规划学校的区域和城乡布局"的内容中涉及到的。统筹城乡背景下教育发展主要包括城乡教育制度的一体化、城乡教育管理的一体化、城乡教育资源配置的一体化、城乡教育实施的一体化等。

（一）城乡教育制度的一体化

在推进城乡教育一体化建设的关键问题上，有人提出主要是理念的变革和制度的创新。城乡二元结构问题本身就是制度问题，破解城乡教育二元结构，推进和实现城乡教育一体化必须从改革制度入手。褚宏启认为，"城乡教育一体化是指统筹城乡教育发展，整合城乡教育资源，打破城乡二元经济结构和社会结构的束缚，构建动态均衡、双向沟通、良性互动的教育体系和机制，促进城乡教育资源共享、优势互补，推动城乡教育相互支持、相互促进，缩小城乡之间的教育差距，有效消除地域、经济等原因导致的教育不公平，改变农村地区教育的落后状况，使

均衡化的公共教育服务覆盖城乡全体居民，实现城乡教育均衡发展、协调发展、共同发展"。① 褚宏启对城乡教育一体化的界定从制度视角出发，以制度建设构建新型的城乡教育关系，只有打破城乡二元教育体制，才能实现教育系统结构与功能的整合。结合邬志辉对推进城乡教育一体化的根本性制度的束缚来看，主要表现在以下三方面：一是"经济型政府"的职能束缚；二是"城市决定农村"的权力结构；三是城乡区隔化的城市主流社会态度。②

1. 突破"经济型政府"的职能束缚

从职能上看，政府虽然承担着多种职能，但其最基本的职能应该是公共服务的职能。然而，随着社会主义市场经济体制的建立完善，地方政府逐渐倾向于承担经济职能，各级政府总体上仍然没有树立起"教育优先发展"的思想，重视经济的程度明显高于重视教育的程度。从现有数据看，政府财政支出大头是"经济建设支出"。虽然从改革开放以来，经济建设支出比例由64%下降到近年来的27%，但我国的经济支出比例几乎高于所有的 OECD 国家和多数发展中国家，而在教育和医疗卫生方面的公共支出占 GDP 的比重大大低于几乎所有的 OECD 国家和大多数具有可比性的发展中国家。③

---

① 褚宏启：《城乡教育一体化：体系重构与制度创新——中国教育二元结构及其破解》，《教育研究》2009 年第 11 期。
② 邬志辉：《城乡教育一体化的制度束缚与破解》，《华南师范大学学报（社会科学版）》2013 年第 1 期。
③ OECD：《中国公共支出面临的挑战》，2006 年 3 月，见 http://www.oecd.org/dataoecd/10/13/37081439.pdf.

表 1.1　教育经费总投入占国民生产总值的比重（1990—2014 年）

年份	教育经费总投入（亿元）	总投入占 GDP 比重（%）
1990	659.38	3.56
1995	1877.95	3.09
1996	2262.34	3.18
1997	2531.73	3.21
1998	2949.06	3.49
1999	3349.04	3.73
2000	3849.08	3.83
2001	4637.66	4.23
2002	5480.03	4.55
2003	6208.27	4.57
2004	7242.60	4.53
2005	8418.83	4.56
2006	9815.30	4.47
2007	12148.06	4.49
2008	14500.73	4.53
2009	16502.70	4.72
2010	19561.84	4.73
2011	23869.29	4.87
2012	28655.30	5.30
2013	30364.71	4.71
2014	32806.46	4.78

资料来源：国家统计局：《中国统计年鉴》（2015）

从表 1.1 可看出，我国教育经费占国民生产总值的比重虽然在稳步上升，但教育投入比重还是较低。要促进教育的发展，实现教育一体化，必须突破"经济型政府"的职能束缚，建设公共服务型政府，并把教育放在优先发展的战略地位。

2. 突破"城市决定农村"的权力结构

我国典型的"二元社会"格局拉大了城乡发展差距，使农村一直受制于城市，同时农村在空间区域上也是属于城市行政辖区范围之内。在资源分配上也是以城市为出发点。这种城乡之间的不平等主体地位就决定着城乡教育的不平等，农村权力的边缘化导致教育发展也受到制约。因此，突破"城市决定农村"的权力结构，建立"社会公众参与"的治理新机制，以此改变过去教育发展决策中乡镇居民只能处于被接受的地位。在以往的教育决策中，所听到的基本都是城市的声音，而农村教育中真正所需要的资源往往被忽视。为了实现教育一体化，促进城乡教育的公平发展，突出多元利益主体的教育诉求，应积极探索建立公众共同参与的教育治理新机制，特别是让农村受教育群体参与教育决策，协调城乡教育利益冲突，满足城乡教育的合理发展，推进教育决策的城乡一体化。

3. 突破"城乡区隔化"的观念束缚

在城市社会中，仍然存在着根深蒂固的"城市人"和"乡下人"的观念制度。从某种程度上说，这是一种区分社会地位的显性标签。长期以来的"城乡有别"不仅加剧了教育的差距，也使得城市教育和乡村教育形成两个独立的封闭圈。城市教育圈不愿乡村教育融入进去，而乡村教育也无法分享城市教育的优势资源。尽管《教育规划纲要》提出要"在财政拨款、学校建设、教师配置等方面向农村倾斜"，但城市社会以及政府都不愿把资源投入到农村教育建设中，其中也包括教师资源。因此，突破传统的"城乡有别"的观念束缚，建立"统一公民"的观念制度是促进城乡教育均衡发展的关键所在。

（二）城乡教育管理的一体化

教育管理体制的改革是促进教育事业发展的重要保障。2008 年 10

月党的十七届三中全会审议通过的《中共中央关于推进农村改革发展若干重大问题的决定》明确提出要"建立促进城乡经济社会发展一体化制度",这将推进城乡一体化进程提升为国家发展战略。而现行的教育管理体制已逐渐暴露出存在的矛盾,如各级政府权责不够明确,城乡教育统筹规划不容乐观以及如何管理农民工子女教育的问题等。

1. 明确各级政府权责问题

众所周知,明确的权责划分有利于提高教育管理的效率,反之就会造成资源的浪费以及权力的失衡。目前,各级政府权责划分不明已成为推进城乡教育一体化进程的阻力。当前各级政府权责不明主要表现在三方面:一是省级政府不能有效管理基层教育,以至于中央政府越过省级政府,直接对基层教育进行统筹管理。二是县级政府基本只能管理县域层面的教育发展,不能有效均衡地发展县级、乡镇的教育。三是由于资源的缺失以及上级政府的不重视,促使乡镇政府办学积极性不高,造成其在农村义务教育管理中的缺位。有学者提出改进的措施:科学界定各级政府的管理重心,明确改革的重点;强化中央和省市政府的统筹规划职能,构筑城乡教育统筹发展的平台;积极转变政府职能,强化公共管理和社会服务等等。① 可见,只有明确各级政府的权责才能有效推进我国城乡教育一体化进程。

2. 衡量教育统筹规划问题

城乡教育统筹规划是区域经济社会发展整体规划的有机组成部分,需要教育行政部门与其他政府部门共同配合制定。② 各级政府要加强对各级各类教育统筹规划工作进行有效管理,建立系统的教育服务体系以及管理机制,维护教育公平和教育秩序,逐步实现教育的均衡发展。同时,各级政府要明确相关的教育规划工作,推进城乡教育的综合改革,

---

① 陈敬朴:《城乡教育差距的归因分析》,《教育发展研究》2004 年第 11 期。
② 范魁元、王晓玲:《城乡教育一体化背景下的教育管理体制改革研究》,《教育科学研究》2011 年第 6 期。

促进城乡教育的有效合作。科学有效的规划工作是政府推进城乡教育一体化的基本保证，要对城乡教育统筹发展做出科学、合理的规划，就必须以全面系统且精确的数据为基础，建立健全城乡一体化的教育数据库和教育管理信息系统。

3. 重视农民工子女教育问题

农民工子女的教育问题是我国城市化进程中必然面临的问题，如何保障乡村儿童享有与城市儿童同等的教育权受到了政府和各界的关注，这也是考察我国教育公平状况的重要指标。2003 年，国家六部委出台的《关于进一步做好进城务工就业农民子女义务教育工作的意见》提出了"两个为主"，即以流入地政府为主负担流动人口子女入学，以全日制公办中小学为主进行接收，努力解决农民工子女的教育问题，尤其是农民工子女接受义务教育的问题。"两为主"政策虽然在理念上是好的，但是在操作层面上存在着很多问题，对于流出和流入双方政府职责的划分并不明晰。因而，政府在政策与立法层面，应针对性地采取立法、行政等多种手段，保护农民工子女的受教育权，以实现城乡教育的管理一体化。

（三）城乡教育资源配置的一体化

实现城乡教育一体化，关键在于实现教育资源的城乡共享，让教育要素在系统内、城乡间合理流动。"城市偏向"的设计，植根于国家优先发展工业、优先发展城市的制度安排。50 年代初期，在教育经费异常短缺的背景下，国家面临着城乡教育发展方式的艰难选择，优先发展城市、优先发展工业的制度安排，为"城市教育优先"的发展方式提供了"合理化"的论证。[1] 这样的发展方式逐渐拉大了城乡教育资源的差距，使得农村教育和城市教育处于两个相对封闭的教育圈中。因此，要实现城乡教育一体化，就是要实现城乡教育资源的交流互动，促进城

---

[1]　邵泽斌：《理念变革与制度创新：从城乡教育均衡到城乡教育一体化》，《复旦教育论坛》2010 年第 5 期。

乡公共教育资源的均衡化配置。

1. 城乡教育经费差距大

长期以来,我国财政性的教育经费始终是向城市倾斜,导致农村教育资源的严重匮乏。因此,要注重增加对农村教育的财政性教育经费投入,然而对农村教育经费的增加并不仅仅是增加总量,更需要合理有效地分配和使用。在我国,教育财政资源分配的突出问题在于过度聚拢在上级政府,而乡镇政府可支配的资源极其有限。尽管我国现行的国家预算提高了教育经费预算的等级,将教育经费预算单列到县级,使教育经费列支有了基本保障,但是教育经费的"城市倾向"仍然没得到根本性改变。2006 年经济发达的上海市农村普通小学生均预算内教育经费和生均教育经费分别是城镇的 82.19% 和 69.76% ,广西该数据分别 87.44% 和 83.30% 。[①] 这些数据说明教育经费配置还是以城市教育发展为主。要实现城乡教育一体化,必须合理配置教育经费,加大对农村教育的投入。

2. 城乡教师资源差距大

由于城乡之间教师在工资、待遇、编制等方面存在巨大差异,使得城乡教师资源也存在巨大差距,突出表现在以下几个方面。一是农村教师流失严重。由于农村中小学各方面条件相对较差,生活艰苦,比较难以吸引高学历、高水平的教师去工作,尤其是偏远地区普遍缺乏教师。即使是经济发达的沿海省份广东 2008 年农村骨干教师流失非常严重,全省农村中小学教师空编 6 万多人,而且补充非常困难。二是农村教师学历普遍偏低。根据 2007 年山东省教育督导室提供的数据,在教师学历方面,城镇教师明显高于农村教师。城镇小学教师 60% 以上是本科学历,初中教师 80% 以上有本科学历;农村小学教师则以中专、大专为主,本科只占近 15% ,初中有本科学历的占 40% ,且这些本科学历

---

① 黄若君:《城乡教育一体化与资源均衡配置》,《沿海企业与科技》2011 年第 1 期。

绝大多数是通过函授、电大或自考取得的。① 三是教师的学科结构不合理。由于农村教师流失严重，存在着学科教师缺失的情况，尤其以音乐、美术教师缺失为重。在农村学校，为了开全学科，只能用非音美专业教师代课，这就造成课程和活动无法正常开展，使课表形同虚设。

3. 城乡办学条件差距大

我国长期的二元结构导致城乡学校办学条件差距较大。农村学校往往只具备传统的教室教学资源，图书馆、多媒体设备、体育馆、音乐器材等都极度匮乏。特别是在改革开放以后，我国城市教育发展速度远远超过农村学校教育的发展速度，到了市场经济体制建立以后，城乡教育的差距则更加明显。以广西为例，2007 年广西城市小学生均计算机、生均图书藏量分别是农村的 8.92 倍和 1.46 倍，建立校园网的差距最大，城市学校是农村学校的 3566.25 倍，生均体运场馆面积、生均体育器械、生均音乐器材、生均美术器材和生均数学自然实验仪器等城市也显著高于农村。② 因此，合理配置教育资源，加大对农村办学条件的投入，是当前农村基础教育的重要任务和目标。

（四）城乡教育实施的一体化

长期以来，城乡教育的均衡问题一直是热点问题，也是各界所关注的发展难点，其最重要的原因就是城乡教育存在很大差距，教育资源的供给和需求之间的矛盾较为显著，在教育实施方面也存在极大的差距，非常不利于城乡教育一体化的发展。众所周知，教育公平是社会公平的基础，要实现教育公平就要促进城乡教育一体化的发展，而发展城乡教育的一体化应当从教育实施来着手。

1. 遵守试点先行

城乡教育一体化是教育不断发展的结果，是一个由点及面，最终实现点、线、面结合的发展过程，因此可以把试点先行视为推进城乡教育

---

① 张道祥：《当前农村教师队伍存在的问题与建议》，《教育探索》2008 年第 9 期。
② 黄若君：《城乡教育一体化与资源均衡配置》，《沿海企业与科技》2011 年第 1 期。

一体化的基本路径。根据《国家中长期教育改革和发展规划纲要（2010—2020 年）》（以下简称《教育规划纲要》）的部署，决定在部分地区和学校开展国家教育体制改革试点。坚持因地制宜，鼓励各地各校大胆试验，充分考虑城乡差别大、区域发展不平衡的现实，把整体部署和尊重基层结合起来。《教育规划纲要》确立了十大改革试点。其中，义务教育均衡发展改革试点、职业教育办学模式改革试点以及升级政府教育统筹综合改革试点等都体现了推进城乡教育一体化的追求。而国外城乡一体化建设的发展规律和经验也表明，统筹城乡教育共同发展应当从农村教育体系完善开始，并逐步向全国进行拓展，采用"层递推进"的发展模式。① 因此，我国应积极吸取国外有效经验，再结合我国实际国情，通过试点先行，之后逐渐推广到全国，最终达到城乡教育的一体化。

2. 分步推进与统筹兼顾

实现城乡教育的一体化是一个长期且复杂的过程。从我国目前的教育发展实际情况来看，推进城乡教育一体化既需要分步推进，也需要统筹兼顾。② 从实施来看，城乡教育一体化需要从区域一体化推广到全国一体化，而区域一体化可细分为省域、市域、县域甚至乡域的一体化，在实施中坚持分步推进，做好每一区域的教育发展工作。同时，教育的实施还可以先集中快速地推进发达省份的城乡教育一体化发展，再推行到欠发达省份的教育发展。此外，在分步实施教育的同时，还应与教育整体的实施相结合，使城乡教育能做到管理一体、资源共享、实施同步。

3. 加强对农村教育的支持力度

在我国统筹城乡发展过程中，已不断实施支持农村教育的各类政策，促进了农村教育的发展。然而，在取得进步的同时也应看到目前农

---

① 谭璐：《浅析城乡教育一体化的发展模式与实施路径》，《邢台学院学报》2014 年第 1 期。

② 张乐天：《城乡教育一体化：目标分解与路径选择》，《复旦教育论坛》2011 年第 6 期。

村教育发展的不足。一方面，农村教育在实施过程中，仍然缺乏优秀的师资以及先进的教学设备，以至于束缚了教学进程的开展。另一方面，对农村的教育支持力度仍然比不上对城市教育的投资力度，同时农村的教育也依附于城市的教育。那么，在推进城乡教育一体化实施的过程中，应在农村进行怎样的教育以及如何落实农村的教育发展成为必须解决的问题。城乡教育一体化使农村教育能与城市教育协调且均衡的发展，而不是让农村的教育依附于城市的教育。因此，对农村教育发展的支持需要大力促进农村教育自主的发展，使农村教育能和城市教育最终实现教学实施的一体化。

二、统筹城乡发展背景下职业教育发展的机遇

我国的职业教育有一个很长的历史发展过程。它产生于清末的实业教育，但当时的实用技术被视为末技，社会地位较低，得不到重视。1922 年国民政府制订的《壬戌学制》，将实业学校改为职业学校，奠定了我国职业教育的基础。新中国成立之后，职业教育得到一定发展，1952 年 3 月根据政务院的《关于整顿和发展中等技术教育的指示》，确立了中等专业教育和技工教育。但刚开展起的职业教育在"文化大革命"期间遭到严重破坏。改革开放之后，职业教育逐渐成为发展重点，1996 年 5 月制定了新中国成立以来第一部《职业教育法》，从法律上囊括了职业教育政策，奠定了中国职业教育发展前景的基础。总之，新中国成立以来，我国的职业教育事业经历了一个曲折的发展过程，而在统筹城乡的背景下，职业教育作为现代教育的重要组成部分，有着许多发展的新机遇。

（一）政策目标的明确推动了一体化职业教育的发展

2002 年，《国务院关于大力推进职业教育改革与发展的决定》提出：力争在"十五"期间初步建立起适应社会主义市场经济体制，与市场需求和劳动就业紧密结合，结构合理、灵活开放、特色鲜明、自主发展的现代职业教育体系。还把农村和西部地区作为工作重点，以期在"十五"期末，中等职业学校面向农村的年招生规模要到达 350 万人，面向西部地区的年招生规模要达到 120 万人，为农村和西部地区培养留得住、用得上的实用人才。2005 年 11 月，全国职业教育工作会议在北京召开，在会上温家宝总理指出大力发展职业教育是推进我国工业化、现代化的迫切需要，是促进社会就业和解决"三农"问题的重要途径，也是完善现代国民教育体系的必然要求。2014 年 6 月，国务院印发《关于加快发展现代职业教育的决定》，全面部署了加快发展现代职业教育。明确了今后一个时期加快发展现代职业教育的指导思想、基本原则、目标任务和政策措施，提出"到 2020 年，形成适应发展需求、产教深度融合、中职高职衔接、职业教育与普通教育相互沟通，体现终身教育理念，具有中国特色、世界水平的现代职业教育体系"。由此可以看出，国家在发展职业教育的指导方针上发生了极大转变，开始重视建立现代职业教育体系，强调职业教育自身的发展，同时也凸显了职业教育发展的时代性和国际性。

为了实现职业教育的发展目标，政府加大了对职业教育发展的支持力度。2003 年教育部、劳动和社会保障部、国防科工委、信息产业部、交通部、卫生部等六部委共同启动了"制造业和现代服务业技能型紧缺人才培养培训工程"，将全国二百五十多所高职院校和三百四十多所中职学校作为技能型紧缺人才示范性培养培训基地。2005 年，教育部继续大力推进"职业院校制造业和现代服务业技能型紧缺人才培养培训计划"的实施，此外还动员组织 40 多个行业企业为实施技能型紧缺人才培养培训工作的职业院校开设师资进修班，参加进修的职业院校达 500 余所。2006 年，教育部、财政部联合启动"国家示范性高等职业院校建设计划"，力争做发展的模范、改革的模范、管理的模范，以带动全国高等职业院校深化改革，提升中国高等职业教育的整体水平，这是我国职业教育发展的一个重要战略。

教育部原副部长吴启迪表示，要坚决落实国务院《关于大力发展职业教育的决定》，重点实施技能人才培养培训、农村劳动力转移培训、农村实用技术培训、成人继续教育和再就业培训教材四大工程，还表示新农村建设人才的主体要靠职业教育培养，职业教育为新农村建设服务不能无所作为，更不能被边缘化，因此必须重视农村职业教育的发展，注重城市对农村职业教育的帮扶。但城乡职业教育的帮扶政策并不是只注重农村职业教育的发展，忽视城市职业教育的发展，而是使城乡职业教育能实现资源共享，优势互补，以促进职业教育的共同发展。以新疆为例，2015 年新疆决定启动"职业教育帮扶工程"，重点针对农村少数民族初高中未就业毕业生和青壮年富余劳动力开展"语言 + 技能"培训。这一帮扶政策可以在一定程度上减轻困难家庭的经济负担，让更多青年学到一技之长，为就业打下基础，促进社会稳定。

（二）经济新常态为一体化职业教育发展提供了有力条件

改革开放以来，我国国民经济高度繁荣，各项事业取得了伟大成就，在此背景下，对新型技术技能人才的需求剧增。自 2012 年以来，我国经济进入了新阶段，国家统计局的数据表明，2012 年国内生产总值为 54.04 万亿元，比上年增长 7.9%，2013 年国内生产总值为 59.52 万亿元，比上年增长 7.8%。这种经济增速从过去 10% 左右的高速增长转为 8% 的中速增长是经济新常态。2014 年 5 月，习近平总书记对经济"新常态"进行了重大战略判断，在 APEC 峰会上，习总书记提出经济新常态的几个主要特点，即从高速增长转为中高速增长；经济结构不断优化升级；从要素驱动、投资驱动转向创新驱动。并对新常态下的新机遇做了进一步阐释：经济增速虽然放缓，实际增量依然可观；经济增长更趋平稳，增长动力更为多元；经济结构优化升级，发展前景更加稳定；政府大力简政放权，市场活力进一步释放。目前，我国成为世界第二大经济体，正处在经济大国向经济强国迈进的新阶段。要实现价值链和产业链的升级，就需将职业教育培养的人才向中高端发展。而在经济新常态时期，需要的不仅是创新人才，更需要职业教育所培养的一线技术人才，将创新成果转化为现实生产力。① 与此同时，传统行业的衰弱，新型产业的兴起，都表现对了新型人才的需求。可以说，随着经济结构调整，需要转型升级的不仅是产业，更是那些有着就业潜力的人，因此经济结构调整、产业的发展对人才的需求为职业教育人才培养提供了机遇。②

纵观职业教育的发展，可以了解到，经费投入的不足，是制约我国职业教育发展的核心问题。有关专家说，同等规模的中等职业学校所需经费投入应是普通高中的 3 倍左右，但我国财政预算内的生均经费标准，普高却要高于职高，这对本来就被"边缘化"的职业教育来说，无疑是"雪上加霜"。③ 但是，为了促进职业教育的一体化发展，中央财政计划"十一五"期间投入 100 亿元全面实施职业教育基础能力建设，再投入 40 个亿加快建立中等职业教育贫困家庭学生助学制度，并用 8 亿元对中等职业学校的家庭困难学生设立国家助学金。在"十二五"以来，中央财政每年投入 150 亿元，地方也投入大量财力，实施示范校建设、实训基地建设、中职基础能力建设，打造具有较高水平的示范学校、重点专业和"双师型"教师队伍，促进了职业教育的发展。

（三）新型城镇化的建设推进职业教育一体化的发展

新型城镇化是以城乡统筹、城乡一体、产业互动、节约集约、生态宜居、和谐发展为基本特征的城镇化，是大中小城市、小城镇、新型农村社区协调发展、互促共进的城镇化。新型城镇化建设的根本特征就是实现城乡统筹发展，也就是在统筹城乡发展的基础上突出区域协调以及

---

① 鲁昕：《职业教育，加快适应经济新常态》，《职业技术》2015 年第 2 期。
② 刘源：《经济发展新常态下高等职业教育面临的机遇与挑战》，《河南农业》2015 年第 10 期。
③ 葳蔓：《中国职业教育发展的机遇与挑战——中国职业技术教育学会 2006 年学术年会综述》，《职业技术》2006 年第 21 期。

发展质量的提升。① 在此背景下，职业教育的发展也就是要打破城乡界限，按照共同的目标和追求，来推动职业教育一体化的发展。随着新型城镇化的建设，农村劳动力转移将越来越依赖于个人所拥有的资源，特别是依赖于劳动者的文化素质和技术专长。因此职业教育应该怎样面对新型城镇化带来的要求以及如何抓住发展的机遇，是职业教育得到发展的关键。

新型城镇化建设的一个典型特征是城乡统筹发展，也就是在公共产品和公共服务上，要打破城乡界限，按照共同的目标和追求，将两者作为一个整体统筹考虑，实现基础设施一体化和公共服务均衡化，这就包括公共服务中的职业教育一体化发展。城镇化率越高，越能促进职业教育的均衡发展。首先，城镇化率高可以扩大职业教育的规模。城镇化进程中，越来越多的工业企业促进了更细的社会分工，形成了对大量高素质高技能工人和服务人员的需求，而职业教育就是培养适应经济社会发展的各行各业的素质和技能相对较高的人才。为此，城镇化的推进直接增强了对职业教育的质量和数量的需求，促进了职业教育的发展。其次，城镇化率高可以提高职业教育的办学层次和规格。由于大中城市人口、企业以及收入上的优势，使得教育供给能力大，有实力举办高层次的职业教育，而农村基本是少数的中职。因此城镇化率越高，人们越能认识到文化、知识、技能的重要性，对高层次的职业教育的需求越大。最后，城镇化率高可以提高职业教育的质量。城镇化可以提高一个国家或者一个区域的经济发展实力，城镇化促进经济发展，经济发展使政府的财力大大增加，从而对职业教育的投入也加大。这不仅能满足职业教育所需的资源和设备，还能吸引更多优秀的教师投身于职业教育的发展建设中，有利于提高城乡职业教育质量，也利于城乡职业教育资源的均衡分配。城镇化促进了农村职业教育的发展，缩小了城乡职业教育的差

---

① 马建富：《新型城镇化进程中城乡职业教育统筹发展模式的构建》，《职教通讯》2013 年第 13 期。

别，提高了职业教育的水平和质量，有利于职业教育一体化的发展。

（四）对就业教育的重视为一体化职业教育发展奠定了基础

温家宝说，职业教育就是就业教育，是面向人人、面向全社会的教育，要大力发展。在 2012 年的第三届国际职业技术教育大会上，中共中央政治局委员、国务委员刘延东指出，我们要改革职业教育理念，突出服务实体经济，着力培养人才的创新技能，增强职业教育对经济增长和可持续发展的驱动作用，要努力提高包括青年、妇女及困难群体、特殊群体在内的劳动者的就业择业创业能力，增强职业教育对社会和谐发展的促进作用。因此，面对社会的需求，通过开展技能比赛、坚持校企合作，不仅拓宽了职业教育的办学模式，还增强了职业教育的创新能力。职业教育在发展中探索推行了"一年学基础、一年学技能、一年顶岗实习"的教育模式。这种模式的推行，不仅提升了毕业生的就业和创业能力，还解决了企业对实用型人才的需求，同时也推动了职业教育的发展。从 2010 年全国中职毕业学生平均就业率为 95.77%，中等职业教育连续 3 年就业率保持在 95% 以上，高等职业院校毕业生就业率也达到 68%。由此可见，校企合作、产假结合是职业教育的生命线。①

"以服务为宗旨、以就业为导向"成为我国职业教育一项新的政策目标，在社会发展、经济不断增长的形势下，提高企业生产效率成为必然趋势，同时也必然对人力资源适应市场整体发展提出新的要求。近几年来，在政府部门组织下，成功实施了"农村劳动力转移培训计划"和"制造业和现代服务业技能型短缺人才培养工程"，职业教育为应对劳动市场需求，把人才培养培训与促进劳动就业紧密结合起来，受到极大的欢迎。② 中国教育部与世界银行的一项合作研究项目成果显示，企

---

① 高海霞：《浅析我国职业教育发展面临的优势和机遇》，《山东纺织经济》2012年第 1 期。
② 魏良婷：《对"职业教育就是就业教育"的理解与分析》，江苏省教育学会2006 年年会论文集（综合一专辑）2006 年。

业在招聘新员工时，已将"接受过职业教育与培训"作为优先录用的标准。这说明职业教育在就业市场中得到了较高的价值认同。放眼全球的职业教育发展历程，就业为导向是多数国家发展职业教育的共同选择，促进就业、适应劳动力市场的需要、解决社会就业问题，是职业教育最主要的目标。因此，对就业的重视促进了职业教育的发展。而在统筹城乡发展背景下，职业教育的发展不再是过去的"城市偏向"，而是有效利用大量农村的闲置劳动力，这才是职业教育发展的趋势。

三、统筹城乡发展背景下职业教育发展的挑战

我国在城乡职业教育一体化进程中取得了显著成就，在统筹城乡发展背景下有着许多的机遇，但同时也面临许多的挑战。在知识经济时代，最终决定一个国家或者地区的发展速度不再是物力资本，而是人力资本，劳动力的综合素质和职业技能在现代社会将比 20 世纪更为深刻地影响着社会的发展。为此，面对信息革命带来的经济迅速发展和城乡一体化的加速进程，人们必须重新审视职业教育所面临的挑战。

（一）职业教育发展的数量不适应统筹城乡发展的要求

人口基数大、生产力不发达是我国的基本国情，在农村尤为突出。目前，"三农"问题成为制约我国经济社会发展的主要瓶颈。统筹城乡的提出就是为了突破城乡二元结构，破解"三农"难题，形成城乡一体化发展的新格局。要实现这一目标，其重心必然落实在农村人力资源的合理开发和有效利用上。职业教育是统筹城乡发展的关键之一，统筹城乡发展对职业教育提出了新的高要求。尽管我国在政策制定和教育方针上对职业教育都有了空前的重视，职业教育也得到了空前的发展，但职业教育发展的数量仍然跟不上统筹城乡发展的要求。从政府对职业教育的支持力度来看，我国的职业教育发展规模似乎已不小，然而由于职业教育资源的分散以及管理部门的分割状态，总体来说农村的职业教育仍然呈滞后状态。在统筹城乡发展背景下，城乡对高素质的技能人才的

需求也急剧增加，但职业教育的覆盖率仍然较低，规模仍然较小，难以满足城乡一体化发展对职业教育人才的需求。如果国家不加大对职业教育的投入力度、加大资源整合力度，现有职业教育的数量、规模便不足以承担实现城乡统筹发展目标所需要的庞大规模的教育培训任务。[①] 我国在提出新型城镇化的建设后，就更加强调内在质量的全面提升，也就是要推动城镇化由偏重数量规模增加向注重质量内涵提升转变，新型城镇化不是简单的城市人口比例增加和规模扩张，而是强调在产业支撑、人居环境、社会保障以及生活方式等方面实现由"乡"到"城"的转变，实现城乡统筹和可持续发展。因此，这对技术技能人才的需求量更大。以江西省高等职业院校数量为例，江西省举办高等职业教育的院校包含独立设置高职院校和普通本科办高职院校两类。[②] 2011—2015 年江西省承办高等职业教育的院校数量如表 1.2 所示。虽然 2011—2015 年江西省职业院校总量有所上升，但增幅过小，不适于城乡一体化进程的速度，无法满足社会经济发展对技能人才的需求量。由此可见，城乡统筹背景下，对职业教育的需求量不断增加，职业教育在今后的发展进程中应注重对规模的提升和数量的扩大。

表 1.2　2011—2015 年江西省高等职业教育院校数量（单位：所）

指标	2011	2012	2013	2014	2015
普通本科办高职院校	25	22	24	24	24
独立设置高职院校	49	51	52	53	54
合计	74	73	76	77	78

数据来源：《江西省教育事业统计年鉴》2011—2015

---

① 姜作培、李汝：《城乡统筹背景下职业教育面临的挑战及对策》，《石家庄职业技术学院学报》2011 年第 3 期。

② 师为硕、黄国清：《江西高等职业教育规模供给现状分析》，《高等职业教育探索》2017 年第 1 期。

（二）职业教育的管理体制不适应统筹城乡发展的要求

统筹城乡发展是一个长期且艰巨的任务，在城乡一体化过程中有着复杂性、长期性的特点，而职业教育能更好地服务于城乡统筹的发展，为城乡统筹提供优秀的人力资本，因此职业教育的管理体制必须适应统筹城乡发展的要求。而与城乡统筹发展相适应的职业教育管理体制必须是城乡统一的，能为城镇一体化发展提供高素质、高技能的实用型人才的体制。我国职业教育行政部门主要为国家教育部统一领导下的三大部门，即教育部门、劳动部门、经济（业务）部门，这三个部门分别对所属学校或培训机构的开办、投入、招生就业等工作承担直接责任。①这样的管理体制虽然能促进职业教育的发展，但是也造成了职业教育管理的严重分割，无法达到统筹管理，造成各类职业教育缺乏有机的联系和协调，容易造成资源的浪费，不能使资源得到合理有效的利用。特别是我国经济发展进入了新的阶段，在经济新常态背景下，对人力资源提出新的要求，这需要职业教育管理体制能适应经济新常态的发展。而城乡分治的形态下，职业教育资源难以自由流动以及实现权利配置均衡，均不能有效促进城乡职业教育的均衡发展，更不能适应城乡统筹发展对人力资本的要求。在统筹城乡发展的内容中，包括了统筹城乡的管理制度，即突破城乡二元经济社会结构，纠正体制上和政策上的城市偏向，消除计划经济体制的残留影响，建立城乡一体的劳动力就业制度、户籍管理制度、教育制度、土地征用制度、社会保障制度等。而在建立城乡一体的教育制度中必须包括职业教育的城乡一体管理制度。因此职业教育在城乡一体化进程中面临的挑战就是必须突破城乡分割的管理现状，建立城乡统一管理的体制，促进城乡职业教育能得到均衡的管理，唯有排除职业教育割裂的管理体制障碍，实现管理体制最优化，职业教育才

① 雷世平：《我国农村职业教育体制政策研究》，《湖南社会科学》2006年第2期。

能更加适应统筹城乡的发展。

（三）职业教育的教学内容不适应统筹城乡发展的要求

职业教育是否能适应统筹城乡的发展，还应着眼于职业教育的内容是否符合统筹城乡的需要。在统筹城乡背景下，职业院校和培训机构不仅要密切关注当前统筹城乡的实际需要，确保职业教育的内容有利于促进城乡一体化的发展，能促进农村经济社会的发展，还要把握城乡经济发展的新趋势，这样才能培养出适应未来社会的新型技能人才。职业教育的教学内容由于缺乏前瞻性的眼光，缺少与当前经济社会发展相契合的知识信息，缺少与同类院校和社会企业的交流，从而致使当前职业教育的教学内容与城乡统筹发展所需不适应。我国职业教育内容主要是强化单一的职业技能和操作技能。但随着生产力的不断提升，传统的人工技能已被机器所替代，而企业为了充分发挥劳动者的生产积极性，必然会对劳动者提出新的要求。因此，单一的职业技能不能满足城市化进程中企业发展的要求。同时，单纯的操作技能也同样被机械化所替代，但是对于新增加的信息加工处理以及计算机的熟练程度，就需要专业的理论知识来支撑。就大型企业看来，传统的人力手工劳动已经被自动化代替，企业不再需要员工进行体力劳动，而是需要"出售"脑力劳动。在此环境下，职业教育的专业教学内容应不断与时俱进，适应城市企业以及农村生产的要求。由此看来，在城乡统筹的背景下，面对经济社会的快速发展，如何对职业教育的教学内容进行调整，使之适应统筹城乡发展的要求，是职业教育发展需应对的一个重大调整。职业院校和培训机构应该着眼于未来，力争职业教育的教学内容能推动城镇化的进程，最终达到统筹城乡发展的要求。

（四）职业教育的教学方式不适应统筹城乡发展的要求

在改进职业教育的教学内容的同时，还应注重职业教育的教学质量，而提高教学质量的手段即是改进教学的方式。由于职业教育面临的人群具有很大的差异性，主要是：背景不同、工作不同、兴趣爱好不同以及文化基础不同等方面。因此，职业教育的教学方式应该呈现出多选择、多样性的特点，还要求教学方式必须具有灵活性、针对性以及多元性。这就是促使职业教育在培训过程中能面对各类人群，使其能在任何地区以及环境中找到能提高自身技能的机会。同时，统筹城乡的发展也要求职业教育能培养出更多不同高技能的人才，使培养出的人才能在城市化进程中发挥有效作用。显然，我国的职业教育仍然是以传统的教学方式为主。当前的职业教育与普通教育都是以应试的形式来测试学生的知识掌握度和技能熟练程度，与应试相对的教学方式即是机械、僵化以及"满堂灌"的形式。在职业教育的教学中，教师仍然以传授某单一的技能为主要教学内容，而不针对当前社会的实际需要和学生的个体差异来进行教学，在此种教学方式下培养出的人才无法满足统筹城乡的发展，也无法适应城乡经济社会发展的速度。然而，我们还很难做到具有灵活性、多样性以及因材施教的教学方式，而单一的教学方式在一定程度上影响着社会所需人才的培训效果。因此，为了适应统筹城乡的发展，职业院校和培训机构必须改进机械的教学方式，这也是职业教育需应对的重要调整，也是当务之急。

第二章

职业教育的优质均衡发展

第一节　职业教育发展的现状与瓶颈问题

《国家中长期教育改革发展规划纲要（2010—2020）》指出要大力发展职业教育，认为"发展职业教育是推动经济发展、促进就业、改善民生、解决'三农'问题的重要途径，是缓解劳动力供求结构矛盾的关键环节，必须摆在更加突出的位置。职业教育要面向人人、面向社会，着力培养学生的职业道德、职业技能和就业创业能力。到2020年，形成适应经济发展方式转变和产业结构调整要求、体现终身教育理念、中等和高等职业教育协调发展的现代职业教育体系，满足人民群众接受职业教育的需求，满足经济社会对高素质劳动者和技能型人才的需要。"同时指出"要加快发展面向农村的职业教育。把加强职业教育作为服务社会主义新农村建设的重要内容。加强基础教育、职业教育和成人教育统筹，促进农科教结合。强化省、市（地）级政府发展农村职业教育的责任，扩大农村职业教育培训覆盖面，根据需要办好县级职教中心。强化职业教育资源的统筹协调和综合利用，推进城乡、区域合作，增强服务'三农'能力。加强涉农专业建设，加大培养适应农业和农村发展需要的专业人才力度。支持各级各类学校积极参与培养有文化、懂技术、会经营的新型农民，开展进城务工人员、农村劳动力转移培训。逐步实施农村新成长劳动力免费劳动预备制培训。"2014年5月国务院又下发了关于加快发展现代职业教育的决定（国发〔2014〕19号），就加快发展职业教育做出了一系列决定。提出了要加快构建现代职业教育体系、激发职业教育办学活力、提高人才培养质量、提升发展保障水平、加强组织领导等一系列重点任务。可见，职业教育在我国教育系统中的地位越来越凸显。在国家大力倡导下的职业教育无疑形成了一股很强的发展态势。

一、职业教育发展现状

（一）职业教育教师队伍发展现状

1. 教师队伍规模现状

（1）中职教师规模有所下降

随着中等职业学校数量的不断减少，中等职业学校的教师数量也在相应的减少。2015 年全国中等职业教育①共有学校 1.12 万所，比去年减少 676 所。其中，普通中等专业学校 3456 所，比去年减少 80 所；职业高中 3907 所，比去年减少 160 所；技工学校 2545 所，比去年减少 273 所；成人中等专业学校 1294 所，比去年减少 163 所。其中，中等职业教育学校共有教职工 110.18 万人，比去年减少 3.03 万人。其中，普通中等专业学校教职工 40.88 万人，比去年减少 9345 人；职业高中教职工 35.28 万人，比去年减少 8109 人；技工学校教职工 26.03 万人，比去年减少 4884 人；成人中等专业学校教职工 6.60 万人，比去年减少 7377 人。中等职业教育学校共有专任教师 84.41 万人，比去年减少 1.43 万人，生师比② 20.47∶1，比去年的 21.34∶1 有所改善。其中，普通中等专业学校专任教师 30.43 万人，比去年减少 2611 人；职业高中专任教师 29.00 万人，比去年减少 3289 人；技工学校专任教师 19.16 万人，比去年减少 2992 人；成人中等专业学校专任教师 4.82 万人，比去年减少 4924 人。

---

① 中等职业教育包括普通中等专业学校、职业高中、技工学校和成人中等专业学校。
② 中等职业教育生师比不含技工学校数据。

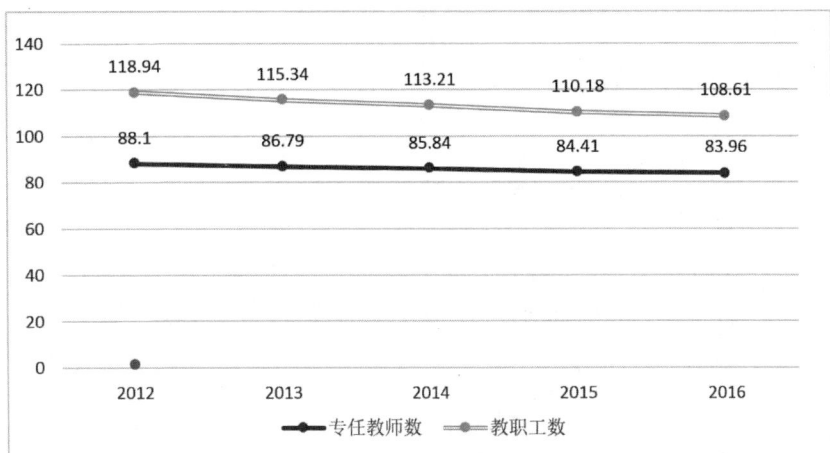

图 2.1　2012—2016 年中等职业学校教职工数量以及专任
教师数量发展情况
数据来源：《中国统计年鉴 2010—2016》，《2016 年全国教育
事业发展统计公报》

　　面对中等职业学校教师数量日益减少的难题，一些地方开始采取措施进行解决。如贵州省在 2013 年就出台的《关于支持现代职业教育发展的意见》（黔府办发〔2013〕48 号）中提出："2013 年至 2015 年，全省内年补充 8000 名以上中职教师；从 2014 年起，每年从省属高校中选派 3000 名应届毕业生到中职学校实习、任教。到 2015 年通过招考、聘用、转型、整合等方式引进职教师资 2 万名以上，全省中职师资比例达 60% 以上。"针对这个难题，广西壮族自治区也采取了一系列措施，制定了《中等职业学校教师特设岗位计划》（桂教师范〔2014〕17号），决定从 2014 年到 2017 年，通过实施该计划公开招聘 2000 名左右中等职业学校专业课教师，优先考虑教师总体缺编、专业课紧缺、财力困难，但工作基础好、积极性高的县（市、区）。特岗计划的实施为创新地方职业教育教师队伍数量的补充机制积累了很好的经验。

　　（2）高职（专科）教师队伍规模稳步增长

截至 2014 年的数据统计显示，高职（专科）院校教师队伍规模总体稳定，教职工总数和专任教师数量均有不同程度的增加。

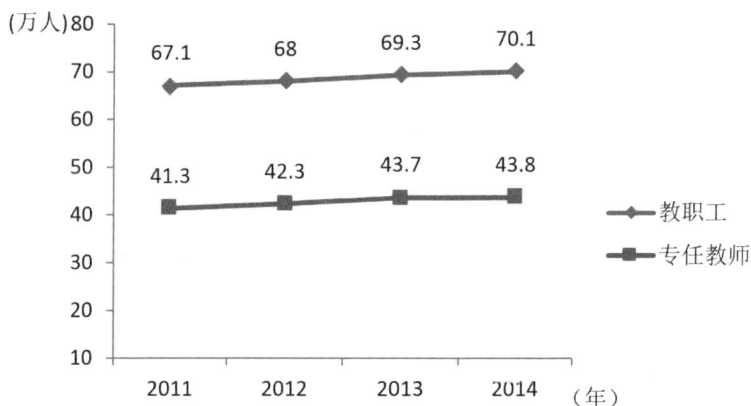

图 2.2　2011—2014 年高等职业学校教职工数量以及专任
教师数量发展情况
数据来源：《中国统计年鉴 2010—2016》，教育部官方网站

2. 教师专业素质不断提升

（1）"双师型"教师比例不断提升

2013 年，中等职业学校"双师型"教师为 17.6 万人，占专任课教师和实习指导课专任教师的比例为 46.13%，比 2012 年增长 1.85 个百分点；占专任教师的比例为 26.56%，比 2012 年增长 1.18 个百分点。2010—2013 年的数据显示，中等职业学校"双师型"教师 4 年保持连续增长的态势。其中，占专业课和实习指导课专任教师的比例累计增长 8.12 个百分点，年平均增长 2.03 个百分点；占专任教师的比例累计增长 5.12 个百分点，年平均增长 1.28 个百分点。

随着"双师型"教师队伍规模的扩大，很多地方也在积极开展"双师型"教师的认定、评选工作，持续加强"双师型"教师队伍建设。如重庆市、安徽省、江西省等省市连续开展中等职业学校"双师型"教师资格认定工作。重庆市教育委员会在 2013 年度的中职"双师

(%)

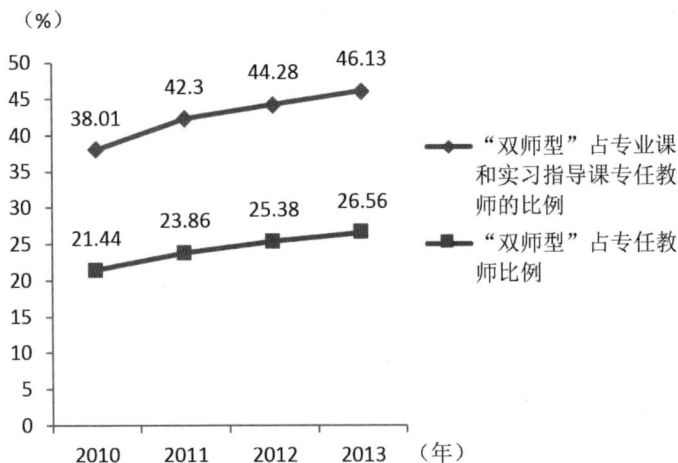

图 2.3

数据来源:《中国教育统计年鉴 2010—2013》,教育部官方网站

型"教师资格认定中确定了 470 名中级"双师型"教师和 74 名高级
"双师型"教师,这也是自 2009 年开展市级"双师型"教师认定以来
的第三批中职"双师型"教师。2014 年 12 月,重庆市委员会启动了第
四批"双师型"教师认定工作。2015 年 11 月底,又启动了第五批"双
师型"教师的认定工作。①

(2) 职业教育教师队伍学历水平不断上升

2014 年,中等职业学校专任教师的学历结构不断提升。其中,硕
士以上学历专任教师 4.14 万人,占 6.24%,比 2013 年度增加 0.15%;
本科学历专任教师 55.13 万人,占 83.06%,比 2013 年度增加了
0.85%;专科及以下学历教师继续减少,仅有 7.11 万人,占 10.71%,
比 2013 年减少 1.35 个百分点。2010—2014 年度的总体数据显示,中等
职业学校教师队伍整体学历水平持续提升,本科学历占中等职业学校教

① 　重庆市教育委员会官方网站:http://www.cqjw.gov.cn/search.aspx?searchtype =
0&Keyword = %22%u53CC%u5E08%u578B%22.

师的主体地位，连续 5 年均保持 80% 左右且持续增长，累计增长 3.78%，年均增长率为 0.67%；硕士及以上研究生学历所占比例较小，5 年均不足 10%，但是依然保持了持续增长的态势，5 年累计增长 2.23%；专科及以下学历持续减少，5 年来，年均减少 1.2%，如图2.4 所示：

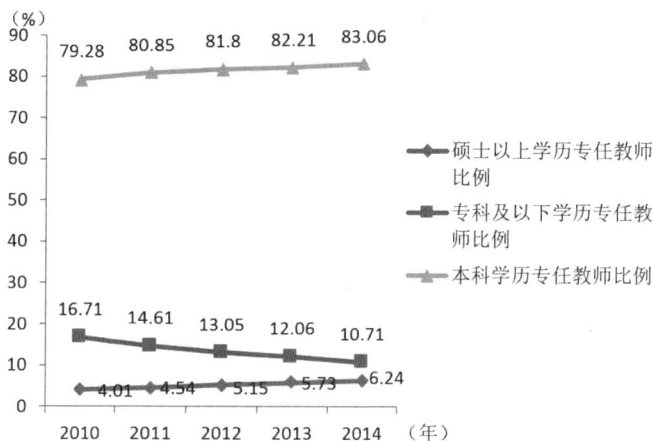

图 2.4

数据来源:《中国统计年鉴》(2010—2014),
《中国教育统计年鉴 2010—2013》，教育部官方网站

3. 教师专业标准体系不断完善

(1) 中等职业学校教师、校长专业标准文件相应出台

2013 年 9 月，教育部印发了《中等职业学校教师专业标准（试行）》（教师〔2013〕12 号文件，以下简称《专业标准》)。《专业标准》凸显了三方面的特色。首先，体现了职业教育改革发展的最新要求，把立德树人作为职业教育的根本任务。其次，突出"双师"素质教育要求。针对职业学校教师"双师"素质评定缺乏标准的问题，突出职业教师专业理论与职教实践相结合、职教理论与教育实践相结合的特征，要求教师既要具备普通教师的教育知识，又要具备职教实践的经验。最

后是回应了社会关切的问题，针对教师实践能力与产业技术进步脱节的问题，要求教师了解产业发展趋势和工作岗位要求，跟进技术进步和工艺更新，基于职业岗位工作过程设计和实施教学；针对教师生产实践经验不足的问题，要求教师为企业提供技术支持、员工培训、业务咨询等社会服务，专业课教师和实习指导教师要具有企事业单位工作经历或实践经验；针对学生实训实习组织松散、学生权益受侵害的问题，明确要求教师在组织实训实习过程中保护学生合法权益和人身安全。这是新中国成立以来第一次针对中等职业学校教师制定的专业标准。它明确了中等职业学校教师的职业特点和职业要求，指明了教师专业化发展和队伍专业化建设的根本方向，为中等职业学校教师发展和队伍建设提供了重要依据，对促进中等职业学校教师专业发展、打造高素质"双师型"教师队伍、加快发展现代职业教育具有重要的现实意义。2015 年，由中等职业学校教师专业标准课题组编著的《中等职业学校教师专业标准解读》正式出版，为《专业标准》的实施提供了理论支撑和实践指导。

2015 年 1 月，教育部印发了《中等职业学校校长专业标准》（教师〔2015〕2 号文件），强调校长要树立德育为先、育人为本、引领发展、能力为重、终身学习的办学理念，并在规划学校发展、营造育人计划、领导课堂教学、引领教师成长、优化内部管理、调式外部环境等 6 项校长职责上提出了 60 条专业要求，为制定中等职业学校校长任职资格标准、培训课程标准、考核评价标准等提供了重要依据。

（2）中小学教师信息技术应用能力文件的出台

2014 年，教育部办公厅印发《中小学教师信息技术应用能力标准（试行）》（教师〔2014〕3 号，以下简称《标准》），旨在全面提升中小学教师信息技术应用能力，促进信息技术与教育教学的深度融合。因此，中等职业学校教师也在该《标准》范围内。同时，为指导各地组织实施全国中小学教师信息技术应用能力提升工程，规范引领教师信息技术应用能力培训课程建设与实施工作，因此，教育部印发了《中小学教师信息技术应用能力培训课程标准（试行）》（教育厅函〔2014〕7号文件，以下简称《课程标准》），要求通过主题式培训，设置相应的系列性课程，每个系列性课程又包含了多个主题。同时《课程标准》要求培训机构依据课程主题，分学科（领域）开发课程，以供不同学科（领域）、不同能力起点的教师选学，对教师的专业发展无疑起到了很大的助推作用。

4. 教师培养培训稳步实施

（1）教师培训机制更加健全

2014 年 8 月，针对近年来教师培养的适应性和针对性不强、课程与教学内容和教学方法相对陈旧、教育实践质量不高、教师教育师资队伍薄弱等突出问题，教育部出台了《关于实施卓越教师培养计划的意见》（教师〔2014〕5 号），鼓励主动适应国家经济社会发展和教育改革发展的总要求，坚持需求导向、分类指导、协同创新、深度融合的基本原则，针对教师培养的薄弱环节和深层次问题，深化教师培养模式改革，建立高校与地方政府、中小学（幼儿园、中等职业学校、特殊教育学校）协同培养机制，以培养一大批师德高尚、专业基础扎实、教育教学能力和自我发展能力突出的高素质专业化中小学教师；要求各地各校要以实施卓越教师培养计划为抓手，整体推动教师教育改革创新，全面提高教师培养质量。

2015 年，"教育部财政部职业院校教师素质提高计划"职业教师资格本科专业培养标准、培养方案、核心课程和特色教材开发项目完成了结题验收，项目组组织开发了 100 个专业类别的中等职业学校教师专业标准、职教师资本科专业培养标准、培养方案以及 500 多门核心课程、特色教材和数字化资源。这种以项目为主导提高职业院校教师素质的做法，极大地提高了职业学校教师的专业发展。与此同时，国家继续开展职业院校教师在职攻读硕士工作，推进职业院校教师在职攻读硕士学位制度改革，实行按照专业硕士学位招生，制定 2015 年教师在职攻读硕士学位招生计划，指导培养院校根据本院校教师培养培训工作，针对职业院校教师的学习特点和需求，制定专门的培养方案，完善评价体系，确保培养的针对性和有效性。

（2）教师培训工作有序推进

随着我国教师教育体系的完善，教师教育改革不断推进，教师培养质量与水平也在不断提高，但是我国教师的培养依然存在着针对性不强、有效性不高、课程内容与教学方法陈旧、教育教学质量不高的问题。为了大力提高教师培养质量、推动教师教育综合改革，2014 年 8 月和 12 月教育部相继印发《关于实施卓越教师培养计划的意见》（教师〔2014〕5 号）和《关于公布卓越教师培养计划改革项目的通知》（教师厅〔2014〕5 号）。其中包括卓越中等职业学校教师培养，旨在建立高校与行业企业、中等职业学校的协同培养机制，探索高层次"双师型"培养教师模式，培养一批素质全面、基础扎实、技能娴熟的中等职业学校教师。

2015 年 3 月，教育部办公厅、财政部下发《关于做好职业院校教师素质提高计划 2015 年度项目申报工作的通知》（教师厅函〔2015〕3 号），该通知涉及中等职业学校专业骨干教师国家级培训项目和高等职业学校国家级培训项目等。该项目的实施，使得大批的中等职业学校、高等职业学校的教师得到了应有的培训计划。在此基础上，教育部又于 2015 年 7 月发布了《关于深化职业教育教学改革全面提高人才培养质量的若干意见》（教职成〔2015〕6 号），旨在尽力健全高校与地方政府、行业企业、中等学校协同培养教师的新机制，建设一批在职教师资格培养培训基地和教师企业实践基地，积极探索高层次"双师型"教师培养模式；加强教师专业技能、实践教学、信息技术应用和教学研究能力提升的培训，提高具备"双师"素质的专业课教师比例；落实五年一周期的教师全员培训制度，培养造就一批"教练型"教学名师和专业带头人；继续实施职业院校教师队伍素质提升计划，加强专业骨干教师培训，重视公共基础课、实习实训、职业指导教师和兼职教师培训；并督促各地制定职教师资培养规划，根据实际需要实施职业院校师资培养培训项目。

（二）职业教育经费投入

自1996年《职业教育法》颁布以来，国家在加快发展职业教育方面，出台了一系列政策，不断完善职业教育的经费投入。特别是自2005年以来，党和国家始终重视职业教育经费投入，先后出台了一系列加大财政教育投入的政策措施。《国务院关于加快发展现代职业教育的决定》再一次明确指出要"完善经费稳定投入机制"，"建立与办学规模和培养要求相适应的财政投入制度"，"依法制定并落实职业院校生均经费标准或公用经费标准"，确保加大职业教育的经费投入，加快发展现代职业教育。

1. 职业教育经费持续增长

自2005年《国务院关于大力发展职业教育的决定》发布以来，我国职业教育经费投入总量就一直处于稳步增长的态势。2014年，全国教育经费总投入32806亿元，比2005年的8419亿元增长了2.89倍；国家财政性教育经费占国内生产总值比例达到了4.15%。其中，职业教育经费投入约为3424亿元，比2005年的939亿元增长了2.65倍，年均增长率达15.46%。如表2.1所示：

表2.1 2005—2014年职业教育经费投入增长情况（单位：亿元）

年份	2005	2006	2007	2008	2009	2010	2011	2012	2013	2014
全国教育经费总投入	8419	9815	12148	14501	16503	19562	23869	28655	30365	32806
比去年增长百分点	16.24	16.59	23.77	19.37	13.81	18.54	22.02	20.05	5.97	8.04
其中：国家财政性教育经费	5161	6348	8280	10450	12231	14670	18587	23148	24488	26421

续表

年份	2005	2006	2007	2008	2009	2010	2011	2012	2013	2014
占国内生产值比例	2.78%	2.92%	3.09%	3.30%	3.54%	3.59%	3.84%	4.33%	4.16%	4.15%
职业教育经费投入	939	1141	1483	1852	2102	2409	2889	3320	3450	3424
占全国教育经费总量比例	11.16%	11.62%	12.21%	12.77%	12.85%	12.31%	12.10%	11.59%	11.36%	10.44%
其中:财政性教育经费	426	525	745	1017	1211	1460	1934	2392	2543	2557
占职业教育经费比例	45.34%	46.02%	50.20%	54.93%	57.13%	60.61%	66.93%	72.05%	73.70%	74.67%

从投入总量上看，2005—2014 年，国家财政教育投入大幅度增长。2014 年，国家财政性教育经费为 26421 亿元，比 2005 年的 5161 亿元增加了 21260 亿元，增长了 4.12 倍；其中，职业教育财政性教育经费约为 2557 亿元，比 2005 年的 426 亿元增长了 5.00 倍，年均增长率达 22.04%。（如图 2.5 所示），职业教育财政性教育经费的大幅度增加为职业教育的改革发展提供了有力支持。

2. 明确制定生均教育经费标准

1996 年，以法律形式确定国务院有关部门会同国务院财政部门制定职业学校学生人数平均经费标准，省级人民政府应当制定职业学校学生人数平均经费标准，职业学校举办者按照学生人数平均经费标准足额拨付；国务院先后于 2002、2005 和 2014 年三次发布职业教育发展决定，均明确各级地方政府要制定生均经费标准。2014 年 6 月，教育部等六个部门印发的《现代职业教育体系建设规划（2014—2020 年）》明确要求，2015 年年底前，各地依法出台职业院校生均经费标准或公用经费标准；同年 10 月 30 日财政部、教育部印发的《关于建立完善以改革和绩效为导向的生均拨款制度加快发展现代高等职业教育的意见》（财教〔2014〕352 号）明确提出，并预计 2017 年各地高职院校年生均

（亿元）

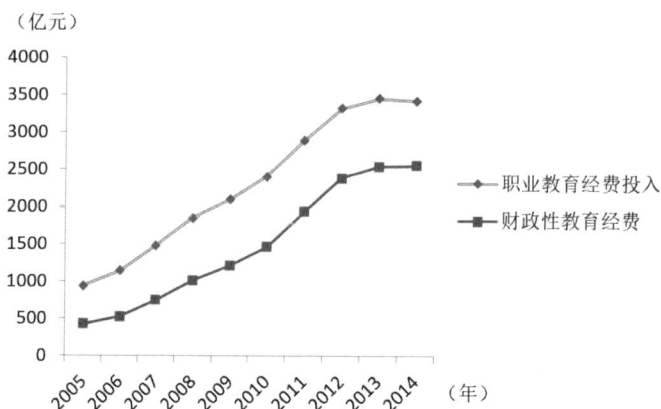

图 2.5

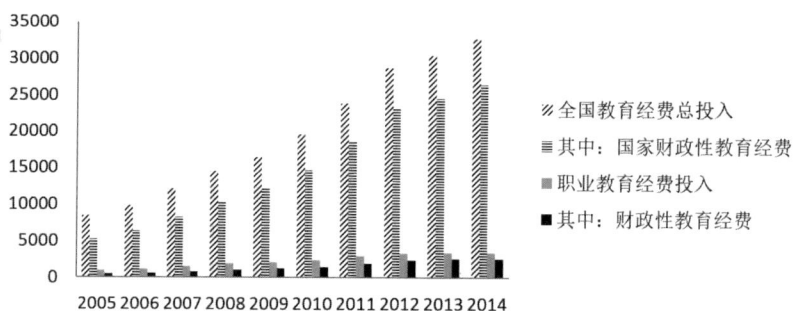

图 2.6　2005—2014 年全国教育经费及职业教育经费投入增长情况

财政拨款水平应当不低于 12000 元，从 2014 年起，中央财政建立"以奖代补"机制。

　　根据国家教育统计数据显示，2014 年，中等职业学校生均公共财政预算教育支出为 9428 元，比 2005 年的 2410 元增加了 7018 元，增长了将近 3 倍；高等职业学校生均公共财政预算教育支出为 10148 元，比 2005 年的 2959 元增加了 7189 元，增长了 2 倍多。如图 2.7 所示：

　　3. 中央专项财政经费投入不断加大

　　近年来，中央财政在增加财政性教育经费的同时，针对职业教育发

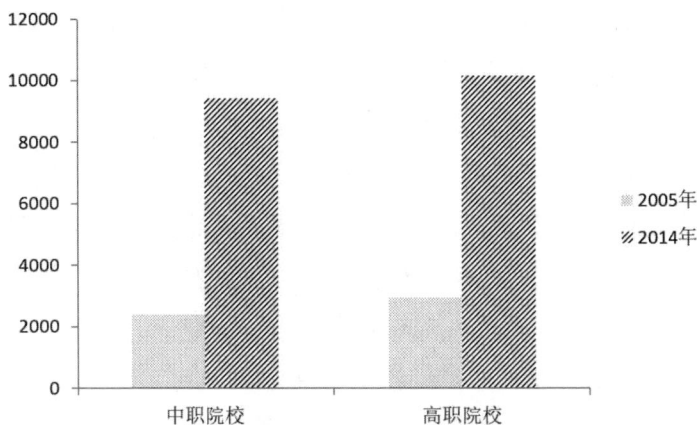

图 2.7 职业教育生均公共财政预算经费统计

展过程中的关键领域和薄弱环节，教育部、财政部通过实施一系列重大项目，持续加大职业教育的投入，不断提升职业教育基础能力，改善职业院校办学条件，提高办学质量，促进教育公平。根据教育部数据统计，2004 年以来，中央财政投入超过千亿元专项资金，专门用于职业教育重大项目建设。

首先是基础能力建设项目。基础能力建设项目主要有四个：一是职业教育实训基地建设计划。2004—2013 年，中央财政共投入专项资金 78 亿元，支持建设了 4556 个职业教育实训基地。二是职业院校教师素质提高计划。2007—2013 年，中央财政共投入专项资金 21 亿元，引导和激励各地对职业院校优秀骨干教师进行了培训，从根本上解决了职业院校"双师型"教师不足、教师整体素质不高的问题。三是高等职业学校提升专业服务产业能力建设项目。2011—2012 年，中央财政共投入专项资金 40 亿元，支持全国 976 所独立设置公办高等职业学校重点建设 1810 个专业，惠及在校生人数 61 万人，全面提高了高等职业学校专业建设水平和产业服务能力。四是高等职业教育专业教学资源库建设项目。2010—2015 年，中央财政共投入专项资金 3.8 亿元，初步形成了由 71 个专业教学资源库、1 个民族文化传承与创新资源库（8 个子库）

和 1 个学习平台（数字校园学习平台）构成的国家资源库建设体系，覆盖了农林牧渔、交通运输等 19 个高职专业大类。

其次是示范性学校建设项目。示范性学校项目主要包含了两个分项目：一是国家示范性高等职业院校建设计划。2006—2013 年，中央财政投入专项资金 46 亿元，分两期实施，重点支持建设了 200 所国家示范（骨干）高职院校。二是中等职业教育改革发展示范学校建设计划。2010—2013 年，中央财政共投入专项资金近 100 亿元，分三批重点支持了 1000 所中等职业学校改革创新，提升教育质量。示范性学校建设项目起到了强大的引领作用。中央财政支持的示范性高等职业院校建设和计划，带动地方政府支持省级示范高职院校建设数达 282 所，使国家级和省级示范高职院校建设数达到 482 所。示范性高职院校牵头推进集团化办学，全国已组建约 700 个职业教育集团，覆盖了 90% 的高职院校。各地以国家示范院校为主体，积极推进中高职协调发展，加快现代化职业教育体系建设。引领职业教育走特色化、内涵式发展道路。

再次是职业学校学生的资助项目。根据统计数据，2007—2014 年，中央财政经费安排中等职业学校国家助学金 503 亿元；2009—2013 年，中央财政经费安排中等职业学校免学费补助资金 423 亿元。目前，中等职业学校所有农村（包含县镇级别）学生、城市涉农专业学生和家庭经济困难学生免除了学费，覆盖面达到 90% 以上。同时，高等职业学校纳入了高等教育学生自主政策体系，从制度上保障了每个学生不因家庭经济困难而失学。

最后是现代职业教育质量提升项目计划。2014 年国家安排了113.99亿元，2015 年安排资金 147.86 亿元，专门用于支持现代职业教育质量提升计划。2015 年印发了《现代职业教育质量提升计划专项资金管理办法》，现阶段重点支持三个方面的内容：一是支持各地建立完善以改革和绩效为导向的高等职业院校生均拨款制度。二是支持各地在优化布局的基础上，改扩建中等职业学校校舍、实验实训场地以及其他附属设施，配置图书和教学仪器设备等，推动建立健全中等职业学校生均拨款制度。三是支持各地加强"双师型"专任教师培养培训，提高教师教育教学水平；支持职业院校建立兼职教师岗位，优化教师队伍人员结构。

（三）农村职业教育的发展

1. 适应新形势的农村职业教育的政策不断发展

近年来，党中央国务院对加快发展现代职业教育做出了一系列重大部署，体现了对职业教育工作的高度重视。在农村职业教育方面，我国政府始终强调加快农村职业教育的发展，从管理体制、办学模式、财政投入以及质量评估等各个方面，做出了明确的战略部署。尤其是2009年，国务院提出："大力发展职业教育，特别重点支持农村中等职业教育，逐步实行中等职业教育免费。"2012年，教育部等九部门联合印发了《关于加快发展面向农村的职业教育的意见》，它的出台，明确了农村职业教育要以推动县域经济社会发展为目标，坚持学校教育与技能培训并举、全日制与非全日制并重，大力开发农村人力资源，逐步形成适应县域经济社会发展要求，体现终身教育理念的现代农村职业教育体系。这是新形势下国家对农村职业教育发展的新定位，明确了面向农村职业教育的发展目标、发展举措、保障机制，对促进农村职业教育发展有重要的指导意义和推动作用。2012年，教育部与黑龙江省人民政府签订了共建国家现代农村职业教育改革试验区协议并积极探索完善农村现代职业教育体系建设。2013年，教育部组织开展国家级农村职业教育和成人教育示范县创建活动，推动一批县（市、区）在农村职业教育和成人教育改革发展方面发挥示范作用。2014年，党中央国务院继续针对农村发展职业教育做出了一系列战略部署（如表2.2所示），在《关于加快发展现代职业教育的决定》中特别提出，"推进农民继续教育工程，加强涉农专业、课程和教材建设，创新农学结合模式。推动一批县（市、区）在农村职业教育和成人教育改革发展方面发挥示范作用。"同时，该决定还要求"加大对农村和贫困地区职业教育支持力度。服务国家粮食安全保障体系建设，积极发展现代农业教育，建立公益性农民培养培训制度，大力培养新型职业农民"。在这一思想的指导下，农村职业教育体制改革加快推进，省部级试验区和示范县创建工作等重大部署顺利实施，为我国职业教育改革发展探索模式、创造经验、树立典型，推动了农村职业教育和成人教育改革发展。

表2.2 中央"三农"政策中有关农村职业教育的内容

文件	政策内容
党的十八大报告	解决好农业、农村、农民问题是全党工作的重中之重，要坚持工业反哺农业、城市支持农村和多予少取放活方针，加大强农、惠农、富农政策力度，让广大农民平等参与现代化进程、共同分享现代化成果。
2012 年中央一号文件	以提高科技素质、职业技能、经营能力为核心，大规模开展农村实用人才培训。
2013 年中央一号文件	大力培训新型农民和使用人才，着力加强农业职业教育和职业培训。充分利用各类培训资源，加大专业大户、家庭农场经营者培训力度，提高他们的生产技能和经营管理水平。制定专门计划，对符合条件的中高等学校毕业生、退役军人、返乡农民工务农创业给予补助和贷款支持。
2014 年中央一号文件	加大对新型职业农民和新型农业经营主体领办人的教育培训力度。
《国家中长期教育改革和发展规划纲要(2010—2020 年)》	新增劳动力平均受教育年限从 12.4 年提高到 13.5 年；主要劳动年龄人口平均受教育年限从 9.5 年提高到 11.2 年。
《国家中长期人才发展规划纲要(2010—2020 年)》	围绕社会主义新农村建设，以提高科技素质、职业技能和经营能力为核心，以农村实用人才带头人和农村生产经营型人才为重点，着力打造服务农村经济社会发展、数量充足的农村实用人才队伍。

续表

文件	政策内容
《全国现代农业发展规划(2011—2015 年)》	要大力发展农业职业教育，加快技能型人才培养，培育一批种养业能手、农机作业能手、科技带头人等新型农民。支持高校毕业生和各类优秀人才投身现代农业建设，鼓励外出务工农民带技术、带资金回乡创业。
《现代职业教育体系建设规划(2014—2020 年)》	大力发展现代农业职业教育。以培养新型职业农民为重点，建立公益性农民培养培训制度。以农业职业院校为主体，构建覆盖全国、服务完善的现代职业农民教育网络。鼓励企业、行业协会、农业合作社举办或参与举办农业职业院校，参与涉农专业、课程和人才培养模式改革。

2. 农村职业教育规模有所下降

中等职业学校教育是农村职业教育的主要力量。但近年来，由于普通教育的发展、农村人口的减少、经济条件的改善，农村人接受职业教育的人数逐步减少，乡（镇）、村两级的农村职业教育机构逐步萎缩，甚至在有的地方已经慢慢消失，农村职业教育的规模在不断缩小。2012年，中等职业学校有 12663 所，在校生为 1922.97 万人。2013 年，学校数下降 401 所，在校生下降 190.72 万人。① 同时，我国高等职业教育涉农专业点有 1042 个，中等职业教育涉农专业点有 4542 个，乡镇成人文化技术学校和培训机构有 8901 所。② 自 2005 年以来，农村成人文化技术培训学校（机构）总体呈下降趋势，2013 年农村成人文化技术培训学校（机构）的数量约为 8.9 万所，注册学生数约为 3043.04 万人，教职工约为 16.73 万人，专任教师约为 9.01 万人，分别比 2005 年下降7.76 万所、686.3 万人、8.34 万人、1.87 万人。

---

① 教育部门户网站：http://www.moe.gov.cn/.
② 陈亚伟：《贯彻落实全国教职会精神开创农村职业教育新局面》，《中国职业技术教育》2014 年第 21 期。

表2.3　农村成人文化技术培训学校（机构）情况

年度	2005	2006	2007	2008	2009	2010	2011	2012	2013
学校(机构)数(万所)	16.66	15.10	15.33	13.78	12.94	10.67	10.34	10.00	8.90
注册学生数(万人)	3729.34	3842.36	3787.66	3694.83	3723.91	3424.22	3496.95	3176.08	3043.04
教职工数(万人)	25.07	23.26	22.37	21.83	21.26	19.02	18.85	17.03	16.73
专任教师数(万人)	10.88	10.31	10.28	10.07	9.7	9.2	9.45	8.78	9.01

3. 新型职业农民培育体系初步构建

农村劳动力在我国城镇化和现代化发展中发挥着举足轻重的作用，其廉价的特性是我国改革开放三十年经济保持高速发展的重要因素。为了建设新农村、富裕农民、发展新型城镇、扩大内需，21世纪初，国家就实施了农村劳动力转移培训工作。近年来，新型农民培育工作管理由部门承担普遍上升到地方党委政府统筹，组织领导和制度建设逐步健全，初步形成了包括留地农民培训、青年农业者培训以及新型职业农民经常性培训在内的农民培训体系。各地结合实际，根据农民教育培训的不同对象和需求，因地制宜探索了培训教师进村、教学资源进村和人才培养进村的"三进村"方式，农村实用人才培养与农村基层组织建设、农业项目实施结合等多种符合农民特点的新模式，收到了良好的效果。目前，全国已初步建立起政府主导、面向市场、多元办学的新型职业农民培训体系，初步形成了以农业职业院校、农业广播电视学校为依托，高等院校、科研院校、农技站、农业龙头企业和农民合作社广泛参与，从中央到省、地、县、乡相互配合的新型农民与农村实用人才的培养格局。

4. 农村职业教育的相关法律逐步完善，但督导落实不够

职业教育法律法规建设是教育法规建设的重要组成部分，也是国家规范管理职业教育的重要手段，还是职业教育改革和发展的重要基础和

保障。为了促进农村职业教育的改革和发展，我国政府一直重视法律法规的建设工作。如，1996 年 5 月颁布《职业教育法》、2002 年颁布《国务院关于大力推进职业教育改革与发展的决定》、2005 年颁布《国务院关于大力发展职业教育的决定》、2010 年 6 月颁布《国家中长期人才发展规划纲要（2010—2020 年）》①，2010 年颁布的《国家中长期教育改革和发展规划纲要（2010—2020）》② 中第六章十六条明确要大力发展农村职业教育，培养有文化、懂技术、会经营的新型职业农民，实施农村剩余劳动力转移培训。2011 年教育部等九个部门发布《关于加快发展面向农村的职业教育的意见》。③ 2014 年 5 月国务院颁布的《关于大力发展现代职业教育的决定》④ 提出要打造设施先进、功能齐全、质量水平高的县职教中心，突出了县职教中心在农村职业教育中的示范作用。2014 年 6 月颁布的《现代职业教育体系建设规划（2014—2020年）》⑤ 再次强调要大力发展农村职业教育，促进农科教的结合。

这些法规制度的不断出台，保障了我国农村职业教育的大力发展。但是现有的法规制度体系不完善，例如关于城乡职业教育的统筹发展的主体责任、专业、课程内容、经费保障、招生就业等并没有具体的操作办法，而且对学校之外的培训机构、企业、行业的规定也不够具体，多是一些原则性的规定。现有的法规制度落实也不够，如 2015 年 6 月 29日张德江在全国人大执法检查组关于检查《中华人民共和国职业教育

① 《国家中长期人才规划纲要（2010—2020）》，http://cpc.people.com.cn/GB/244800/244853/18135323.html.

② 《国家中长期教育改革和规划纲要（2010—2020）》，http://www.360doc.com/content/10/0907/22/3206736_51973965.shtml.

③ 《教育部等九部门关于加快面向农村的职业教育的意见》，http://www.232526.com/Article/Show Article.asp?Article ID=924.

④ 《国务院关于加快发展现代职业教育的决定》，http://www.srzy.cn/show.asp?id=512.

⑤ 《现代职业教育体系建设规划（2014—2020）》，http://wenku.baidu.com/view/e5f486f75727a5e9846a6184.html.

法》实施情况的报告中说："目前约三分之一省（区、市）尚未落实'制定本地区职业学校学生人数平均经费标准'的法定要求。有的地方虽然制定了标准，但是水平偏低；有的地方中职生均财政拨款制度执行不到位，省级财政只承担省属职业院校的拨款，经济基础薄弱地区落实情况存在较大差距。"① 还有法规和制度规定的"双师型"师资队伍、企业行业参与、就业准入和职业资格证书、管理体制等等，在实际执行中并没有得到不打折扣的落实。对于职业教育的法规制度督查也不够，"现行法律法规关于执法检查和督导工作规定过于原则，没有对执法主体、责任、奖励等做出具体的法律规定，尤其是工商、劳动、监察等部门执法不严、查处不力"。②

二、职业教育发展的瓶颈问题

在国家大力倡导发展职业教育的同时，一系列的政策措施为职业教育的迅速发展提供了契机。但是由于我国城乡二元状况的结构性限制，在城乡统筹的背景下，职业教育在发展的过程中仍然面临着很大的瓶颈。

（一）职业教育尤其是农村职业教育经费投入的失衡

职业教育仍是各类教育的"短板"，与培养规模和应有地位、作用不相匹配。职业教育相对普通教育需要投入更多。各地政府，尤其是地方政府，在农村职业教育投入上力度不足，导致农村职业教育在教育公共财政支出中占比过低，无法满足职业教育的发展要求。根据有关调查，我国教育财政支出中教育类别的年增长率，增长最为缓慢的就是农村职业教育，年增长率仅为 15.65%，与普通高中相差了 16.93%。从投入总量上看，职业教育的国家财政性投入与同阶段的普通教育相比仍

---

① 张德江：《〈中华人民共和国职业教育法〉实施情况的报告》，http://www.npc. gov. cn/npc/xinwen/2015 - 06/29/content_ 1939891. htm.
② 黄尧：《关于我国职业教育法制建设基本情况和若干建议》，《中国职业技术教育》2010 年第 4 期。

明显偏低。农村职业教育的生均总经费和生均公共财政预算在教育经费中所占比重更低。同时，从地区分布来看，东中西部地区经费投入差异还是很大，中西部地区生均公共财政预算经费偏低，生均校舍面积等指标未达标，甚至呈现出了严重的"中部塌陷"现象。有些地方政府对农村职业教育重视不够，理解有偏差，许多支持性政策还没有得到很好的落实。

目前，职业教育尤其是农村职业教育的投资主体主要是政府，过于单一。企业和社会资本很少参与农村职业教育投资，一方面，资本是逐利的，即使教育是公益性事业，但只有当投资教育能获利，企业和社会资本才会投入；另一方面，政府对企业、社会资本参与农村职业教育的政策不够具体，如何推行职业学校投资主体多元化，没有可操作的法规和建议。目前的农村职业教育投入主体单一，导致了农村职业教育资金投入过度依赖政府投入，资金投入不足。农村职业教育与城市职业教育的差距短期内很难解决，而统筹城乡职业教育发展，需要加速缩小城乡职业教育差距的步伐，农村职业教育投入主体的单一阻碍了统筹城乡职业教育的发展。

（二）教育质量的效力性失衡

教育质量是任何教育形式都要追求的目标，也体现了其培养的人才是否能够适应社会的需求。职业教育追求教育质量的均衡发展是其最终目标，即要求不同地区、不同类型、不同层次及不同专业的职业学校学生的综合素质、职业技能能够平衡发展，能够适应经济社会发展的要求。这方面的量化指标主要体现在毕业生就业率、毕业生升学率，以及职业资格证书获取率上。具体看，第一，职业资格证书的获取率。这方面的差异在上述三个标准中是最大的，也是城乡失衡最为明显的，在有的城市院校包括高职院校、中职学校在内，能够获得证书的比例近99%，但有的农村学校，其获证比例不到30%，尤其是一些高级资格证书的比例更低。第二，毕业生升学率。升学率指的是高职学生专升本考试的通过率以及中职学校参加成人高考的通过率。因职业教育主要是应对就业及技能提升的，升学在很多学校不受重视，但从教育部门的政策及统计方法引导看，升学也算是就业。如此一来，一些学校为了提升就业率，就逐步重视起升学率。但由于学生素质所限，升学率并不高，在一些城市地区的高职院校，最好的专升本通过率也只有41%，中职学校成人高考通过率67%；而一些农村地区的院校数据更低。第三，毕业生就业率。就业率的差别近些年在缩小，但城乡差距还是存在的。一些城市高职院校、中职学校一次性就业率能够达到98%，而农村地区学校一般只有75%左右，有的偏远地区则更低。

（三）农村职业教育结构不协调

所谓教育结构是职业教育制度体系中的各个要素之间的匹配比例关系及相结合的方式，主要包括职业教育的层次、门类、专业及区域分布结构等方面，结构是否合理决定了职业教育的人才培养质量，也决定了受教育者的教育公平性。从内部结构来看，当前我国农村职业教育存在结构类型单一、质量参差不齐、层次有待优化等问题。公办、民办职业教育数量悬殊，教学水平差距明显，不同教育类型衔接不顺畅，特别是在经济新常态下，现有的农村职业教育体系很难满足我国农业"转方式、调结构"的发展需求。从外部环境来看，农村职业教育结构问题主要是指农村普通教育、职业教育、成人教育缺乏协调发展。成人教育发展滞后成为"三教统筹"的短板。近年来，许多地方裁剪或取消了农村成人学校的教职工编制，使不少地方的农村成人教育发展缓慢，甚至处于停顿、半停顿状况，农村成人教育成为各类教育中最薄弱的环节。在一些人口较少的县域和职业教育资源较多的地区，县级职教中心的生源不断减少，面临着招生困境。

（四）教育机会的区域性失衡

教育机会既是教育公平的直接体现，也是社会公平价值在教育领域的延伸。职业教育作为一种覆盖城乡的教育类型，其教育公平首先体现为教育机会的公平。教育机会公平，意味着职业教育作为一种公共产品，对所有人，无论是来自城市还是农村，也不分行业、职业和年龄，均享有同样的接受职业教育的权利与机会。从这个意义上讲，教育机会公平也是教育权利能否公平实现的一种方式。教育机会的量化指标通常集中在区域人数与高职、中职在校学生数与参加培训人数的比例，其统计基础（也就是分母）为万人。就我国当前职业教育机会的实际量化情形看，存在较大的区域性失衡与差异。第一，从高职学生人数看，城市地区（包括城市周边近郊区）在校学生人数呈现较快攀升势头，而农村地区在校学生人数上升较为缓慢。据教育部统计显示，城市地区由2005年的101.3人/万人上升到2014年的178.9人/万人；农村地区由2005年的8.2人/万人上升到2014年的16.3人/万人，学生数量上相差近十倍。第二，从中职在校学生人数看，城市地区在校学生人数下降较快，而农村地区下降态势缓慢。教育部统计数据显示，城市地区中职学生人数从2008年的279.3人/万人下降到2014年的199.8人/万人，农村地区中职在校学生人数从2008年的93.9人/万人下降到2014年的91.5人/万人，某些西部省区中职学生人数还在上升。第三，从参加培训人数看，城市地区参加人数在逐年提高，而农村地区提高缓慢，个别省市还有所下降。城市地区参加职业教育培训人数从2005年的201.3人/万人上升到2014年的300.2人/万人，农村地区由2005年的39.6人/万人上升到2014年的78.6人/万人。上述数据显示，尽管从整体上看，农村地区职业教育学生数、培训人数呈上升趋势，但是城乡的区域性差异比较明显。这主要是因为高职院校、中职学校基本上是集中在城市地区或城市近郊区县，办学效应主要是覆盖其周边区域。尽管近些年职业院校的规模办学效应在扩张，但其服务区域经济社会发展的意识与功能未能完全体现，这也是导致区域失衡的原因。

第二节　统筹城乡与职业教育的优质均衡发展

2008 年，党的十七届三中全会通过了《中共中央关于推进农村改革发展若干重大问题的决定》，指出"大力办好农村教育事业，重点加快发展农村中等职业教育"。[①] 2010 年又制定了《国家中长期教育改革和发展规划纲要（2010—2020 年）》，提出"以科学发展观为指导，加快发展面向农村的职业教育。强化职业教育资源的统筹协调和综合利用，推进城乡、区域合作，增强为'三农'服务能力等，这是未来十年中国职业教育工作的重要任务"。[②] 发展面向农业的职业教育实质就是职业教育要更好地为农村发展服务。作为农村经济和社会发展助推器的农村职业教育，更是主力军之一。城乡统筹发展的重点也是加快农村建设，所以农村职业教育要加强自身建设，以期更好地为城乡统筹发展事业服务。2014 年 6 月全国职教会议的召开，《关于加快发展现代职业教育的决定》和《现代职业教育体系建设规划（2014—2020 年）》两份重要文件的颁布，再加上习近平总书记的重要批示和李克强总理的重要讲话，都把发展现代职业教育提到国家战略层面的高度，为中国职业教育发展描绘了宏伟的蓝图。

一、统筹城乡背景下教育的公平和效率问题

（一）公平和教育公平

1. 公平

"什么是公平？公平是一个十分复杂，争议较大的范畴。有人认为，相对于生产力的状况和效率的提高而言，认为能够促进效率的最大限度

---

① 吴洪彪：《建设社会主义新农村》，江苏人民出版社 2006 年版，第 274 页。
② 黄尧：《中国职业教育发展将更加关注的若干问题》，《职业技术教育》2010 年第 22 期。

的提高，是公平的本质内涵有人认为公平是社会成员之间关系的度量，表示一种社会关系具有的某种性质有的人将公平看作对人与人、人与自然之间关系的一种评价。公平、公正、平等、正义等概念之间存在一些差异，但因为这些概念之间本来就有相当区间的相同性，有时是可以互换的，在直接与效率相对应的条件下，从与权利分配相对应的角度，将这些概念看作可以是互通的。"[①]

"公平从本质上说是一个伦理学概念，它是以人的平等的基本权利为准则对社会成员之间的利益关系的一种评价，即对社会成员之间各种权利及利益的分配是否合理，是否符合人的平等权利的一种评价。在效率对应下的公平则与平等这一概念有着天然的联系，这一范围内，平等既是公平的核心价值，也是衡量公平的尺度。"[②]

2. 教育公平

教育公平是公平在教育领域的体现，又是促进和实现社会公平的基础和条件。它不仅具有公平的基本内涵，同时又以其独特性实现它对社会公平的积极作用。在关于教育公平的探讨中，人们常常从教育自身的特点出发，揭示公平在教育领域的涵义和追求。学术界对教育公平的研究，主要受罗尔斯《正义论》理论的刺激，集中探讨两个正义原则（平等的自由原则和差异原则）和两个优先原则（自由的优先性和正义对效率和福利的优先性）在教育公平领域的体现，而且一般采取起点—过程—结果平等的论述模式。不同的学者从各自不同的学科背景和自己对公平的理解出发表达了对教育公平不同的观点和认识。总的来说，教育公平应当包含三方面的内容：一是人人都享有平等的受教育的权利和义务；二是得到相对平等的受教育的机会和条件；三是教育成功机会的相对均等。在现实社会条件下的教育公平，是指国家对教育资源进行配置时所依据的合理性的规范或原则。

---

① 陈燕：《公平与效率》，中国社会科学出版社 2007 年版，第 25 – 26 页。
② 陈燕：《公平与效率》，中国社会科学出版社 2007 年版，第 27 页。

教育公平是通过合理配置教育资源，提供公平的教育来实现的，其直接关系着教育的发展方向与社会公平的价值取向。那么怎样评价教育是否体现了公平呢？一是教育起点公平。"让人人都享有受教育的机会"，要对进入教育机构和参与教育活动的所有人，给以公平的发展和竞争的机会，要能公平地行使接受教育的权利，公正地享受教育的机会。二是教育过程公平。"让受教育者都有机会获得适合个人特点的教育"，要为所有的学校和学生提供平等的机会和条件，公平地分配教育资源，投放教育经费，保证基本的教育需求，做到不同地区间办学力量分布要公平，不同学校间办学条件要公平，各校间师资队伍分配要公平。三是教育的评价公平。具体而言，在义务教育尚未普及的地区，以继续普及教育为主实现教育起点机会均等。在已经普及义务教育的地区，以"改善教育品质、提高教育质量"为主，建立以人为本的、高质量的基础教育，使人人都能平等地享受高质量的义务教育，追求教育质量公平。①

（二）资源配置和效率

1. 效率

效率的概念最先发源于经济学领域。亚当·斯密认为，效率的提高是社会分工的结果。《国富论》开篇即说："劳动生产力上最大的增进，以及运用劳动时所表现的更大的熟练、技巧和判断力，似乎都是分工的结果。"② 当然，分工是建立在每个人自由地在市场上追求自己的经济利益为前提的。亚当·斯密认为，个人在自由市场中追求自己的经济利益，不但能增进自己的利益，也会使社会的利益增大起来。在自由市场中，每个人"受着一只看不见的手的指导，去尽力达到一个并非他本意想要达到的目的。也并不因为事非出于本意，就对社会有害。他追求自

---

① 杨东平：《中国教育现代化之梦》，《教育科学论坛》2000年第10期。
② 亚当·斯密：《国民财富的性质和原因的研究》（上卷），郭大力、王亚南译，商务印书馆1972年版，第5页。

己的利益，往往使他能比在真正出于本意的情况下更有效地促进社会的利益。"① 在亚当·斯密的理论中，效率被严格界定在了经济效率的范畴内，并且效率的提高完全是自由市场规律的结果，市场的运行不能受主观的强制性支配。但是，由于市场天生的盲目性和滞后性，在大规模的资本主义经济运行中市场的作用会不时失灵，引起一次次经济危机，给社会带来沉重打击。为了克服市场的这种缺陷，管理是必不可少的。当政府作为一种管理力量介入经济后，管理就不再仅仅是经济意义上的了。政府不但要管理和调节本国的经济运行，还承担着政治管理、社会管理等任务，在这种情况下，政府总是将经济管理、政治管理和社会管理统一起来，使社会经济、政治、文化的发展相互协调、相互促进。于是，效率在这里突破了经济效率的范畴，走向了社会效率。

2. 资源配置的效率

资源以其固有的存在形式或经过人类劳动的加工能够创造出财富来满足人类多种多样的需求。然而，相对于人类无穷、无限、无止境的需求来讲，资源又是匮乏的。"资源短缺与资源稀缺性，是基于市场供求关系变化而不是单纯的资源数量变动而言的，亦即资源短缺与资源稀缺性主要是由需求变动造成的。"② 资源的稀缺程度和资源的配置能力促使人们研究资源与效率的关系，鞭答人们去探索如何利用最小的社会资源来创造最大的社会财富以最大限度地满足人们的需求。"人们在生产、生活中对效率不断进行追逐，利用投入和产出之间的关系来衡量资源配置是否有效及有效程度如何。"③ "经济学的目的就是研究如何使资源配置达到最优，如何在资源和技术既定的条件下迅速增加人类社会的财

---

① 亚当·斯密：《国民财富的性质和原因的研究》（下卷），郭大力、王亚南译，商务印书馆1972版，第252页。

② 傅允生：《资源约束变动与区域经济动态均衡发展——基于广义资源视域与资源配置力的考察》，《学术月刊》2007年第11期。

③ 陈燕：《公平和效率》，中国社会科学出版社2007年版，第58页。

富，最大限度地满足人类的各种需要。"① "在于承认稀缺性的现实存在，并研究一个社会如何进行组织，以便最有效地利用资源。这一点是经济学独特的贡献。"②

通过上述总结而知，资源配置和效率之间的关系是成正相关的，两者相辅相成，互为基础。从人类社会发展和文明进步的长远历史来看，资源配置是否优化影响了效率的高低，反之，效率的高低也促使资源配置的状态是否优化。

二、统筹城乡背景下职业教育的优质均衡发展

（一）职业教育的优质发展

近年来，国家为大力发展职业教育不断出台一系列政策措施，投入大量经费力求职业教育的快速发展。但是，当前我国仍然面临着各类高级技能型人才短缺的现状，已然成为制约我国产业结构升级的重要因素。在我国的劳动力市场上，一方面许多高新企业和先进制造业企业招不到合适的技术工人，另一方面还有约 2 亿人处于失业或半失业状态，每年仍有数百万初、高中毕业生未经任何职业预备教育或培训直接涌入劳动力市场，就业难与用工荒并存。职业教育在与其他教育类型的竞争中依然缺乏吸引力和竞争力的现实表明，职业教育优先发展、大力发展的地位仍有待进一步落实。职业教育在规模扩张的基础上如何更好地进一步发展，如何更好地实现为社会经济发展服务成为当今职业教育理论工作者和实践工作者必须面对和科学回答的问题。这种状况的原因，究其根本还是要落脚在职业教育质量上。为此，职业教育理论和实践工作者不约而同地将目光集中到职业教育质量上，把提高质量作为职业教育进一步发展的现实选择，职业教育的质量问题日益成为社会各界关注的焦点，正如美国质量管理学家朱兰博士（Dr. Joseph H. Juran）所指出

① 陈燕：《公平和效率》，中国社会科学出版社 2007 年版，第 69 页。
② 保罗·萨缪尔森、威廉·诺德豪德：《经济学》，华夏出版社 1999 年版，第 2 页。

的那样："依靠质量取得效益是人类进入 21 世纪后最大的选择。"职业教育要成为优质教育，是社会主义现代化建设对职业教育的必然要求，为学生提供适合身心发展的优质教育服务，是职业学校理应承担的社会职责。要用以人为本的育人思想，夯实基础，创新观念，坚持以就业为导向，因材施教，遵循教育与生产劳动和社会实践相结合的方针，走职业教育的特色发展道路，努力把职业教育推上优质教育的新台阶。

1. 坚持就业为导向，服务当地社会经济发展和促进学生就业

党的十六大报告指出："就业是民生之本。扩大就业是我国当前和今后长时期重大而艰巨的任务。"中等职业教育作为职前培训的一个重要途径，既要保证专业人才培养的规格，进行必要的科学文化知识的教育教学；又要以促进就业为根本任务，切实加强职业技能训练，努力提高学生的职业技能水平。多年来，我校坚持"德育为首，文化课为基础，职业技能训练为重点"的办学思想，在专业设置、课程开设、课时安排、师资队伍建设和硬件建设等各项工作中，紧紧围绕促进就业这一中心任务来安排实施。在各专业的课程开设上，文化课以必需和够用为原则开展教学，并重点选择和开设好专业课程，专业课程以基本职业能力培养为根本任务来加以选择确定；课时安排上考虑专业技能训练的需要，在保证课时数量的同时，尽可能考虑分段集中式排课，以减少专业技能教学准备与结束过程上的时间浪费，加强训练强度，提高练习的质量；师资队伍建设中，学校坚持对专业课教师奖励优先考虑、职务晋升优先考虑、进修学习优先考虑等策略，努力造就一支专业知识扎实、职业技能熟练的"双师型"专业教师队伍。总之，学校的各项工作，始终围绕"学生就业"这一导向来开展，为促进学生就业提供优质的教育服务，这不仅是全面建设小康社会和构建和谐社会的需要，也符合我们大多数学生和家长的愿望。

2. 实施"学分制"和适当的分层教学，努力在因材施教上下工夫

教学过程以实现课程目标和完成课程内容为目的，这一过程必须遵

循一定的原则。统一要求与因材施教相统一是指导我们进行教学活动的一个重要原则。这一原则要求我们，在保证人才培养规格的基础上，对不同学习现状和需求的学生进行适合实际情况的有针对性的个别教育，就是将统一要求与因材施教相结合。结合学分制管理的实施，为让学生找到更适合自己的成长发展之路，当学生进入高一第二学期后，在学生对自己的学习有一定的了解与把握的情况下，根据学生学习能力、升学需要等实际情况，在家长、学校等的指导下进行分流选择，进行分层教学。学生分流主要分为选择继续升学与选择就业两个方向，对两个不同方向选择的学生进行不同侧重的教学管理。对选择继续升学的学生实施文化课程与专业课程两手抓的策略，努力为学生创造条件，让这部分学生和家长的愿望得以实现而学校更注重对选择就业方向的学生实施适合于他们的教学，对这些学生，学校在保证培养规格的基础上，适当降低数学、英语等学生普遍感到有困难的课程的教学难度，重视必要的基础知识教学与基本技能的训练，把节约的时间与精力集中在专业基础知识和专业基本技能的训练上，使学生切实练就与职业岗位相适应的职业能力，培养良好的职业道德。

3. 积极走产、教结合的道路

坚持教育为社会主义现代化建设服务，坚持教育与生产劳动和社会实践相结合，这是党的教育方针。教育与生产劳动和社会实践相结合，在职业教育中显得意义更加重要。我校已经开始稳步走上产、教相结合的道路。切实安排学生参加所学专业的顶岗实习，是专业教学的一个重要环节，既是对学生所学的专业理论和技能的检验和综合应用，也是课堂教学的延伸，更是学生成为职业人的重要一步。

我校各专业均有较为稳定的专业实习单位，通过学校与实习单位的统一协调，确定学生实习的内容、要求和时间，学校和实习单位分别安排专人组织和管理学生的顶岗实习，使学生的生产实习取得良好的效果。聘请有丰富实践经验的企业技术人员担任部分专业课程的课堂教学工作，聘请有较丰富实践经验并一直从本专业技术工作的企业技术人员来校担任外聘教师，如服装企业的打板师、大酒店的厨师长等，他们都有较丰富的企业生产实践经验，他们的参与使专业教学与专业生产更加紧密相连。定期选派一部分专业课专任教师进行一个月至半年的企业顶岗生产实践，使教师更好地做到理论联系实际，既加深了对专业知识与技能的理解与掌握，也可以迅速地将企业生产中应用的新方法、新工艺、新技术充实到我们的专业教学中来，努力做到专业教学与企业生产相同步、相适应。

（二）职业教育的均衡发展

教育均衡发展是一种全新的教育发展观，主要指优质教育资源得到均衡配置，从制度上保障每位受教育者拥有均等的入学机会和就学机会，让每个学生的个性与潜能得到最大程度的发展。教育的均衡问题也是教育的公平问题，是指每个社会成员在享受公共教育资源时获得公正、平等的对待，它包括教育机会公平、教育过程公平和教育质量公平。职业教育公平是教育公平的重要组成部分，是教育公平在职业教育领域的延伸和体现，主要包括两个层面的意思：一个层面是指职业教育和普通教育的公平性，即职业教育应得到与普通教育同等的对待，具有同等的发展机会，获得同等的待遇和社会认可；另一个层面是指每一个社会成员都拥有接受职业教育的权利和机会，即职业教育对社会个体是公平的，每个接受职业教育的个体都享有同等的发展机会，获得同等的待遇。具体涵盖了以下几个方面的内容。

1. 资源配置的均衡

资源均衡的实质是让学生能够享受职业教育办学与教学条件的均衡，主要指办学经费、办学条件、教师资源、制度保障等方面的投入与招生规模、教育结构变化相一致，使生均资源不至于因为不足而限制入学机会或者影响教育质量。资源均衡致力于解决两个问题：一是学生数量和教育质量的关系问题，二是公平与效率的关系问题。资源均衡对入学机会、培养质量和就业都是一种基础性保障。在职业学校大规模扩招的条件下，资源均衡矛盾的主要方面是投入跟不上需要。目前的研究揭示，伴随着大规模扩招，职业教育生均教育资源在下降，低于普通教育，经济落后地区弱于发达地区，已经制约了教育质量的提高，影响到公平和效率。今后职业教育从发展"快"转向发展"好"，需要资源配置快于规模扩大速度，强化基础能力建设，使职业学校的办学条件达到设置标准，专业教学达到"双证书"标准。同时，还需要从职业教育改革与发展的角度看待资源不足和教育质量的关系问题。人们担心资源不足会制约教育质量的提高，这是有道理的，但是质量下降不一定就是招生数量扩张（或资源不足）引起的，足够的资源只是保证质量的必要条件，而非充分条件。在有限资源的约束下，教学质量还取决于人的主观能动性。换句话说，质量和数量之间有可能形成相互推进的关系。要使教育质量不下降或者提高，既需要增加资源投入，也需要学校转变办学观念，创新体制机制。例如，我国示范高职院校建设期间普遍探索解决高成本和缺乏高投入的矛盾，提出"管理平台"办校理念，"不求所有、但求所用"，把高职学校建设成能够整合企业资源的开放式管理平台，企业的生产设备、专业人才、能工巧匠可以"借"到学校，让学生在这个平台上学到真本事，成为职业学校与地方经济社会发展密切结合的成功模式。

2. 入学机会的均衡

职业教育机会的均衡是指人们在接受职业教育方面具有均等的入学机会，是指社会上每个人，包括学龄青年、毕业离校学生、在岗职工和失业人员等，都能够享有平等接受职业教育的权利和机会。最近十多年来，我国职业学校招生规模迅速扩大，有效促进了人们接受职业教育机会的均衡，使职业教育面向人人、面向社会的特征得以逐步显现，并因此而促进了教育公平。从满足当地适龄人口或劳动力对职业教育要求的角度来分析，当职业教育所提供的入学机会可以满足当地人口或者劳动力的要求，以及当职业学校毕业生希望能够进一步深造的要求有可能得到满足时，便意味着入学机会均衡的实现。但是，职业教育入学机会的均衡不同于普通基础教育，这是因为职业教育入学机会还与就业机会相关，涉及专业设置的适应性与合理性。所谓适应性，主要指专业设置能否适应区域经济社会发展及其产业结构调整的要求，因此有必要建立与就业机会相对应相匹配的专业调整联动机制，提高入学机会、专业设置和就业机会的衔接能力；而合理性则与职业学校毕业生就业具有更直接的相关性，过去几年中西部地区职业学校注重学生向发达地区的转移就业，服务于当地青年学习一技之长和脱贫致富，也取得了明显的成效。在资源配置明显跟不上学生规模扩张的环境下，还需要注意防止因入学机会的过度增加而影响学生享受教育资源的均衡性，影响职业教育的结果均等，影响学生未来发展的机会均等。因此，当前特别要强调职业教育要从注重规模扩大转向以强化内涵和提高质量为核心任务，确保职业教育的入学机会均衡能够体现教育的公平性，这正是职业教育均衡发展的内在要求。

3. 培养质量的均衡

教育以培养人为根本目的，育人为本、提高质量是培养人的关键。特别是近年来在我国职业教育大规模扩招、提高入学机会公平性的基础上，提高人才培养质量、促进受教育者的发展均衡成为核心。这是由"快"转"好"、由"大"变"强"的必由之路。提高培养质量要遵循教育的两个基本规律：适应受教育者发展的规律和适应经济社会发展的规律。这两个规律在理论上有个体本位论和社会本位论之争，有知识本位论和能力本位论之分，但在职业教育实践中这两个规律是内在的、辩证统一的。不同类型的教育具有不同的质量观，职业教育的目的是培养技能型人才，但是专门技能的训练也是以素质的全面发展和个性培养为基础和相伴的。在教育过程中，学生的健康成长除了要具备这个阶段应具有的思想品德和文化知识、理论学习和社会实践、主动精神和创造性思维外，特别要突出学生专业素养的培育，包括职业道德、业务技能、工作问题的解决能力等。职业教育的这种质量观不仅是满足入学者全面成长和享受生活的要求，还要为工作变换做好准备；不仅决定着人力资本质量和未来的就业均衡，还关系到我国劳动力生产的新方式，因为我国发展方式的转变和产业国际竞争力的提升需要高质量的劳动力。过度的专业化、技能化的教育与对物质商品生产的投资一样，受报酬递减规律的制约。所以在专业教学和专门技能的训练中要融入充实的素质教育，从培养目标设计、课程选择、教师及其知能结构、教学方式、校园文化到校企合作等各方面都要着眼于培养质量的提高，特别是要抓好各个教学环节，促进受教育者的全面发展和个性特长的培养。基于素质教育的专业教育教学能够促进受教育者收益和社会收益的双递增，这是职业教育培养质量均衡的根本之道。

4. 布局结构的均衡

区域职业教育的布局均衡取决于各地区政府的努力程度和统筹能力，使职业教育在招生和人才培养方面与区域人口、产业的结构和技术变化、规模和层次、社会结构及其发展水平、城乡结构、战略重点等相适应，并且随着这些因素的变化而改变，与区域经济社会形成互动互促的良性循环。职业教育布局要遵循满足需求、节约成本、获取规模优势的原则。从空间上看，职业教育需要集中在城镇和产业集聚区，这样的布局有利于校企合作和工学结合机制的建立，能够节约办学育人成本，同时能最便捷地获取人才培养需求和就业信息。在布局内容上，要考虑学校的数量和层次、专业结构、人才培养目标、教学内容和课程体系、学校之间的资源互补等。布局均衡的实质是有针对性地办学，增强职业教育与区域发展的协调度。1999年以来，各地区开始对计划经济时期形成的中等职业学校布局进行调整，高等职业教育划归地方政府管理，就是为了适应改革开放以来区域经济和人口（劳动力）等变化、提高区域均衡程度的需要。职业教育的布局有自身的规律。建造一座工厂只要有资金，就能购买厂房、设备，招聘人员开始生产。办一所职业学校就校舍和设备而言也比较容易，但是师资培养、专业设置、规范的教学内容和课程体系形成等方面需要的时间就比较长，而且这些条件也具有资产专用性的特点。脱离职业教育的需要，这些专用性资产可能就无用武之地。对于达不到办学规模，但又有专业人才需求的地区可以从其他地区培养，这有助于形成区域间职业教育资源配置的一般均衡。在区域职业教育布局中，一些地区对某些人才需求较少，达不到办学规模，成本比较高；有的地区会突然增加人才的需求而本地无力及时提供；或者职教资源难以在短期内满足产业发展对职业教育的要求。最近几年正在探索的东西部职业学校合作办学机制，就是通过建立区域之间的职业教育资源和生源协助机制以实现供求布局的一般平衡。

（三）职业教育优质均衡发展的意义

从当前我国社会经济发展现状来讲，城乡统筹发展的着重点在于打破城乡二元经济社会结构，把农村和城市的发展紧密结合起来，以城带乡，以乡促城。通过不断加大对农村基础设施建设与人力资本投资，逐步提高农民的收入水平与科学文化素质，通过教育培训，一方面可以实现农村剩余劳动力向城市的有序合理转移，减少农民的数量；另一方面可以培养具有现代化技能、思维的新型农民从事我国农业生产与管理，以提高我国农业劳动生产率，进一步缩小城乡差距并最终实现农村与城市和谐与统筹发展。这其中的关键在于提高农民的整体素质，培养农村自主发展的能力与意识，只有把推动农业与农村发展的作用机制由外部因素改造为内生因素，农村的发展才能有长久的根本性的动力，城乡统筹才能实现可持续发展。

舒尔茨的人力资本理论认为，人力资本与劳动力素质是现实经济增长与农村劳动力转移的关键因素。因此要缩小我国城乡差距，实现城乡统筹发展，把我国农村大量的剩余劳动力转化为具有高素质的人力资本是根本途径。在提升农村人口素质的许多对策中，教育尤其是农村职业教育对提高农村劳动力素质、培养农村劳动力技能具有独特的优势和作用，这是由农村职业教育的特性所决定的。农村职业教育是在所有教育类型中与农村经济社会发展联系最直接、最密切的部分，在促进农村产业结构调整和优化劳动力结构，从而最终提高农业劳动生产效率方面具有举足轻重的作用。

1. 优质均衡的职业教育为城乡统筹发展培养了具有自主发展能力的新型农民

培养新型农民是推动城乡统筹发展的一个重要手段。在发展农村社会经济，缩小与城市发展差距的时候，必须要把以往的外部政策支持农村发展改善为使农村的发展机制内部化，也就是说要培养农村自主发展能力，只有农民拥有了可以自主发展的劳动技能与科学文化素质，农村的发展才能可持续化，农村才能在根本上缩小与城市的发展差距。而要提高农民的自主发展能力，则必须不断提升农村居住人口的科技文化素质，使他们获得更高效率的劳动技能，才能使得农民的生产效率与致富能力不断增加，为城乡统筹发展提供强有力的人才基础保障，进而不断改善现在落后的农村面貌，缩小与城市不断扩大的差距。因此，在推动城乡统筹发展的过程中，必须要把培养有技术、懂经营的新型农民当作一项根本性的措施来抓，这是城乡统筹发展的治本之举。当前我国农村社会经济发展缓慢、农民增收困难与农民自身科学文化素质不高有密切联系。因此，必须把提高农民自身科学文化素质作为繁荣农村社会经济的治本之策，切实增强农村地区自身发展的内在动力。对农村职业教育来说，开展面向广大农村和农民的实用技术、务工职业技能培训，是农村职业教育本身所具有的职责与功能。农村职业教育的基本目标就是通过具有很强的实践性与针对性的教育培训手段来提高农村劳动者的科学文化水平和生产技能，促进农业劳动生产力的发展，进而推动城乡协调可持续发展。就目前我国的实际情况来看，由于我国正面临着产业结构的调整与升级，各种新兴产业不断出现，这些新兴产业的从业人员都需要不同于以往的新的生产技能与素质，因此，这就使得我国广大农村居民原来所具有的从事简单农业生产的经验和技能面临着落伍被淘汰的境地，农民在向城市转移的过程中因为劳动技能的缺乏而成为城市化进程中"无职业能力的人"。农村剩余劳动力向非农产业和城镇的转移过程，其实质就是农民向产业工人和市民的职业转换过程。实现这种转移的一个前提条件，就是通过职业教育和职业培训，使其具备必要的科学文化素质和生产技能以适应城市经济建设的需要。由此可见，农村职业教育在提高农民素质、实现农村劳动力转移中具有特殊的作用。

2. 优质均衡的职业教育是促进农村剩余劳动力转移的"桥梁"与"助推器"

在我国，农村剩余劳动力是指超过农业生产需求的那部分劳动力，这部分劳动力被长期闲置在农村的土地上，没有转化为重要的人力资本，其本质上是处于一种隐形失业的状态。城乡统筹发展根据相关统计资料显示，目前我国农村剩余劳动力已经多达数亿。随着我国人口的不断增长以及伴随而来的人均耕地面积的不断减少，农村剩余劳动力数量还会逐渐增加。因此，转移农村剩余劳动力是解决农村劳动力过剩问题、开发农村人力资源以便更好地为城乡统筹发展服务的必然选择。当前我国农村剩余劳动力的主要转移目标为城市以及发达地区的乡镇企业，外出务工是农村剩余劳动力走出农村、走向城市的主要转移方式。实现这种转移方式的途径基本有两条：一条是农村剩余劳动力盲目、无序地涌向全国各大城市，他们通过谋取城市社会中最简单、最底层的工作来维持在城市中的生存，这种转移无需过于复杂的知识和技术储备，仅凭日常生活经验即可应付，因此其获得的工资待遇也相对较低。另一条途径是通过有组织、有计划的职业教育和培训以后，再转移到城市谋取工作。这种转移方式由于赋予农民一定的职业知识和技能，可以帮助他们找到相对复杂、需要依赖一定职业知识和技能才能胜任的工作，这种工作由于具有一定的知识和技能要求而显示出更高的劳动价值，相应的报酬也会随之升高。通过比较这两种转移途径，我们可以发现通过农村职业教育的培训之后再进行劳动力转移的方式具有更强的生命力和更好的发展前景，成为目前国家积极大力提倡，同时农村劳动力个人也十分愿意接受的转移方式。这后一种方式的实质就是通过职业教育培养和提高农村剩余劳动力的自身素质与技能水平，为他们的良性转移奠定智力和能力基础。因此可以说，农村职业教育是农村剩余劳动力转移的"桥梁"与"助推器"。

3. 优质均衡的职业教育是推进农业产业化发展、实现农业现代化的有效手段

现代农业是集规模化生产、高效率产出与绿色生态于一身的综合性产业，现代农业生产必须保持生产的集约性、安全性与环保性。农业现代化要求必须在自然资源与社会资源之间实现均衡发展，通过人与自然的和谐发展来达到长期可持续的发展目标。但是，在过去很长的一段时间内，我国农民只是简单地向自然界索取各种用于生产的自然资源，经常以破坏生态环境、轻视生态效益为代价进行农村经济建设，农民对大自然的过度索取，有时候甚至是野蛮掠夺，严重破坏了自然资源并造成了自然资源的不堪重负，导致了农村经济与农村生态系统的不平衡，出现了水污染、土壤肥力衰竭等一系列生态问题。这其中的一个重要原因就是由于农民不具备发展自身与利用自然资源关系的相关知识、能力与技术，而这正是由于农村职业教育的缺乏的表现。而通过农村职业教育的培养与开发则可以较好地解决这一难题。舒尔茨在《论人力资本投资》一书中认为，"土地本身并不是贫穷的主要因素，而人的能力和素质却是决定贫富的关键。"因此，只有提高农民素质，使农民真正掌握农业科学技术，才能使农业增长由原来单一的依靠原始的自然资源的利用转移到依靠科技开发上来，使开发在不破坏生态平衡的基础上通过技术创新实现自然资源向更深层次的循环利用，实现农业的可持续发展。在这个过程中，农村职业教育是促进农民改善与自然资源关系的中介。因为，农村职业教育不单单能提高农村劳动力的文化水平，更主要的是能通过成熟的、先进的农业生产技术的传授和推广，提高农民的科技素

养，让农民懂得如何在保护农村生态环境、生态资源、自然资源的前提下采取灵活多样的形式更有效、充分、合理地利用自然资源、可再生能源，变人与自然资源索取与被索取的关系为科学利用与被科学保护的关系，保持农村生态平衡，改善农村生存环境，提高农民的生活质量。

4. 优质均衡的职业教育是优化农业产业结构、改善农村就业结构的必然选择

根据相关研究显示，每1%的农业劳动力转移到非农产业，将使GDP增加0.5%—0.85%；每1%的农村剩余劳动力转移到城镇，将使全国居民消费水平提高0.19%—0.34%。科学技术的日新月异与全球化趋势的不断加强为农业产业结构和农村就业结构调整提出了现实要求和压力。一方面，我国农业产业结构调整和农村经济社会建设需要大量的拥有专业技术技能的劳动者，但是另一方面，我国农村有庞大的富余劳动力，但由于自身素质偏低，没有获得专门的技能培训，缺乏专业技能，因而在农业产业结构调整与城乡统筹发展过程中找不到合适的岗位，造成劳动力资源的巨大浪费，这也就是我国当前所谓的"民工荒"的深层次原因。而农业产业结构调整与农村就业结构优化能否顺利实现是关系到"三农"问题能否得到彻底解决的根本前提，也是能否顺利缩小城乡差距、推进城市与农村进一步协调发展的重要条件。为了缓和这一矛盾，必须尽快提高农村劳动力的自身素质，开展农村劳动力的技能培训，减少现有农民，培养拥有一技之长的职业农民。农村产业结构从低级的、原始的状态向高级的、现代的状态转变的顺利实现是以农村人力资本为前提的。而农村职业教育开发农村人力资源的过程就是建立雄厚的农业和农村经济，积累长期稳定发展的高素质的农村人力资本，这不仅是推动农村产业结构高级化和产业发展的决定因素，也是实现农村劳动力供给与农村经济活动对劳动力需求之间平衡的必然要求，更是衡量农村经济发展水平的重要指标之一。因此，要大力发展面向农村地区的农村职业教育，加大农村职业教育的扶持力度，通过提高农业、非

农产业经营者自身素质，从而稳步推行农业产业化、集约化、规模化经营以及农副产品深加工和二、三产业的发展，并使农村劳动力适应产业结构升级和新兴产业发展对劳动力的要求，提高其就业、择业能力，最终实现城乡经济社会的统筹发展。

5. 发展优质均衡的职业教育有利于增强整个农业行业的国际竞争优势

加入世界贸易组织以后，面对开放化、全球化的激烈的国际竞争市场，要缩小我国农业在三大产业中的差距，使得我国的农业在生产效率方面与第二、三产业保持一个合理的发展差距，不但要发挥农业在国内的竞争优势，更要提高我国农业在整个国际市场的竞争力，只有如此才能在国内与国际化的竞争中保持一个相对稳定的地位，不被竞争对手拉开越来越大的差距甚至拖垮。而要提高我国农业在国际上的地位，就必须要提高我国农产品在国际市场上的竞争力，必须依靠科技进步和农村劳动力素质的提高。当前我国农业劳动从事者科学文化素质较低，农产品科技含量普遍低于国际水平。农业产业还处于半计划半市场的境况，组织管理效率低下导致农产品成本过高，农产品质量及污染问题严重，农业生产在国际竞争中处于不利地位，这在落后的西部地区表现得尤为突出。现代农业的发展，除了需要生产资料、劳动工具等物的因素外，更关键的是农业从业人员本身的素质。农业从业人员自身素质的提高和农业科技的进步是决定农业健康、稳定、持续、高效发展的关键性因素。因此，培养造就新型农民，是提升地区农业国际竞争力的一项十分紧迫的任务。只有通过农村职业教育，加速农民职业化进程，加强农民劳动技能培训，增强农民科学文化素质，提高农业生产的组织化程度与经营管理水平，使农民成为具有市场观念、竞争观念、效益观念和外向发展意识的新型农民，才能从根本上提高我国农业的国际竞争力，促进我国三大产业的和谐可持续发展。

第三章

一体化职业教育的理念和主张

第一节 一体化教育的基本理念

一、一体化教育的思想渊源

"城乡教育一体化"不是一个独立的概念，而是"城乡一体化"的衍生概念，"城乡教育一体化"就是"教育领域的城乡一体化"，由此，"理解城乡一体化是理解城乡教育一体化的关键"。追根溯源，城乡一体化思想又是从西方空想社会主义者的"城乡无差别"设想和马克思主义经典作家的"城乡融合"理论以及城市地理学家的"城乡一体规划"思潮逐步演化而来的。

（一）空想社会主义者的"城乡无差别"设想

16 世纪英国伟大的人文主义者，空想社会主义开拓者和奠基人托马斯·莫尔亲身见证了工业革命初期资本积累的产生和罪恶，在其《乌托邦》一书中指出资本积累的社会是"羊吃人的社会"，并揭示造成贫富差距、城乡根本对立、社会异化的根源在于私有制，由此，莫尔设计了一个极具理想色彩的没有城乡差别的"乌托邦"公有制社会。在其文本描述中：农村没有固定的居民，而是由城市居民轮流种地。农村中到处都是间隔适宜的农场住宅，配有足够的农具。城乡物资是交流的，农村无法得到的工业品就到城市去取。农村和城市都一样洁净秀丽。乌托邦里所有的儿童，不分男女，都接受社会教育，既包括书本学习，也包括实际工作——手工业和农业的学习。"乌托邦"的理想图景实质上反映了当时社会要求城乡平等的呼声。进入 19 世纪，西方工业革命的迅猛发展使城市发生了翻天覆地的变化，创造了前所未有的财富，但也导致了城乡阶级矛盾日益尖锐和激化。此时的空想社会主义者认为，和谐社会中是没有城乡差别和城乡对立的，城市不是农村的主宰，乡村也不是城市的附庸，二者是平等的。他们主张建立一种公有制度去实现"城乡无差别"理想。圣西门（Sanit - Simon）主张建立一种"实业制度"。[①] 夏尔·傅立叶（Charles Fourier）设计了一个理想的"和谐制度"，[②] 罗伯特·欧文则提出建立一种"公社制度"。[③] 这些制度的设计都旨在消灭城乡对立、脑力劳动与体力劳动对立，主张把城市和乡村、工业和农业、脑力劳动与体力劳动结合起来，强调城乡民众权利平等，教育公平，自由发展。

总体而言，空想社会主义学者的"城乡无差别"设想，无不体现了对资本主义工业化早期所表现出来的城乡之间不平等发展的谴责和批判，表达了他们期望通过社会改良构建城乡社会结构一体化的良好愿望。虽然这些设想超越了历史阶段，被冠以"乌托邦"的名称，并且在实践中都以失败告终，但是它们揭示了城乡两极分化的根源，提出了消除城乡三大差别的思想，促使后来的马克思主义经典作家对城乡关系有了更多的思考。

（二）马克思主义经典作家的"城乡融合"理论

空想社会主义者对未来城乡社会的美好勾勒，始终被马克思主义经典作家所重视和强调。所不同的是，马克思主义经典作家运用了历史唯物主义观点，论证了城乡融合的必然发展趋势，将城乡关系研究推向了

---

① ［法］《傅立叶选集》（第三卷），商务印书馆 1982 年版，第 27 - 28 页。
② ［法］《傅立叶选集》（第三卷），商务印书馆 1982 年版，第 27 - 28 页。
③ ［英］《罗伯特·欧文选集》（第 1 卷），柯象峰、何光来、秦果显译，商务印书馆 1979 年版，第 24 - 67 页。

一个新的高度。

首先，论证了城乡关系演变的历史规律。马克思、恩格斯指出：在人类发展进程中，城市与乡村的相互关系要经历三个阶段：城育于乡——城乡分离（对立）——城乡融合（一体化）。[①] 其中，城乡关系的演变是生产力发展的必然产物，城乡融合也将是一个国家和地区在生产力水平或城市化水平发展到一定程度的必然选择。

其次，揭示了消除城乡对立、实现城乡融合的条件。恩格斯在《共产主义原理》中提出："通过消除旧的分工，进行生产教育，变换工种共同享受大家创造出来的福利，以及城乡的融合，使社会全体成员的才能得到全面的发展。——这就是废除私有制的主要结果。"[②] 这就强调了消灭私有制是实现城乡融合的先决条件。马克思又指出："消除城市与乡村之间的对立是社会统一的首要条件之一，这个条件又取决于许多物质前提，而且一看就知道，这个条件单靠意志是不能实现的。"[③] 他们也认识到消除城乡对立、实现城乡融合将是一个长期的过程，需要通过大力发展社会生产力以及伴随着工业化与现代化、城市化的发展才能最终达到城乡融合。

再次，阐释了城乡融合的意义。恩格斯在《反杜林论》中说："城市和乡村的对立的消灭不仅是可能的，它已经成为工业生产本身的直接需要，正如它已经成为农业生产和公共卫生事业的需要一样。只有用融合城市和乡村的办法，才能排除现在的空气、水及土地的污染，只有通过这样的融合，现在病弱的城市居民，才能改变现在所处的环境，使他们的粪便不是生长疾病，而是用来生长农作物。"[④] 也就是说，城乡融合是结合城市和乡村生活方式的优点而避免二者的缺点，进而实现城乡

① 《马克思恩格斯全集》（第 27 卷），人民出版社 1975 年版，第 301 页。
② 《马克思恩格斯选集》（第一卷），人民出版社 1995 年版，第 243 页。
③ 《马克思恩格斯全集》（第三卷），人民出版社 1965 年版，第 57 页。
④ 《马克思恩格斯全集》（第三卷），人民出版社 1995 年版，第 646 – 647 页。

经济、社会与生态协调发展。

最后，指明了城乡融合后的发展形态。列宁指出，要实现城乡融合，绝不是要毁灭城市、中断城市文明以至于强制拉平城乡区别、达到城乡之间无差别的绝对同一，而是在"扬弃"的基础上实现城乡之间"更高级的综合"。斯大林也认为，城乡对立消灭以后，"不仅大城市不会毁灭，并且还要出现新的大城市，它们是文化最发达的中心，它们不仅是大工业的中心，而且是农产品加工和一切食品工业部门强大发展的中心。这种情况将促进全国文化的繁荣，将使城市和乡村有同等的生活条件"。[1]

可以说，马克思主义经典作家关于城乡融合的思想将城乡关系研究由单纯地合理性诉求发展成为社会主义和共产主义的主要目标之一，既揭示了城乡关系演化的一般规律，又指明了城乡关系研究的方向，为城乡一体化以及城乡教育一体化建设提供了科学的理论依据和方法论指导。

（三）城市地理学家的"城乡一体规划"思潮

随着工业化在世界范围内兴起，大批农民开始涌向城市，同时一些国家也出现了"逆城市化"运动，在一定程度上也证实了"城乡融合"是不可避免的发展趋势。但是城乡融合也导致了城市与农村出现了秩序混乱、环境破坏的不良局面，针对这种情况，欧美国家的城市和地理学家开始反思城市与乡村如何有效融合，并从操作层面规划城乡一体化建设。

1898 年，英国著名城市学家埃比泽·霍华德（Ebenezer Howard）在其伟大著作《明日：一条通向真正改革的和平道路》（1902 再版更名为《明日的田园城市》）中，从城市规划的角度论述了城市和乡村各有优缺点，提出了"城乡磁体"（Town - country Magnet）概念。[2] 作者极力倡导用城乡一体的社会新结构形态来取代城乡对立的旧社会结构形态。在城市的发展上，始终强调把城市与外围乡村当作一个整体来分析，对资金来源、土地分配、城市财政收支和田园城市的经营进行科学

---

① 《列宁全集》（第四卷），人民出版社 1975 年版，第 130 页。
② 《斯大林选集》（下卷），人民出版社 1979 年版，第 558 页。

管理，使城乡协调发展。这一思想对西方的城市规划产生了较大的影响，也掀起了英国等西方发达国家的一波"新城运动"。

20 世 60 纪年代，美国著名的城市理论家刘易斯·芒福德（Lewis Mumford）在其巨著《城市发展史：起源、演变与前景》中进一步阐发了城和乡同等重要，城乡之间不能截然分开而应当有机地结合在一起，他主张通过分散权利来建造许多"新的城市中心"，通过整体化的区域交通网络，把城乡要素统一到更大的区域统一体，以现有的城市为主体促进区域整体内部的发展，从而重建城乡之间的平衡，使全体居民在任何地方都能享受到同样的生活质量。

20 世纪 80 年代中期，加拿大地理学家麦基（T. G. McGee）教授通过对亚洲一些地区的调查研究发现，城乡之间的传统差别和城乡之间的地域界限日渐模糊，城乡之间在地域组织结构上出现了一种以农业活动和非农业活动并存、趋向城乡融合的地域组织结构——Desakota（印尼语中 desa 即乡村，kota 即城镇）。麦基认为 Desakota 这种组织结构，是利用城乡间的互动来带动和促进劳动密集型产业的发展，进而实现农村居民生产和生活方式的转变。他的这一理论改变了传统西方国家以大城市为主导的单一城市化思维，从城乡相互作用和双向交流的角度为城乡一体化研究提供了新的思路。

通过欧美城市地理学家的"城乡一体规划"思潮可以发现，城乡有效融合必须要将城市和乡村纳入整体性思维来考虑，进行统筹规划。事实上，无论以城市为中心的自上而下的发展战略，还是以乡村为中心的自下而上的发展战略，都只能带来短期的、局部的效率增速，无法实现长期的、整体的效益提升。因此城乡一体化要着重致力于城乡之间的有机结合与良性互动。

二、一体化教育的基本理念

（一）一体化教育是一种坚持整体、全面发展的教育思维观

首先，它强调了城乡教育的整体发展意识，改变了传统的"城乡两策，重城抑乡"的思路以及城乡教育分割和城乡教育分治的做法。它把农村教育作为教育整体的一个重要组成部分纳入统一的教育发展系统中，树立城乡一盘棋的总体思想，从城乡各自的小循环、小系统逐步走向城乡统一的大循环、大系统，发挥城市辐射带动优势和城乡之间的关联优势，使城乡教育资源共享，共赢共荣。其次，城乡教育一体化作为一种新型的教育理念或教育思想，其培养目标超越了工具性培养定位，脱离了"离农"、"为农"之争，而是从教育公平、终身学习、人的全面发展的思想出发，保障、完善人的基本权利，将其目标定位为培养合格的社会主义国家公民，共同服务于城乡一体化的大局，是一种真正的"以人为本"的教育思想。最后，城乡教育一体化作为一种宏观调控手段，高度重视了城乡学前教育、基础教育、高等教育、职业教育、继续教育各个环节的结构融通，以促进社会整体发展所需各类人才的培养与合理配置。城乡教育一体化是一种追求公平、质量与效率相统一的教育价值观城乡教育公平是城乡教育一体化的缘起和归宿，即实现城市居民和农村居民都公平享有公共教育资源和教育机会，然而教育公平并不是城乡教育一体化价值追求的全部，提升教育质量与效率同样也是城乡教育一体化的重要价值诉求。

（二）一体化教育是一种追求公平、质量与效率相统一的教育价值观

城乡教育公平是城乡教育一体化的缘起和归宿，即实现城市居民和农村居民都公平享有公共教育资源和教育机会，但教育公平并不是城乡教育一体化价值追求的全部，提升教育质量与效率同样也是城乡教育一体化的重要价值诉求。我国教育事业经过改革开放多年的发展，在城乡教育均衡政策的引导下，逐步解决了农村教育办学条件差，学生"上学难"的问题。但是低水平、低质量的教育均衡并不是真正的教育公平，农村地区同样也有日益增长的"上好学"的教育需求，因此，城乡教育一体化就是要严格执行国家办学条件标准、课程标准、教师资格标准，致力于共同提高城乡教育质量。当然教育质量的提高也需要大量的教育投入做支撑。我国的人口规模决定了教育投入的需求是巨大的，而目前的经济发展水平又决定了教育投入只能保持在一定范围内。由于历史、政策、制度等方面的原因，改善农村义务教育办学条件还存在巨大的投入缺口。因此在投入有限的条件下，城乡教育一体化就是通过"统筹"的方式和手段，优化城乡教育结构，使城乡教育资源配置更加优化、资源利用更加高效，以实现有效率的教育公平。因此，城乡教育一体化追求的目标是"有质量的公平"、"又好（质量、公平）又快（效率）的教育发展"。①

（三）一体化教育是一种呈现多样化与渐进性发展的教育生态观

我国是一个幅员辽阔、人口众多，但区域资源和区域社会经济基础差距较大的发展中国家。东中西部的地理、人文具有不同特征，城乡教育一体化发展的基础、水平和面临的问题各不相同，这就决定了各地城乡教育一体化发展的具体方式和途径应当是多种多样的，不可能照搬同一种模式。城乡教育一体化的实践探索已呈现出多元化的发展模式，如山东平原县采用了撤并上移的模式、四川成都市采用高度统筹模式、上海市采用辐射郊区模式、湖北武汉城市圈采用组团协同模式。这种多元化发展模式格局，都是各地区根据各自的社会、经济、教育发展程度的实际情况，创造性地探索有自己特色的城乡教育一体化发展之路。同样，城乡学校也要追求多样化的教育发展格局，如成都市基本形成了青羊区草堂小学的"诗歌教育"、锦江区三圣小学的"美丽教育"、武侯区龙江路小学的"新三好"活动、文翁实验学校的"国学教育"、成华区列五中学的足球教育等特色教育名片，形成了百花齐放的素质教育美丽风景线。城市学校和农村学校只有各自办出特色才能实现城乡教育的优势互补、和谐共生。当前我国城乡之间的经济、文化等领域并未融合一体，城乡教育一体化政策只不过刚刚诞生，城乡教育一体化的机制和

---

① 褚宏启：《城乡教育一体化：体系重构与制度创新——中国教育二元结构及其破解》，《教育研究》2009 年第 11 期。

制度尚未真正建立。所以，城乡教育一体化的推进难以做到整齐划一，更不可能一蹴而就，它要经历由易到难、循序渐进地向前发展的过程，并且是一个长期动态的发展过程，因此城乡教育一体化必须分阶段逐步推进。从过程上看，在初级阶段要落实城乡教育统筹各项改革的推进；中级阶段要基本实现城乡教育均衡；高级阶段则要达到城乡之间各类教育要素的自由流动和良性互动。由此，城乡教育一体化可以看成是一种类似生态链式的整体动态一体化。各地的改革实践者都要清醒地认识本地的实际情况和区分本地城乡教育一体化的发展阶段，避免盲目模仿外地建设经验，反对"大跃进"式的建设运动。

三、一体化教育的实现路径

一体化教育的本质是促进教育公平，缩小城乡差距，提高城乡整体教育水平。教育一体化既是目标又是手段，要运用一体化的方式实现一体化，其关键是树立一体化的理念，运用一体化的思维，建立一体化的制度。

（一）树立一体化的理念

一体化教育的核心理念是教育公平，这就要求我们在一切工作中牢固树立平等地对待城市教育和农村教育的思想观念，不可有任何忽视、漠视和歧视农村教育的倾向和现象。要从思想根源上彻底消除长期二元社会结构形成的"农村教育没有城市教育重要"的观念，消除以城市为中心的精英教育价值取向，建立面向全体的大众教育价值取向，办好城乡每一所学校，教好城乡每一个学生。在城乡教育一体化总体框架下准确定位农村教育发展目标和办学方向。不管是城市教育还是农村教育，都要为国家的经济建设服务，其教育发展目标都是培养社会主义现代化的建设者，促进人的全面发展。在这一点上，城乡没有差别，是一致的。"农村教育的价值选择应该定位在为城乡共同发展服务上，定位在培养合格公民而不是局限在培养'新型农民'上。"① 从而走出农村教育发展的目标是"离开农村"还是"为农村服务"的困惑,以人为本,关心农村学生的思想、愿望和要求,使农村孩子健康成长。城乡教育一体化要求平等地对待农民工子女,使他们享受与城里孩子一样的教育。要创造城乡一体化的文化氛围,消除农民与城里人相比的自卑心理,形成正确的教育价值观念,使农民重视和支持教育。

(二) 形成一体化的思维

长期以来,由于二元社会结构,我们习惯于二元思维,即分别对待城市和农村的教育问题,把城市和农村看作两个孤立、封闭的系统,分别研究和解决它们内部的问题。城乡教育一体化要求我们形成一体化思维。如果我们把城乡教育看作一个大系统的话,那么,城市教育和农村教育就是这个系统中的要素。系统是一个由若干相互联系、相互作用的要素组成的有机整体。在一个系统中,整体不等于各孤立要素之和,系统整体所获得的新的特性、新的功能是各组成要素在孤立状态时所没有的,同时,处于系统中的组成要素的特性和功能,也不同于它们在孤立状态时的特性和功能。因此,只有把城市教育和农村教育作为一个整体对待,才能放大和产生新的教育发展的功能和效益。因此,在研究教育问题、制定教育政策、进行教育决策时,要运用一体化思维。

(三) 建立一体化的制度

实现城乡教育一体化需要以一体化的理念和一体化的思维为前提,这些属于思想观念和思维模式的范畴,而一体化的制度则是实现城乡教育一体化的刚性保证。推进城乡教育一体化制度的建设和改革是核心和关键。有学者对现行的教育制度做了分类研究,分类的方式有多种,但关乎城乡教育一体化的制度主要有三个方面,即教育管理制度、教育投入制度、教师管理制度。

---

① 褚宏启:《城乡教育一体化:体系重构与制度创新——中国教育二元结构及其破解》,《教育研究》2009 年第 11 期。

1．一体化的教育管理制度

推进城乡教育一体化，首先要做到教育管理制度的一体化，就要打破过去长期实行的用两种制度管理城乡教育的做法。目前实行的"以县为主"的管理体制只是在县域内做到统筹，而做不到更高层次的统筹，虽向一体化方向迈出了较大步伐，但统筹的重心偏低，距离城乡教育一体化的本质要求还有很大距离。由于县级政府的资源、能力、权限十分有限，在一体化进程中出现很多无法解决的问题，城乡差距依然很大，特别是经济欠发达地区教育仍然十分落后，根本无法与城市相比。因此，在管理体制上，应提升管理主体的级别，以扩大城乡教育一体化的区域范围，如将教育管理主体提升到地级市，由市级政府统筹全市城乡教育发展的人、财、物管理，统一教育投入、师资建设及教育教学管理等重大问题，这样与城乡教育一体化内涵的契合度将大大增强，城乡教育一体化将有大幅度推进，缩小城乡教育差别将有实质性进展。目前，在"以县为主"的管理体制下，应进一步明确省、市及乡镇政府的职责，明确各级政府在推进城乡教育一体化进程中的权力和责任。按照《国家中长期教育改革和发展规划纲要（2010—2020 年）》的要求，"各级政府要切实履行统筹规划、政策引导、监督管理和提升公共教育服务的职责，建立健全公共教育服务体系，逐步实现基本公共教育服务均等化，维护教育公平和教育秩序"。要加强省级政府统筹，支持和督促市、县级政府履行职责，管理好当地教育。"政府应成为教育体系的规划者、教育条件的保障者、教育服务的提供者、教育公平的维护者、教育标准的制定者和教育质量的监管者。"[1]

城乡教育差距最终体现在质量的差距上，因此，应该建立城乡统一的教育质量基本标准和评价制度，使城乡学校在办学条件、课程及教学管理、学习结果等方面有一个基本标准。鼓励城乡深化课程改革、开发

---

[1] 褚宏启：《教育制度改革与城乡教育一体化——打破城乡教育二元结构的制度瓶颈》，《教育研究》2010 年第 11 期。

课程资源，课程资源共享，探索人才培养模式，改进教学方法，提高教学质量。建立城乡一体化的监测及评估制度，各级政府在质量标准的制定及实施的过程中发挥主导作用。

在城市化进程中，农村劳动力的大量转移带来了农民工子女的教育问题。农民工子女是一个庞大的群体，其受教育权利应该受到法律保护。由于二元户籍制度的存在，尽管现在实行了"两为主"政策，但仍然有诸多问题和种种困难。教育经费投入等与户籍捆绑，导致流入地政府缺少解决流动儿童教育问题的经费，以及解决问题的愿望和动力，造成逆"两为主"的现象，无法保证农民工子女随迁就学的公平。因此，必须用城乡一体化的体制管理农民工子女教育问题，取消经费投入等与户籍捆绑，给农民工子女与城市孩子一样的待遇。

2. 一体化的教育投入制度

教育投入制度直接导致城乡教育条件的巨大差距。现在实行的"以县为主"的农村义务教育财政体制，无法统筹县域之间以及更高层次区域的经费投入，由于县域经济发展水平不同，造成教育经费投入差距悬殊。"在福建，许多经济欠发达县域的教育支出已经占当地财政收入的50%以上，甚至有的达到了80%以上，但地方投入仍然不能有效提高当地义务教育的城乡一体化水平。"[1] 另外，在我国，中央和省级政府掌握了主要财力，县、乡政府财力薄弱。因此，应该将教育经费管理主体上移，最低应该上移至市级，逐步实行义务教育财政负担以省和中央为主，进一步明确各级政府在农村义务教育中的投资责任。

要加大力度解决农村教育投入不足、城乡教育投入差距过大的问题。相比较而言，我国对基础教育投入少，对农村基础教育投入更少。农村规模小的学校数量偏多，按生均拨付教育经费使学校经费总量难以维持正常需要。推进城乡教育一体化，就要在投入体制上保证城乡在投

---

① 郭少榕：《城镇化背景下我国农村基础教育优化发展的政策思考——以福建等地为例》，《教育研究》2011 年第 12 期。

入总量上大致相当，消除城乡在经费投入上的差距，并且要向农村，特别是经济欠发达地区倾斜。建立规范的中央和省级政府承担更大财政责任的转移支付制度，以更有效地支持、扶持农村困难地区教育。目前，转移支付存在随意性强、制度性和常规性不强等问题，需要建立规范性制度，以使转移支付在推进城乡教育一体化中更好地发挥补偿性作用。为使城乡教育一体化在办学条件上具有制度上的保障，应建立城乡统一的办学条件标准，对教师、设备、经费、校舍、图书、器材等配备做出明确规定。政府投入要优化农村教育资源，使每一所中小学都能按照法定的办学条件标准，拥有大致均等的物质条件，实现农村教育规范办学，从而首先在硬件建设上实现城乡公平。同时，还要创建城乡教育资源共享、合理流动机制，提高资源使用效率，并且加强农村远程教育建设，使农村教育享受更多的优质教育资源。

3. 一体化的教师管理制度

教师是最重要的教育资源，对城乡教育质量的高低起着决定性作用。因此，必须打破城乡分割，建立城乡一体化的教师管理制度。"取消城乡教师编制的层级化，所有教师均平等享有一个同样的编制，即城乡编制。"[①] 在编制管理上，首先，实现城乡公平，取消歧视，有利于城乡教师的聘用和流动。教师管理提升到市级层面，突破县域限制，在更大范围内对教师实行统一管理，实现更高层次的一体化。其次，加强教师流动的制度化建设，使教师资源城乡共享，在市域内合理流动。"从理论上讲，教师流动意味着任何教师可以流动到城乡之间各个学校，实现城乡校际的无障碍流动。"[②] 制定相关制度，解决教师流动中的一些问题，实行双向流动，保证城市优秀教师向农村流动，同时，农村教师到城市学校学习提高，有效避免因农村优秀教师流失而进一步拉大城

---

① 齐鹏：《浅谈城乡教育一体化》，《滁州职业技术学院学报》2009 年第 2 期。
② 郭彩琴、顾志平：《城乡教育一体化的困境与应对措施》，《人民教育》2010 年第 20 期。

乡差距，解决好流动教师工作、生活和待遇等问题。

建立城乡教师一体化工资待遇制度，解决农村教师工资和待遇低等问题。农村教师在工资、住房、医疗等方面与城市教师相比有明显差距，这严重影响了优秀教师的留任、引进等工作。农村教师应与城市教师享有一样的工资薪酬、职称待遇和社会保障服务，而且还应享有额外的艰苦补助。建立城乡一体化的师资建设制度，把城乡教师的招聘、培养、晋升、考核一体化，用同一个标准在市域内统一进行。公开、公平、公正地招聘教师，吸引优秀人才充实到城乡教师队伍中。完善教师资格证制度，保证教师入口质量。公正客观地考核教师，科学使用考核结果，在城乡形成良好的竞争机制。加强教师的培养培训，建立完善有效的城乡教师培训制度。加大教师培训投入，使城乡教师有更多的机会参加免费培训。提高培训质量和实用性，建立多层次、多维度、立体化的培训机制，有针对性地解决城乡教师的需要和提高的问题。

第二节 一体化职业教育的基本主张

一、一体化职业教育的内涵和要点

（一）一体化职业教育的内涵

所谓职业教育一体化，就是指把城乡职业教育发展作为一个整体统一规划，通盘考虑；运用多种方法，通过制度设置，把城乡职教中存在的问题及相互关系综合起来研究、统筹，加以解决，让城乡职教资源要素畅通无阻地流动起来，形成城乡优势互补、相互渗透、协调发展、融为一体、共同发展的新型关系，表现为"四性"：发展目标的一致性、发展过程的双向性、发展速度的协调性、教育资源的互补性。[①] 积极推

---

① 邓晖、喻晓黎：《优化教育资源配置，促进城乡教育一体化》，《湖南教育》2001 年第 22 期。

进城乡职业教育一体化发展，其本质就是要把城市与农村视为一个有机整体，把城乡职业教育放在同等重要的位置，给予同等重视，尤其是在农村职业教育远远落后于城市职业教育的情况下，要对农村职业教育给予更多关注与支持。它坚持系统论原则，突破了就农村谈农村、就农村职业教育论农村职业教育的传统思路，站在国民经济发展全局的高度研究和解决农村职业教育问题。这是在一体化视角下解决职业教育问题的一个重大突破，是职业教育体制改革的制度创新。

（二）一体化职业教育的要点

1. 发展目标的一致性

一体化职业教育的发展，着眼于为经济社会发展培养大量高素质高技能的应用型人才，为城乡一体化服务，具有目标一致性。首先，是由职业教育的本质属性决定的。职业教育的本质属性就在于它的职业性，是为适应就业而进行的"专才"教育，无论是城市职教还是农村职教，都具有这样的属性，这是共性，也是决定发展目标一致性的前提和基础。其次，它是由现代职业教育的功能定位决定的。传统观点认为，职业教育的属性之一是地方性，强调为地方经济社会培养大量高素质、高技能人才，这就意味着农村职教是面向农村、培养农村所需要的人才，城市职教是面向城市、服务城市，这种教育上的"双轨制"实际上是城乡二元体制在教育上的体现，它只会钳制农村孩子进入城市主流文化，是一种不公正的制度安排，加剧了城乡的分割和对立，不利于构建社会主义和谐社会。① 近年来职业教育的实践也证明这种定位是狭隘的，没有出路。现代职业教育的功能定位必须在一体化的背景下重新界定。城乡关系本是一种相互依存、相互交融的关系，特别是在现代市场经济的条件下，两者存在着高度的依赖性和渗透性，离开了一方的支持，另一方的存在和发展是不可能的。城乡经济社会之间密不可分的有机联

---

① 周晔：《从"二元割裂"走向"一体化"——再论农村基础教育的培养目标》，《教育学报》2009 年第 2 期。

系，决定了直接为经济社会服务的城乡职业教育也应是个整体，城乡一体化是发展趋势。发展城市职业教育不仅要为城市经济社会发展服务，也要为新农村建设培养人才；农村职业教育不仅为农业现代化服务，还要积极推进农村劳动力转移，为城市工业化及城市建设服务。因此，城乡职业教育发展目标决不能着眼于城乡分割的局部，而应为城乡一体化服务。

2. 发展过程的双向性

一体化教育发展过程的双向性，主要指信息、师资、资金、教学资源等教育要素在城乡之间的流动，强调的是双向，而不是单向流动，它们互为资源，互相服务，互利共赢。城乡职业教育只是功能和地域上的不同，不具有等级差别。城乡职业教育发展既表现出融合性和一体性趋势，又能保持各自特色，实现功能互补。"教育公平不排斥差异，反而强调'有差别的对待'"。[1] 因此，缩小差距并不简单是使城乡之间的差别消失，更不是意味着将存在城乡差距的非均质社会空间演变为一种彻底的均质的社会空间。[2] 一体化发展的过程具有阶段性，是个循序渐进的过程，不能急于求成，不可一刀切。因此，在这个过程中，并不排除初始阶段对农村职业教育的倾斜和扶持。在初始阶段，以从城市到农村的职业教育要素流为主，当城乡差距缩小到一定程度时，双向交流就进入正常、有序、均衡、互补的姿态。

3. 发展速度的协调性

城乡差距本来就大，如果前者快，后者慢，差距将更大，因此，强调发展速度的协调性，就是为了缩小城乡差距，实现城乡职业教育的均衡发展，促进教育公平。推进城乡职业教育一体化，不是放弃对城市职

---

① 徐建慧：《我国教育公平研究文献综》，http://sylib.vip.qikan.com/article.aspx? titleid = jyqy200808071[2010 - 2 - 4].

② 邬志辉、杨卫安：《"离农"抑或"为农"——农村教育价值选择的悖论及消解》，《教育发展研究》2008 年第 3 期。

业教育的重视，让其停下来，等待农村职业教育的追赶，不是削峰填谷，也不是简单地理解为城市支持农村，农村依附于城市，甚至取消农村职业教育，一体化追求的是一种协调的发展和动态的均衡。当前农村职业教育虽然发展缓慢，但不能因此否认农村职业教育的地位和功能，更不能取消农村职业教育，它和城市职教一样，在为经济社会发展服务、实现教育公平和构建和谐社会的过程中，具有不可或缺的地位和作用。因此，城市职教要发展，农村职教更要加速发展。

4. 城乡职业教育资源的互补性

城乡职业教育资源互补的目标在于优化城乡教育资源的配置，不仅注重城乡职业教育在外延规模上的均衡发展，而且更要注重内涵建设的均衡发展，特别是要消除城乡职教发展在教育理念和精神面貌、学校领导的管理水平和领导方式、学校制度的更新与完善、学校文化生态的形成与优化等方面的城乡差距。第一，它是由我国国情决定的。我国处于社会主义初级阶段，经济还不够发达，国家对教育的投入远远低于世界发达国家，甚至低于世界平均水平。一方面，国家必须加大教育投入；另一方面，毕竟国家财力有限，如果我们完全寄希望于通过国家投入，来缩小城乡职业教育差距，显然是不现实的。第二，这是消除城乡二元体制的现实需要。由于我国城乡二元体制的影响，城乡职业教育发展的基本条件存在先天性差异，职业教育不公平现象已成为社会关注焦点。在一定程度上说，教育不均衡是由社会经济不均衡决定的，城乡职业教育不公平是城乡经济发展不平衡的反映，反过来这种不均衡也会对经济社会发展不均衡产生一定的影响。如果不能对目前的职教不均衡进行有效控制，将会进一步加大城乡差距，形成职业教育与经济发展之间的恶性循环，对社会的危害极其严重。① 第三，这是实现资源科学合理配置、实现效益最大化的需要。由于城乡、区域、校际发展不平衡，农村职教总

---

① 苏君阳：《教育均衡：从政策性理念到政策行动的反思》，《中国党政干部论坛》2005 年第 12 期。

体资源稀缺，而城市资源富裕，有些地方还存在闲置现象，造成资源的浪费，因此必须盘活现有资源，提高资源利用率，实现效益最大化。

二、一体化职业教育资源的整合配置

合理配置职业教育资源，必须遵循系统论的思想，以整合为主线，最大程度地盘活职业教育资源、集聚职业教育资源，促进城乡各类职业教育资源从分割走向融合，从固定走向流动，从自在状态转为"自为之物"，这是消除城乡二元结构，实现职业教育和城乡统筹良性互动的有效途径和方法。

（一）整合一体化职教资源的着力点

1. 整合资金资源

相比过去，现在政府财政对职业教育的资金投入的确有较大幅度的提高，但与职业教育所承担的为城乡统筹发展培养实用型人才的要求相比，职业教育资金不足、资金短缺的矛盾仍然较为突出。加快建立和健全支持职业教育发展的多元化、多渠道、高效率的资金投入保障机制，从根本上改善职业教育的资金供给状况，既是长远之计，又是当务之急。一是要加大政府财政对职业教育的投入力度。一方面财政对教育的投入要尽快到位，财政对教育的投入占国内生产总值的比例，在2012年要达到4%；另一方面，要适当提高职教财政性投入占财政性教育投入的比例，力争从目前的5%提高到7%—8%。此外，应进一步落实城市教育费附加用于职业教育的投入，要努力达到国家规定的20%—50%的比例。二是要鼓励和支持社会各界对职业教育的投入，这也是解决职业教育资金紧缺的一个重要途径。要学习借鉴其他国家的做法，捐赠职业教育资金支持职业教育者，享受税收优惠，以鼓励社会各界捐资办学。三是要加大金融机构对职业教育的支持力度。对加强职业院校基础能力建设的一些重大项目和农村贫困家庭学生上学困难的问题，各级金融机构应将其纳入贷款资助范围。目前要放宽农村中等职业学校，特别是民办学校的贷款政策，政府应给予补息或免息。

2. 整合教师人才资源

教师是职教资源的重中之重，教师素质关乎各类职教资源的整合效益。根据职业教育的特点和城乡统筹发展的目标，职业教育教师队伍的建设目标应该与城乡统筹所需人才的能力要求相一致，定位于"双师型"（教师和技师）教师的培养。"双师型"教师队伍的建设，一是要不定期和定期地将师范院校毕业的在职教师送到相关岗位上进行培训、学习和锻炼，帮助他们了解、掌握一门专业技术，积累实践经验。二是要从企事业单位引进技师类人才作为学校的兼职教师，并为他们提供技能教育，帮助他们顺利地走上讲台。"双师型"教师的培养过程就是教师人才队伍的整合过程。原先，教师和技师单方面都无法满足职业教育、城乡统筹发展及其互动的需要，但经过岗位互换的体验和学习后，他们各自都得到了成长和提高。此外，教师人才资源的整合还体现在师资的交流和共享方面，如城乡职业院校师资的交流和共享，重点职业院校和一般院校的师资交流和共享。在优势产业集中的区域，当地职业院校专业设置势必围绕优势产业而展开，这又为教师的校际共用提供了可能。当然，教师资源的交流和共享，不能仅取决于教师的意愿，更应该由政府主管部门按照实际需要，统筹安排和实施。

3. 整合产学研资源

按照统筹城乡发展的方向和目标，整合产学研资源，可实现企业的生产与学生的学习以及创新研究真正结合，从而从根本上提高职业教育服务新农村建设的能力。在推进产学研资源整合的实际工作中，应注意解决以下两个问题：一是要实现院校与企业的有效结合，一方面，企业应根据自身的需要资助职业院校的科学研究，进行创新技术开发；另一方面，职业院校也应深入企业，为学校筹集资金，这样学校才有进一步发展的可能。二是要签订合同以保证产学研资源整合成为一种稳定的长期行为。同时校企资源整合，应先从国有企业入手，企业与职业院校结对子，互帮互助。

4. 整合信息资源

教育信息资源整合的最大优势在于它可以克服时间和空间的障碍，最大限度地提高资源利用的效率。而且不同于某些实物资源整合的物理特性，教育信息资源的整合可以带来更多的思维创新和实践创新，产生 $1+1>2$ 的良性效果。因此，应充分发挥现代信息科技的功能，建设区域性职业教育开发平台，建立多个不同特点的职业教育资源库和信息平台，通过网络实现更大区域内职业教育资源的共享，加强地区间职教信息的整合和交流。充分利用现代信息传播技术，通过各种渠道进行远程教育，扩展培训教育机构的覆盖面和服务面，使更多的城乡劳动者接受职业培训。

（二）整合一体化职教资源的方式和手段

1. 通过相互合作整合资源

职教资源的充分开发和利用，可通过多种合作形式来开展。（1）校校合作。不同区域、不同学校之间可就教师培训、专业设置、课程开发、扩大办学规模等方面开展交流，共享教师资源、教学系统、信息基础设施和支持服务。（2）校企合作。职业院校应积极主动地与大企业和大公司合作，利用企业的优势，开展多种职业和技术培训，提高学生质量，扩大学校的影响。（3）职业院校联盟。通过聚集不同院校的优势，以开发合作项目、做大做强职业教育为目的，形成职教集团组织，从根本上扩大职业教育的实力和吸引力。

2. 通过理顺领导和管理体制整合资源

要着力解决由于多头管理、条块分割、职能交叉而出现的职教资源的分散、浪费现象，应该进一步深化改革，着力理顺职业教育的领导和管理体制，实行归口管理，提高归口管理的层次，以提升职业教育的地位，层层明确各领导机构的职能和责任，确保职业教育资源的有序开发和优化组合。对此，我国不少地区已进行了有益的探索。例如，广东顺德实行职业学校和技工学校统归教育部门管理，政府把劳动、农业、交通等部门与职业教育相关的资源和技能培训交给教育部门，其他职能部门不得单独操作。政府还成立了一个职业教育领导小组，专门对职教资源进行统筹和协调，取得了良好的资源利用效率。

3．通过制度创新整合资源

整合职教资源的基础在于资源的自由流动，而这在很大程度上取决于制度创新。为此，要与时俱进，解放思想，着力构建有利于促进职业教育与城乡统筹发展良性互动的资源整合制度，例如，城乡一体化发展的经济社会制度、东中西部协调发展的经济社会制度等，排除职教资源在城乡、区域之间的流动障碍。要打破各种界限，鼓励优势互补的制度创新，引导和调动民间资本、社会资本以独资或合资的形式参与兴办面向农村的职业教育，以扩大职教资源的增量。对现有的民办职业院校要明晰产权，也可根据实际需要，进行产权整合，走股份制办学道路，组建股份制的职业院校，发挥多元产权优势，提高民办职业院校的核心竞争力。

4．通过国家政策整合资源

职教资源的整合，也可通过国家的政策导向，促进职教资源合理开发、优化布局。例如，在地域上，政府应对农村职业教育、贫困地区和民族地区的职业教育给予政策倾斜；在专业设置上，政府应对职业院校已确定的，有利于城乡统筹发展的紧缺专业、重点发展专业给予政策倾斜；在职业院校的建设上，政府应对一些面向农村的骨干职业院校给予政策倾斜；在城市职工和农村广大农民的培训上，政府应对农民的培训给予政策倾斜。通过上述政策倾斜，让人才物资流向政策所倾斜的方向和重点。

三、一体化职业教育的社会价值分析

任何制度都负载着一定的伦理价值，美国哈佛大学约翰·罗尔斯

（Joan Rawls）在其巨著《正义论》中指出："正义是社会制度的首要价值，正像真理是思想体现的首要价值一样。"① 因此，构建新型城乡关系是要靠公正平等的制度来维持的，制度公正是现代文明社会的重要标志，是实现社会平等、协调、稳定发展的重要保证。城乡职业教育一体化的制度设计蕴含着公平价值、人本价值、和谐价值与民生价值。

（一）公平价值

公平应该是执政党执政的理念之一，公开、公平、公正是衡量政府公信力的一项非常重要的指标。教育公平是社会公平的起点，是现代社会最基本的公平，② 没有教育的公平，就不可能有真正的社会公平，因此，坚持教育公平、解决百姓的教育诉求是政府的重要职责。

由于我国城乡二元体制的消极影响依然存在，教育招生体制的制度性缺陷凸显，中等和高等教育招生制度中出现了二元性。在中等教育阶段，普通高中优先录取，中等职业教育居后；在高等教育层面，本科招生在前，高职录取在后，职业教育扮演着"拾遗补缺"的角色。无论是中等还是高等职业教育从一开始就处于弱势，它成了中考、高考失利者的集聚地，客观上形成了只有考分低的学生才去上职教的错觉，表现为入学机会的不平等，因而社会把职业教育当成"次等教育"也就不奇怪了。社会偏见使得普通教育与职业教育变成等级上的差异而不是类型上的差异。③ 此外，由于农村教育的落后，农村学生最终通过升学进入重点高中、大学的比例相对于城市较低，一定程度影响农村孩子未来的社会竞争力和流动能力，从而影响到城乡教育公平，一定程度上而言，职业教育资源的不充足成为影响教育公平的一个因素。因此，积极

---

① 约翰·罗尔斯：《正义论》，中国社会科学出版社 1998 年版，第 35 页。
② 李建忠、刘松年：《从教育政策的演进看我国的教育公平》，《教育财会研究》2009 年第 1 期。
③ 邬志辉、杨卫安：《"离农"抑或"为农"——农村教育价值选择的悖论及消解》，《教育发展研究》2008 年第 3–4 期。

推进城乡职业教育一体化，对促进教育公平具有举足轻重的地位。没有城乡职业教育的平等发展就绝对不可能有教育公平，实现教育公平需要职业教育的参与，职业教育也能在促进教育公平上大有作为。

（二）人本价值

党历来坚持以人为本、执政为民，教育是人民的教育，教育为了人民。以人为本的城乡一体化教育发展理念，要求职业教育必须把人放在最高的地位，坚持人是主体，以育人为目的，任何忽视人的存在和需求，或把人置于工具和手段地位的教育，都是教育本性的迷失。在我国，由于历史原因，农村居民的受教育程度大大低于城市居民，随着新农村建设的推进，对人才的需求很迫切，而农村由于劳动力转移，文化层次相对较高的中青年劳动力大多转移到了城镇，真正留在农村务农的是年龄偏大、知识层次较低的中老年群体，以妇女居多，还有正在读书的留守儿童，农业现代化和新农村建设受到很大制约。美国农业经济学家舒尔茨认为，对影响农业经济发展的要素来说，土地的差异是不重要的，资本投入的多少是重要的，而劳动力素质的差异是最重要的。① 转移到城市的农村劳动力，大多从事的是些脏苦累的简单劳动和体力劳动，工资收入低，生活保障水平差，处于城市生活的边缘，难以真正融入城市社会，这与其没有接受过职业教育和技能培训、文化素质低有关。随着知识经济社会的来临和信息技术普及，终身化学习已成为人们学会生存的一个必要途径。然而，农村职教落后，面向成年农民教育的严重缺失，造就了现代"失学农民"。因此，实行城乡职业教育一体化，有利于打造和谐教育，减少社会矛盾，更好地实现教育为人民的宗旨。

（三）和谐价值

科学发展观第一要义是发展，但不是片面发展、畸形发展，而是全面、协调、可持续发展。城乡职业教育应以科学发展观为指导，坚持协

---

① ［美］西奥多·W.舒尔茨：《改造传统农业》，商务印书馆2003年版，第78页。

调、均衡、和谐地发展。目前城乡职业教育发展很不协调，从总体上看，农村职业教育发展相对滞后的局面没有得到根本的改变，职业教育的发展水平、现状与当前农村经济社会发展以及农民群众的教育需求之间依然存在着较大的距离，城乡二元体制的制度惯性仍未消除。因此，城乡职业教育一体化的制度设计，其根本出发点和归宿就在于要尽快改变城乡教育的制度性落差，为职业教育事业自身的改革和发展开辟广阔的道路，构建和谐发展的教育格局。目前在农村职业教育的定位上产生很大的分歧，是"离农"还是"为农"，尚无统一认识，产生两难困境。各地政府凭着自己的认识和理解去对待农村职业教育。有的地方认为以"离农"为指导，围绕着工业化、城镇化、市民化的目标，以促进农村劳动力转移为己任，办学定位、专业设置与城市同构，自然无法与实力雄厚的城市职教比拼，于是败下阵来，陷入难于生存的境地。有的地方以"为农"为指导，但办学僵化，形式单一，得不到广大农民的支持，同样遭遇招生困难的尴尬。农村职业教育不仅没有对农村基础教育阶段的分流形成合理的体系和机制，而且在与城市职业教育的竞争中明显处于不利地位，农村职业教育成为构建城乡教育一体化体系的重点和难点。因此，没有农村职业教育的充分发展，就没有农村基础教育的科学发展以及整个农村教育的协调发展，因而也就不可能真正实现城乡教育的均衡发展与和谐发展[1]。

（四）民生价值

近代职业教育理论家黄炎培指出："职业教育之旨三：为个人谋生之准备，一也；为个人服务社会之准备，二也；为世界、国家增进生产力之准备，三也"，"使无业者有业，使有业者乐业"。[2] 职业教育与就

---

[1]　程敬宝、袁小鹏：《教育均衡发展视角下的农村职业教育》，《黄冈师范学院学报》2009 年第 4 期。

[2]　李建忠、刘松年：《从教育政策的演进看我国的教育公平》，《教育财会研究》2009 年第 1 期。

业、与百姓的生计息息相关，就业是民生之本，教育是民生之基。职业教育既是民生问题，又是实现教育公平的载体，在我国全面建设小康社会、积极推进和谐社会的进程中具有特殊重要的地位。职业教育的对象是个特殊的群体，贫困学生比例较高。据有关调查显示，职业教育中80%以上的学生来自于贫困的农村和城市贫困家庭，是真正的"平民教育"。教育是学生获得相应的社会地位、职业层次的重要手段，职业教育的学生要求改变个人命运、改善家庭生活境遇的愿望十分强烈，能否推进城乡职业教育一体化不仅关系到能否为经济社会发展提供大量人力资本的问题，而且关系到社会弱势群体及子女能否提升基本生活质量，稳定民心的大问题。

四、一体化职业教育的基本主张

（一）职业教育资源共享的一体化

城乡职业教育一体化建设的目标在于通过城乡统筹实现职业教育资源的合理配置和师资、教育信息资源的共享。[①]

首先，在城乡一体化建设的大背景下，要加快推进职业教育资源或要素在城乡之间的自由流动，实现城乡职业教育间的资源共享，这是我国职业教育发展的必由之路。一般来说，教育资源由两部分组成：一部分是"软"性教育资源，包括智慧型的师资力量、信息技术和信息资源等；另一部分是"硬"性的物质型资源，包括校园校舍、图书、教学设备设施、教学场地等。推进职业教育资源的城乡共享一体化，需要软硬兼施。一方面，在职业教育的"软"性资源共享方面，要建立城乡职业院校的教师交流或流动制，在城乡区域化之间实行教师的流动化教育教学。实施职业教育教师在城乡之间的岗位流动制，不仅能够提升农村职业教育的教学质量，也能加快职业教育教师的成长；在职教信息

---

① 黄永秀、朱福荣、朱德全：《城乡职业教育一体化发展的保障机制研究》，《职教论坛》2012年第16期。

技术资源的城乡共享层面，构建一套城乡职业院校信息交流服务平台，要充分利用信息技术资源的可重复性、可复制性、再增值性等特点，研发出一个城乡职校的招生、技能培养、就业的信息服务网络，实现城乡职业教育在学生培养全过程的信息资源共享。另一方面，在城乡职教的"硬"性资源共享方面，由于城市职业教育的办学物质条件远远高于农村，可以开展城市职业院校扶持农村职业院校的帮扶办学活动，共享教学设施、共建教学实践基地，在帮助农村职业院校改善办学条件的同时，实现城市职校硬件资源利用的最大化。

其次，加快城乡职业教育资源的结构性优化和调整，不断加大政府对农村职业教育的投入力度，特别是落后地区职业教育基础设施的投入。只有建立完善的农村教育配套设施，才能吸引更多的职业教育人才。政府可以将贫困地区农村职业教育的基础设施建设纳入政府财政预算，实施优惠的财政政策，加大对农村职教的投入，打造一个全域型的城乡职教一体化建设试点区。加快城乡职业教育一体化建设，还要注重城乡之间的平衡，在城乡职业教育的资源配置方面不仅要锦上添花，还应雪中送炭。与此同时，城乡职业教育一体化建设不是城乡职业教育的同质化、对等化，而是在强调城乡职业院校特色与个性基础上的共同发展，即要根据不同地区经济文化背景和学生的差异，配置不同的职业教育资源。

（二）职业教育制度建设的一体化

1. 一体化的城乡办学制度

加快办学体制改革，促进城乡职业教育一体化办学体制的建立，打破城乡二元办学体制的束缚，推进城乡职业教育的交流与协作，积极探索城市职业教育帮扶农村职教发展的模式与机制。第一，加快办学体制创新，探索多元化的职教办学体制以拓展优质职教资源。① 城乡职业教

---

① 于月萍、徐文娜：《论城乡教育一体化制度体系的构建》，《教育科学》2011年第5期。

育办学体制改革的重点和突破口，就是在整合现有职教资源、使其最大程度发挥效用的前提下，拓展职教办学的增量资源，从明确政府责任的基础上，积极吸纳社会资源如社会团体、行业、企业以及个人参与城乡职业教育一体化建设，进一步拓展职业教育的办学资源。第二，积极探索职业教育的多元化办学模式。在城乡职业院校的发展过程中，要充分尊重其办学管理的自主权，同时还要根据职校的类型及其所处的发展阶段，因地制宜、因校制宜，探索职业院校的多元化办学模式。具体来说，可以通过校企合作、校际合作、公私合作等方式，建立城乡一体化的职教办学模式，满足不同学生的教育需求。

2. 一体化的管理制度

推进城乡职业教育的一体化建设，要先从管理制度入手，建立城乡职业教育一体化的管理制度。[①] 当前，我国职业教育的管理体制仍以县为核心，由于范围过小，无法实现更高层次的统筹，与城乡职业教育一体化目标存在很大的差距。众所周知，县级政府财政与资源的制约性很大，管理权限和管理能力也比较有限，在城乡一体化建设推进过程中表现出"心有余而力不足"的状态，城乡差距过大的现实无法得到真正的缓解，在教育方面更是如此。要想改变这一现状，就必须从政府管理体制中找到突破口，提升统筹主体的管理级别，拓宽城乡职业教育一体化的统筹区域和范围，如可以将对教育的城乡统筹主体的管理上升为市级管理的范畴，在市域范围内由市政府对人财物进行统一管理，统一处理职业教育投入、教师队伍建设以及教育管理等重大问题，这样可以大大增强与城乡职业教育一体化内涵的契合度，缩小城乡之间的教育差别。

3. 一体化的教育质量保障制度

教育质量是学校生存和发展的根本，城乡职业教育之间存在的巨大差距从根本上说是教育质量的差距。要不断提升职业教育的水平和质

---

① 张旺：《城乡教育一体化：教育公平的时代诉求》，《教育研究》2012 年第 8 期。

量，建立职业教育一体化的质量保障制度尤为重要。具体来说，质量保障制度由质量评价标准、检测流程、问责与改进体系等构成。第一，从上到下依次建立国家、省、市、县域的各层级教育质量评价与保障标准，在制定该标准时应兼顾职业教育的基础性、宽泛性以及差异性。第二，要建立健全职业教育的质量检测与评价标准，对教育质量标准的实施情况及时进行监测与评估，以保证质量标准能够顺利落实。第三，根据职业教育的质量评价结果，及时向被测评的区域和院校反馈信息，对管理或教育质量未达标的区域或学校提出改进措施，并对相关责任人进行问责处理。

4. 一体化的城乡投入制度

教育投入直接关系到教育的发展，城乡职业教育之间的发展差距很大一部分归因于我国存在已久的、不合理的城市偏向的教育投入制度。[1] 在职业教育资源的占有量层面，要落实"财政中立"与"重点补偿"的政策。第一，要建立城乡职业教育一体化的公共财政体制。要从根本上改变农村职业教育的弱势局面，就必须提高对农村职业教育的拨款额度，统一城乡之间的教育经费标准。此外，还要加大对农村贫困职教生的财政投入，帮助贫困生顺利完成学业。第二，构建各层级政府对农村职业教育基金的责任分摊制度。为了保持农村职业教育经费投入的稳定性，需要拓宽教育经费的来源，在适当条件下可以通过建立"以中央政府为主体、地方政府为辅"的教育财政分担制度，加大中央和省级政府对农村职业教育的财政拨款力度，由县级政府按一定标准进行扶持。第三，完善政府对职业教育的财政转移支付制度，保证转移支付制度的规范化和透明化。此外，还要健全职业院校的财务公开与投入绩效考核制度，保证教育经费使用效用最大化。

---

① 张涛、熊爱玲、彭尚平：《城乡一体化背景下职业教育存在的问题及对策研究》，《教育与职业》2012 年第 18 期。

（三）教师管理机制的一体化

1. 一体化的师资管理机制

教师是最重要的教育资源，它决定着教学质量的高低，对学生的未来发展具有重大的影响。教师人事制度是对教师这一重要资源进行配置的相关规则[①]。从城乡职业教育一体化视角加以审视，当前的教师人事制度问题突出，已成为制约城乡职业教育一体化的制度瓶颈，总体而言，可以概括为以下几个方面：第一，在城乡职业教育教师人力资源的规划上，缺乏统筹安排，导致农村地区职业教育师资力量薄弱；第二，在职业教育教师的选聘制度上，存在教师资格审查机制不健全以及教师编制缺乏弹性的问题，导致农村教师队伍封闭性老化、结构性短缺、教师"终身制"缺乏激励机制、"代课教师"待遇不公等；第三，在教师的绩效评价制度上，存在着评价标准不健全，对农村职业教育教师的绩效评价不合理等问题。职业教育一体化的师资共建机制，就是把城乡职业教师的招聘、培训、晋升与考核连接起来，在城乡职业院校间用一个共同的标准在市域范围内统一开展。[②] 与此同时，针对职业院校教师的培训还应注意提高培训质量与实用性，构建一个多维度、多层次、立体化的培训体系，有针对性地解决城乡职业院校教师的自身需求。

2. 一体化的工资待遇机制

在构建职业教育城乡一体化的工资待遇机制时，要重点解决农村职业院校教师待遇较低的问题。统一城乡工资待遇，本质是完善城乡职业教育经费保障机制、建立城乡师资民主管理制度的过程。事实上，职业教育城乡管理的不民主，造成城乡职业教育者和受教育者的权利被忽视，进而导致整体教育投入不足、教育质量下降等冲突加剧，这是很多

---

① 孙冬梅、胡慧妮：《城乡教育一体化的内涵与价值追求》，《天津市教科院学报》2012 年第 1 期。

② 韩清林、秦俊巧：《中国城乡教育一体化现代化研究》，《教育研究》2012 年第 8 期。

教育问题的根源所在。从我国目前职业教育发展情况来看，农村职业院校在教师工资、住房、医疗、培训等方面，与城市职业院校相比有很大的差距，对农村教师的工作积极性也产生了不利影响，很多农村职业院校很难留住人才。因此，建立职业教育城乡一体化的工资待遇机制，就是使城乡教师共同享有教育改革发展的成果，享有共同的薪酬待遇、福利待遇以及社会保障等服务，而且还享有对艰苦条件的额外津贴与补助，切实建立城乡一体化的教师工资待遇制度，保障教师的权益。

3. 一体化的教师培训机制

城乡职业教育一体化的推进，亟待改革教师管理制度，从而为实践创造可能空间。而在这一系列需要变革的制度清单中，教师培训制度无疑是其中的关键项目。教师培训培养是一个庞大的系统工程，需要大量人力、物力、财力的投入，这就需要有强大的政府作为支撑。[①] 要建立健全城乡职业院校教师的培训机制，特别是要将针对农村教师的培训经费专门列入政府的年度开支预算，进而不断提高农村职校教师的教学能力，缩小城乡之间的教育差距。同时，还应建立城乡统筹的教师培训体系和农村教师全员免费培训的新机制，进而提高教师参与岗位培训的积极性。

4. 一体化的师资共建机制

搭建城乡职业教育一体化的师资共建机制，就是把城乡职业教师的招聘、培训、晋升与考核连接起来，在城乡职业院校间用一个共同的标准在市域范围内统一开展。[②] 首先，城乡职业院校在公平、公开、公正的基础上招聘教师，吸纳优秀教师充实到城乡职业院校。其次，要不断完善教师技能资格证制度，保证教师的入口质量。再次，要定期对教师进

---

① 张涛、邓治春、彭尚平：《统筹城乡职业教育发展的价值取向及机制创新》，《教育与职业》2013 年第 3 期。

② 韩清林、秦俊巧：《中国城乡教育一体化现代化研究》，《教育研究》2012 年第 8 期。

行考核或评估，保障考核的公正性与客观性，同时还要科学地使用教师考核结果，在城乡之间形成良好的竞争选拔机制。最后，加强新进教师与在岗教师的培养与培训，构建科学有效的城乡职业院校教师培训机制，并且要不断加大对农村教师培训的投入，使农村职业院校的教师有更多的机会参加免费培训，提高自身的教学水平。与此同时，针对职业院校教师的培训还应注意提高培训质量与实用性，构建一个多维度、多层次、立体化的培训体系，有针对性地解决城乡职业院校教师的自身需求。

第四章

一体化职业教育的制度设计

第一节　国外一体化职业教育制度设计及启示

一、澳大利亚的一体化职业教育制度

澳大利亚是一个年轻而富有的国家，国土面积为 768.685 万平方公里，人口约为 2380 万。澳大利亚的教育系统可分为五个部分：一是中小学；二是由技术与继续教育学院（TAFF，Technical and Further Education）构成的职业培训系统；三是为海外学生提供英语课程的英语补习学校（ELICOS）；四是开设商业、饭店管理、航空驾驶等职业课程的私立学校；五是大学。澳大利亚的教育体制承袭了英国的系统，小学六年，中学六年，在中学毕业后，学生在接下来的学习生涯中有两种选择：一是选择以实务课程为主的技术与继续教育学院，二是选择大学进行学术理论的学习。

（一）澳大利亚的职业教育管理机构及实施机构

1. 澳大利亚职业教育的管理机构

澳大利亚职业教育的管理体系主要包括管理部门及专业咨询和研究部门：

（1）澳大利亚国家培训局（NTB）

澳大利亚国家培训局是国家法律授权的国家级职业教育和培训的管

理实体,①其在澳大利亚的职业教育体系中起协调的作用，国家培训局主要参与国家职业教育政策的制定，特别是国家培训框架，建立完善的国家职业教育体系，完善国家的职业教育资格认证体系等。

（2）联邦和各州的产业培训咨询机构（ITAB）

澳大利亚的产业培训咨询机构主要是进行本行业的就业需求预测和职业分析，制定职业能力标准,②开发职业教育培训包，为各州的技术与继续教育学院提供学院课程的具体实施计划并且评估学院的教育质量。

（3）各州的教育服务部门

澳大利亚在各州的技术与继续教育学院下根据行业和课程的类别设有教育服务部门，用于统计各行业的课程需要，方便技术与继续教育学院制定统一的课程、教学大纲、教材等。

2. 澳大利亚职业教育的实施机构

澳大利亚职业教育的实施机构是技术与继续教育学院（TAFE），技术与继续教育学院是为国家提供职业教育的公共服务机构。澳大利亚的技术与继续教育学院主要有两种模式:③一是分设于各州的独立的技术与继续教育学院，另一种是附设于大学中的技术与继续教育学院。技术与继续教育学院主要承担教学的组织与培训的工作，同时还要承担教材的开发以及学习指导等任务。TAFE 主要分为三个层次：第一层次是以获取 1 至 4 级职业证书为目的的教育；第二层次是以获取职业文凭为目的的教育，此层次的教育可以作为大学的入学资格；第三层次是以获取高级职业文凭为目的的教育，学生可以获得学士学位。

（二）澳大利亚的一体化职业教育制度框架

澳大利亚职业与继续教育的制度框架由四部分组成，即澳大利亚资格

① 吴雪萍：《国际职业技术教育研究》，浙江大学出版社 2004 年版，第 231 页。
② 尤晓玮：《澳大利亚职业教育考察报告》，《北京交通管理干部学院学报》2007 年第 1 期。
③ 谭智俐：《澳大利亚 TAFE 教育对我国高等职业教育的启示》，《热点》2013 年第 9 期。

框架、澳大利亚培训质量框架、澳大利亚培训机构认证框架和由澳大利亚
11 个行业开发的各职业资格的培训包。① 这四个框架是构成澳大利亚职业
教育的四个支柱，共同保证了职业教育在澳大利亚发挥应有的作用。

1. 澳大利亚资格框架

澳大利亚资格框架（AQF）是由澳大利亚联邦政府发布的，该资格
框架明确了澳大利亚职业资格的体系及类型，设置了严格的职业资格准
入制度，将职业资格与职业发展紧密地联系起来，保证了澳大利亚不同
职业就业人员的质量。

该资格框架中将职业资格证书分为了三类：证书、文凭和高级文
凭。其中证书有四级，一级和二级属于入门级的证书，主要从事相关的
较为低级的工作，三级和四级属于较高级的证书，从事相关的对职业要
求较高的工作。同时该框架规定各级证书必须前后相互衔接，不能越级
获得。

2. 澳大利亚培训质量框架

澳大利亚培训质量框架（AQTF）是由澳大利亚联邦政府联合行业
颁布的保证职业资格培训质量的文件体系，该培训质量框架对澳大利亚
的每一个职业的职业资格和技能标准都做出了明确的规定，同时对职业资
格的评价方式和考核要点也做出了明确的解释和规定。可以说培训质量框
架是澳大利亚职业教育的重要标准，保证着澳大利亚职业教育的教育质
量，通过统一培训质量标准使得职业教育的职业资格证书在全国范围内
都能得到认可，打破了地区的限制，保证了受教育者的职业资格水平。

3. 澳大利亚培训机构认证框架

职业培训机构认证框架（RTO）是对培训机构进行管理和评估的框
架。在澳大利亚，所有的职业资格培训机构都必须通过该认证框架的资
格认证，主要从教师队伍、培训资源、硬件条件以及管理水平等方面进

---

① 王晓华：《澳大利亚职业教育制度设计及启示》，《清华大学教育研究》2011 年
2 月第 1 期。

行评估确定资格，并且培训机构每年都需向有关认证部门上报相关情况，每三年需进行重新登记和认证。① 通过该框架的制度保障，确保了澳大利亚职业培训机构的质量，从源头上保证了职业教育培训的规范性和有效性。

4. 培训包

培训包（Training Package）是由联邦政府组织，由澳大利亚 11 个行业协会和澳大利亚职业与继续教育机构共同制定的培训内容体系纲要，针对不同类型和等级的职业资格证书出台相应的培训包。② 培训包对各个岗位的技能要求、技能掌握程度等都做出了详尽的解释和规定。各培训机构在使用培训包时可以根据当地的实际情况对培训包中的内容做出适当的修改以适应职业要求。

总的来说，澳大利亚的一体化职业教育不管是在管理及实施机构上，还是在教育制度体系上，都形成了较为完善的职业教育体系，通过各方面的整体协作，保证了职业教育的实施和教育质量，形成了一个较为完善的澳大利亚职业教育制度体系。

二、德国的一体化职业教育制度

德国是一个高度发达的工业化国家，职业技术教育走在世界前列。德国的职业教育培养了大批既有熟练专业技能，又有较高职业道德的优秀技术工人，对提高劳动力素质、促进经济发展起到了不可替代的作用。"双元制"职业教育制度是德国独具特色且卓有成效的职业教育制度，是企业与职业学校密切配合、实践与理论同时并举的职业教育制度，对战后德国经济的快速发展发挥了巨大的作用。

① 王晓华：《澳大利亚职业教育制度设计及启示》，《清华大学教育研究》2011 年 2 月第 1 期。
② 王晓华：《澳大利亚职业教育制度设计及启示》，《清华大学教育研究》2011 年 2 月第 1 期。

（一）双元制职业教育制度的内涵解释

双元制职业教育是指青少年既在企业里接受职业技能和与之相关的专业知识培训，又在职业学校里接受职业专业理论和普通文化知识教育。这是一种将企业与学校、理论知识与实践技能紧密结合，以培养高水平的专业技术工人为目标的职业教育制度。① 双元制职业教育的"双元"这一特点主要体现在：

一是两种学习机构：学校和企业；

二是两种知识内容：专业技能知识和专业理论知识；

三是两种教材：实训教材和理论教材；

四是两类考试：技能考试和资格考试；

五是两种学习身份：企业学徒和职业学校学生；

六是两种授课教师：实训教师和理论教师；

七是两种证书：培训证书和毕业证书。

在双元制职业教育体系中，企业实训与学校学习相辅相成，缺一不可，共同确保职业教育培养目标的实现。

（二）双元制职业教育——企业培训

在双元制的职业教育中，企业培训是职业教育的一种重要方式，企业培训是指企业招收接受完义务教育后不愿意进入高等学校学习的青年作为企业的学徒学习职业技能技术。企业招收的学徒必须要通过企业组织的能力测试，根据学徒的理解能力和动手操作能力，让其选择适合自身发展的职业和工种。根据联邦德国的规定，可供学徒选择的工种多达400多种。另外，企业招收学徒后根据联邦制定的《职业教育法》必须与学徒签订培训合同，但是在签订合同之前，学徒必须先由工商界的人事部门进行审查，经过三个月培训后，认定其具备当技术工人的技能技

---

① 吴雪萍：《国际职业技术教育研究》，浙江大学出版社 2004 年版，第 101 页。

巧后才能正式签订培训合同。①

参与企业培训的学徒也有十分严格的教育培训制度，在企业培训的过程中，企业会安排有经验的老员工来指导学徒，每天都会对学徒的培训情况进行详细的记录，作为培训结束后的考核的参考。在培训时间上也有严格的规定，一般来说对学徒的培训实践不能低于三天，培训的时间随着工种的级别而定，在企业与学徒签订培训合同后，企业就必须对学徒全面负责，直至学徒考试合格获得毕业证和职业资格证，成为该企业的正式员工。

（三）双元制职业教育——职业学校教学

德国的学校法规定学徒在接受企业培训的同时也必须在职业学校进行学习，所学的内容基本上是以学徒培训相关的专业为主，以加深其理论，同时也要辅以一定的普通文化知识的学习，一般来讲，专业课所占的比重在学校学习的整个课程中的比重超过 70%。② 学习的方式不仅有课堂学习还有在车间的观摩实习等，学生能通过在车间的学习获得大量的实践经验，更加直观地将在课堂上学到的理论知识用于操作实践。在德国的职业学校中，几乎每个学校都配有设备齐全的实验室，在实验室中学生通过各种实验设备加深对理论知识的理解，增强学生的动手能力，激发学生探究知识，为社会发展培养拥有高技术、高知识、能动手的职业人才。

（四）双元制职业教育——考试制度

根据德国的《职业教育法》规定，参与职业教育学习的学徒需要参加两次考试才能毕业，即中期考试和毕业考试。中期考试一般是在学生接受学习和培训到 1 年或者 1 年半的时候进行，主要是通过考试了解

---

① 王志强、党庆治：《德国"双元制"职业教育制度简介》，《甘肃教育》2007 年第 12A 期。
② 王志强、党庆治：《德国"双元制"职业教育制度简介》，《甘肃教育》2007 年第 12A 期。

学生通过学习已达到的职业程度，并且只有通过中期考试的学生才能参加毕业考试。

中期考试和毕业考试两次考试都是由行业联合会选出的专家组成的考试委员会主持，全国统一命题，考试标准由该委员会同意拟定，考试内容包括职业基础课程、专业课程和公民常识三大类，其中基础课程和专业课程，既有笔试又有实践操作。[①] 德国的职业教育十分重视实践动手能力的培养，因此，两次考试的成绩都是以企业成绩为主，学校成绩为辅。这样的考试机制要求学生更加注重对实践操作能力的关注和训练，为德国培养了一批高素质的职业能手。

三、美国的一体化职业教育制度

美国是世界经济技术最发达的国家之一，职业教育体系也发展得相对完善，美国的职业教育无论是在规模、层次还是在质量和效益方面都已经走在了世界前列。美国的职业教育是以面向市场、灵活多样和绵长地方经济发展为目标，通过职业教育促进地方经济的发展。

美国的职业教育的发展是通过一系列的教育立法实现的，通过立法的形式促进职业教育在全国范围内的快速发展和成长，从而实现职业教育的一体化。美国的第一部职业教育立法——《摩雷尔法》，开创了在高等教育中开展职业教育的先例，奠定了美国职业教育立法的基础；1917年颁布《史密斯－休斯法》，即《促进职业教育，在促进农业商业和工业的职业教育方面与州合作，在培训职业科目教师方面促进与州的合作，拨款并规定其用途的法案》，这一法案确立了美国职业教育体系的雏形，美国职业教育稳步发展；1946年杜鲁门总统签署了《乔治—巴顿法》，这一法案使职业教育的范围有所扩大，增加了对职业教育的经费支持，使得职业教育进一步发展；二战结束后，美国的新增人口逐渐达到了劳动年龄，

---

① 王志强、党庆治：《德国"双元制"职业教育制度简介》，《甘肃教育》2007年第12A期。

对人力资源的开发和劳动能力的培养逐渐受到了各界人士的关注，因此在 1958 年美国联邦政府通过了《国防教育法》，培养国家急需的科技人员，推行地区的职业教育计划，把教育对象扩大到了社区居民，社区学校得到了蓬勃的发展，逐渐成为美国职业教育的主体。

1963 年，美国国会通过了《职业教育法》，该法案及其子法案把重点从职业分类转到了服务对象，其新目标是维持、扩展和改进职业教育，使所有社区、所有年龄的公民都有平等的机会接受高质量的训练和再训练，提高职业技能，增强职业竞争力。①《职业教育法》使美国的职业教育逐渐社会化，重构了美国的职业教育体系；1982 年联邦政府通过了《职业训练协作法》，增强了政府对职业教育与培训的资助，并且鼓励私人参与联邦政府的职业培训计划。

进入 20 世纪 90 年代，美国把职业教育现代化作为职业教育发展的重要计划，更充分地开发美国各个职业阶层的职业能力，进一步提高员工的职业竞争力。1993 年，克林顿政府颁布了《2000 目标：美国教育法》，着力改革职业教育的技能标准；1994 年通过了《学校—工作机会法》，该法案重点面向青年学生，为青年学生提供就业训练，促进了职业学校与企业在职业教育上的相互融合，近一步推动了美国职业教育的改革和发展。

美国的职业教育法案的制定与实施，引导了美国职业教育的不断发展，从学生到工人，从学校到社区，从城市到农村，不断促进职业教育在美国的深度融合，形成了美国自上而下的一体化职业教育。

美国的职业教育立法是美国职业教育制度的一大特点，也是推动美国职业教育发展的重要推手，从 20 世纪初开始，美国就着力推行职业教育，以法制化的形式将职业教育列入教育系统的重要行列，不断采用各种法案来加强社会各界对职业教育的重视。职业教育也渗透到了美国

---

① 赵敏：《美国职业教育立法研究》，硕士学位论文，苏州大学教育系 2008 年。

社会的各个阶层，通过参与职业教育的学习不断提高职业能力，增强竞争力，可以说美国的职业教育为美国培养了一批实用性强、具有实践能力的专门技术人才，为美国的工业、农业和第三产业培养了各种人才，成为推动美国经济发展的重要力量。

四、丹麦的一体化职业教育制度

丹麦的职业教育历史源远流长，可以追溯到中世纪的手工业行会对学徒的训练。到 19 世纪末，随着工业革命的到来，为了应对大量熟练工人的短缺，丹麦政府决定接管这样的学徒训练，于 1898 年颁布了第一个《学徒培训法》，此后，分别于 1921、1937 和 1956 年，相继颁布了第二个、第三个和第四个《学徒培训法》，形成了较为完善的职业教育体系；到了 21 世纪，丹麦政府于 1999 年颁布了新的《职业教育培训法》，同年丹麦教育部又颁布了《2000 年职业教育改革计划》，加强了对职业教育的改革。[1]

（一）丹麦职业教育的结构

丹麦的职业教育由三个部分组成：职业基础教育、职业继续教育和第三级职业教育。[2]

1. 职业基础教育

丹麦的职业基础教育分为四类：商业和技术培训（占职业基础教育的 90%）、社会服务和保健培训、农业培训以及由海运部门独立管理的海洋技术培训。[3] 在丹麦，职业基础教育分为两个阶段，一是基础学习阶段，二是专业学习阶段。基础学习阶段主要是在学校学习基础文化知识、基础理论知识等，在学生学习理论知识并达到考试标准，取得基础

---

① 王晓红、徐明、王晓文：《职业教育在丹麦》，《职业教育研究》2010 年 3 月。
② 吴雪萍：《国际职业技术教育研究》，浙江大学出版社 2004 年版，第 21 页。
③ 鲁传让：《职业教育在丹麦》，转引自吴雪萍：《国际职业技术教育研究》，浙江大学出版社 2004 年版，第 21 页。

学习阶段的证书后，学生才能进行专业知识的学习；专业学习阶段是在企业和学校两个地方进行，其中三分之一的时间在学校学习，三分之二的时间在企业实践，在企业学习需要与企业签订合同才能接受企业的实训，在企业内实习一段时间后回到学校学习理论知识，然后再回到企业进行实训，循环进行理论知识和实践能力的学习。

2. 职业继续教育

丹麦的职业继续教育由劳工部独立管理，针对的对象是没有职业技能或者职业技能不熟练的成年人，帮助这些成年人获得职业技能或者熟练地掌握职业技能。丹麦的职业继续教育课程大约有 2000 门，覆盖了几乎全部的行业和职业，分为以下几类：（1）能力课程，培养学习者的职业能力，这是继续教育课程中的核心课程；（2）综合课程，持续时间长，主要是针对失业人员；（3）个人课程，是为单个的失业人员提供的职业指导以提高其职业能力；（4）专门课程，针对一些企业的特殊要求而开设的课程；（5）教育课程，主要是提高从业人员的综合素质，提高其社会适应能力。

3. 第三级职业教育

丹麦设置第三级职业教育主要是对职业基础教育和职业继续教育的补充和完善，在第三级职业教育中，有许多职业性的短期教育计划，主要是高职教育，由各类职业学院提供。

（二）丹麦的职业指导制度

丹麦通过职业指导的方式来帮助学生正确认识自己、认识社会职业、认识职业教育，丹麦职业指导制度分为入学前的职业指导、学习期间的职业指导和就业指导三个阶段。

入学前的职业指导主要是帮助学生正确的认识职业教育，帮助学生快速的适应职业教育，增强学生对学习的自信心。

学习期间的职业指导是由学生所在职业学校完成，职业学校根据学生的个体差异，配备专门的教师指导学生根据自身的情况制定和修正个人的教育计划，学生依据个人教育计划来检查自己在校期间的学习情况，进行自我管理；另外在校期间，学校的指导教师会持续地关注学生的学习情况，及时的为学生提供帮助和指导，指导的内容涉及学生学习的各个方面，如学生的教育目标、教育要求、学生的生活以及行为表现等，帮助学生及时地调整个人学习计划，克服遇到的困难。

上文我们说到丹麦的职业教育分为三个阶段，就业指导主要体现在学生的专业学习阶段，学生在进入企业实习前，丹麦职业学校都会为学生开设专门的就业指导课程，让学生明确自己的优势和劣势，明确自己的职业规划，增强学生的语言表达和自我陈述能力等；[①] 同时职业学校还会利用现代网络信息技术为学生建设专门的职业网站，提供相关的职业信息；另外职业学校还会为学生提供一些在海外实习的机会，去到其他国家进行相关的职业教育培训。

五、日本的一体化职业教育制度

日本是一个举国上下高度重视教育的国家，教育的成就举世瞩目。在日本实现现代化的过程中，职业教育对其社会和经济的发展起到了重要作用。日本是实行职业教育较早的国家，早在明治维新时期，日本就实行了教育先行的政策，促进本国教育的发展，尤其是把职业教育放在了十分重要的位置，通过兴办职业教育，为本国培养各级各类的技术人才、管理人才以及科研技术人才等，通过职业人才的发展促进工业的发展，经济得到迅速的发展，使日本一举进入发达国家的行列。

为了发展职业教育，日本实行相关的法律法规来保障职业教育。1872 年，日本颁布了近现代教育史上第一个《学制》，对职业教育中的专门学校作了专门规定，这是首次以法令的形式对职业教育加以规

---

① 陈利：《丹麦职业教育中的职业指导制度》，《职业技术教育》2008 年第 2 期。

定。① 2001 年日本文部省制定了《21 世纪教育新生计划》进行教育改革，以期能在新世纪里赋予教育新的生命力，使教育获得新的发展。日本在职业教育改革的道路上越走越远，不断地更新现有的教育制度，通过法令促进日本职业教育的发展。日本职业教育立法是一项系统工程，涵盖了社会的各个方面，有效地推动了职业教育整体水平的提高，培养了适应经济发展和社会需要的劳动力，提高了他们的生产技能，促进了日本经济的发展，这是日本经济发达的重要原因之一。

二战前，日本首先颁布了《学制》对职业教育做出了专门的规定；在 1880 年颁布的《改正教育令》中对职业学校做出了统一规定，《农业学校通则》和《商业学校通则》则对学校的教育日的、学校的课程设置等做出了详细的规定；1893 年日本颁布了《实业补习学校规程》、《土地学校规程》和《简易农学校规程》发展初级职业学校，推动初级职业学校的普及；1899 年，日本文部省颁布了《实业学校令》、《工业学校规程》、《农业学校规程》、《商业学校规程》和《商船学校规程》，对各类职业学校的学校性质种类做出了规定；1903 年颁布的《专门学校令》规定，凡是以实施职业教育为目的的实业学校都属于实业专门学校。

1958 年，日本政府制定了《职业训练法》，"其最终目的是'促进职业的安定和提高工人的地位，同时促进经济乃至社会的发展。'"② 从1961 年到 1976 年，日本先后颁布了《短期大学设置标准》、《高等专科学校设置标准》、《专修学校设置标准》，保证职业学校的发展；1978年，日本政府颁布了《部分修改职业训练法的法律》，使日本的职业训练制度不断发展和完善，至此日本形成了较为完善的职业教育体系。进入新世纪后，日本分别颁布了《雇佣——能力开发机构法》、《21 世纪

① 宫靖、祝士明、柴文革：《日本职业教育立法的演进》，《中国职业技术教育》2009 年总第 339 期。
② 宫靖、祝士明、柴文革：《日本职业教育立法的演进》，《中国职业技术教育》2009 年总第 339 期。

教育新生计划》和《教育基本法修正案》，使职业教育能够适应新世纪的要求。

下面是日本从明治维新时期到 21 世纪颁布的有关职业教育的主要法令：

	年份	颁布的法令
二战前	1872 年	《学制》
	1880 年	《改正教育令》《农业学校通则》《商业学校通则》
	1893 年	《实业补习学校规程》《土地学校规程》《简易农学校规程》
	1899 年	《实业学校令》《工业学校规程》《农业学校规程》《商业学校规程》《商船学校规程》
	1903 年	《专门学校令》
	1918 年	修改《大学令》
	1920 年	修改《实业学校令》制定《实业补习学校教员养成所令》
二战后	1958 年	《职业训练法》
	1961 年	《高等专科学校设置标准》
	1975 年	《短期大学设置标准》
	1976 年	《专修学校设置标准》
	1978 年	《部分修改职业训练法的法律》
	1999 年	《雇佣——能力开发机构法》
	2001 年	《21 世纪教育新生计划》
	2003 年	《教育基本法修正案》

六、韩国的一体化职业教育制度

韩国一直是一个非常重视职业教育的国家，从 20 世纪 60 年代初开始，韩国着手调整中等教育结构，加强职业技术教育，发展短期高等职业教育，强化在职培训体制，逐步建立起了从初等职业教育到高等职业教育，并与经济、科技发展相配套的职业技术教育体系。①

（一）韩国的职业教育法律

韩国的教育法规比较健全，从 1949 年制定并公布规定国民教育制度的《教育法》开始，有关职业技术教育的立法较多，如《产业教育振兴法》（1963 年）、《科学教育法》（1967 年）、《职业训练法》（1968年）、《国家技术资格证》（1973 年）、《职业培训基本法》和《职业培训资金法》（1976 年）、《职业培训与管理公团法》（1981 年）、《职业技能奖励法》（1989 年）、《职业教育和培训促进法》（1996 年）等。由于韩国职业教育法规非常健全，使得举办职业教育有法可依，大大地提高了职业技术教育的教育质量，同时也提高了职业教育的社会地位以及社会认可度，健全的职业教育法规还有利于严把质量考核关，防止因滥发文凭而影响职业技术教育的声誉。

（二）韩国的职业教育与培训系统

韩国的职业教育与职业培训是分开的，分别由两个国家部门管理和控制，职业教育由韩国教育部以及人力资源开发管理部管理实施，职业教育属于学校式的正规教育；职业培训则是由韩国劳工部管理实施，属于业余的非正式教育。

正规的职业教育系统由从小学到大学的教育构成，小学接受六年的义务教育，然后是六年的中学教育，然后就是大学教育，这与我国的教育制度十分相似。职业教育从高中开始，高中开设有职业学校，教授学生职业技术，韩国的职业教育涉及农业、科技、商业、海洋和渔业等领域；在大学教育阶段，韩国设有专科学校进行职业教育教学，培养具有坚实理论基础和基本技能的中等技术人员。②

非正式的职业培训是为了满足对韩国企业熟练技术工人的需求而进

---

① 吴雪萍：《国际职业技术教育研究》，浙江大学出版社 2004 年版，第 354 页。
② 马仁听、陈爽：《愿景与任务：韩国终身职业教育与培训体系研究》，《职教论坛》2015 年第 21 期。

行的培训方式，培训的方式分为三种：机构培训、在职培训和网络培训。职业培训是由教育部和人力资源开发部负责制定、协调和发布教育政策以及教科书的批准，为各级学校提供行政和财政支持，监督当地教育机构和大学的教师培训体系，负责非正式教育的运营。[①]

（三）韩国的职业资格认证体系

韩国的职业资格认证体系分为两个部分，一是国家资格认证体系，二是民间资格认证体系。其中国家资格认证体系又分为技术类和非技术类两种，国家资格认证由韩国人力署和韩国工商会负责，技术类的资格认证涵盖了制造业、服务业、企业管理和专业商务行业等，技术资格认证系统在韩国的职业资格认证中占主体地位，有技术类资格认证和服务类资格认证两类。非技术类资格认证体系包括了 120 个职业领域，如会计，律师等；民间资格认证体系是由经授权的民间资格和纯民间资格组成，经授权的民间资格是指有韩国的职业资格认证主管部门授权的资格授予单位，纯民间资格则是没有经过授权的单位。[②]

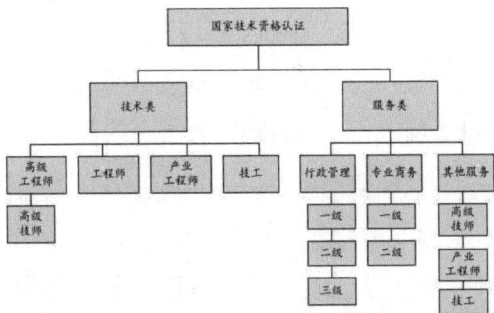

图 4.1　各类型和等级的资格认证关系[①]

①　马仁听、陈爽：《愿景与任务：韩国终身职业教育与培训体系研究》，《职教论坛》2015 年第 21 期
②　于金翠：《韩国职业资格认证体系研究》，《开放教育研究》2007 年第 5 期。
③　于金翠：《韩国职业资格认证体系研究》，《开放教育研究》2007 年第 5 期。

七、一体化职业教育制度设计的启示

(一) 完善我国职业教育法律体系

完善我国职业教育法律体系是一体化职业教育的必经之路,通过法律提高职业教育的地位,使得社会各界重视职业教育,通过职业教育为我国培养优秀的技术人员,促进我国经济的发展,实现社会主义现代化。

当前中国经济发展步入新常态,地区与城乡之间双重差距扩大,农民工因为缺乏技能和受教育背景的原因难以获得与城市居民相等的收入,同时也难以获得更好的工作。另外,随着世界格局和治理模式的深度调整,国际之间的竞争日趋激烈,对职业技术的要求不仅仅停留在传统的手工业和简单化的机械操作,新的经济发展时期要求从业人员在具备高素质的职业技能的同时还要有自主创新能力,改革职业教育才能从根本上改变现状。

纵观世界各国进行职业教育大多是从职业教育立法开始,美国建立较完善的职业教育法律体系;"双元制"职业教育模式为德国培养了一批又一批既有熟练专业技能,又有较高职业道德的优秀技术工人,让德国的工业走在了世界前列;日本也通过教育立法让日本经济在二战后快速地发展成熟,成为亚洲第一个发达国家。

我国于 1996 年颁布和实施了《职业教育法》,随着职业教育的深化发展和面临的新问题,应及时时行相关修订,完善我国的职业教育法律体系,这是实现我国城乡统筹一体化、缩小城乡差距的必经之路,在法律上确立我国职业教育的地位,通过法律体系的完善促进职业教育健康、可持续的发展,让普通民众认识到职业教育的重要性和实用性,鼓励积极参与职业教育的学习,增强职业技能,增加就业机会,逐步实现职业教育城乡一体化。

(二) 完善我国职业资格证书体系

1994 年我国在《劳动法》中规定"国家实行职业资格证书制度",

同年，国家劳动和人事部联合颁布了《职业资格证书规定》，对职业资格证书的概念、类型及其要求做出了明确的规定。目前我国的职业资格认证分为五个等级：初级（国家职业资格五级）、中级（国家职业资格四级）、高级（国家职业资格三级）、技师（国家职业资格二级）和高级技师（国家职业资格一级）。[①] 但总的来说我国的职业资格认证体系还处于形成和发展阶段，还存在着许多的问题有待改善，需要借鉴国外成熟的职业资格证书制度。

完善我国职业资格证书制度首先应该建立统一的管理体系和职业资格证书制度。近年来我国也致力于统一全国的职业资格：2007 年颁布了《国务院办公厅关于清理规范各类职业资格相关活动的通知》，对职业资格进行了一次清理和规范；2014 到 2015 年，国家分批取消了国务院设置的职业资格和地方设置的职业资格。在此基础上，我国应该建立国家层面的统一的职业资格框架和职业资格标准，以保证职业资格证书的通用性、透明性和可比性；第二，发挥国家宏观调控的作用，调动地方政府、社会企业和职业学校等的作用，共同促进职业资格证书制度的发展和完善；第三，严格职业资格证书的考评制度，加强证书质量管理，提高证书的效用和社会认可度。[②] 在英国，职业资格证书不仅仅是以成绩为标准，取得职业资格证书的凭证是学徒在企业和职业学校学习的整个过程，关注的是学徒是否具备了胜任该岗位的能力。我国也应该加强职业资格证书的考核制度，建立职业资格证书的检查、监督、协调和质量控制体系，考试内容也要体现理论与实践的结合，知识与技能并重，逐步建立起全国通用的职业资格认证制度。

（三）建立配套的职业教育管理体制

职业教育一体化建设的完成为职业教育建立起相配套的职业教育管

---

① 罗锦珠：《关于职业资格认证制度》，《职业技术》2003 年第 5 期。
② 孔卫：《我国职业资格证书制度的问题与对策》，《河南科技学院学报》2015 年 8 月第 8 期。

理体制，纵观世界各国的职业教育发展都离不开一个完善的教育管理体制，要发挥政府在职业教育中的作用。美国的职业教育在长期的发展过程中已经形成了一套较为完善的管理体制，保证了职业教育的发展，而我国由于职业教育起步较晚，在管理体制上还有许多的欠缺，政府在职业教育方面还存在角色缺位。

我国要建设一流、完善的职业技术教育体系，就必须要完善国家职业技术教育管理体制，在终身教育理论基础上构建高等职业教育，尽快建立、完善国家职业资格认证制度，规范劳动力市场，并充分发挥行业在职业教育中的参与作用。① 我国各级政府也应切实搞好本地区的职业教育规划，首先要加大对职业教育的经费资助，保证职业教育有足够的资金支持，形成资金支持带动职业教育发展，职业教育发展促进社会经济发展，社会经济发展又带动职业教育发展的良性循环，不断深化职业教育改革，助力社会经济增长；第二是要加强对各职业教育机构的规范管理，加强对办学机构的评估和监督，管理既是政府宏观调控的手段也是职业教育发展的后勤保障，建立配套的职业教育管理体制，有利于为我国职业教育建立一个良好的、适宜生存的发展环境；最后要提高职业教育的地位，通过政府的导向作用引导人们正确认识职业教育，用平等的眼光看待职业教育。

（四）建立灵活的职业教育体系

目前，我国的职业教育不能被广泛接受，一个很重要的原因就是理论与实践的脱离，导致学生缺乏学习兴趣，并且也不能将在学校学习到的知识应用到岗位中，缺乏实用性。而德国的"双元制"则是一个理论与实践相结合的教育模式，在学校学习理论知识，在企业进行实训，理论与实践紧密结合，突出职业能力的培养，职业教育直接与就业市场接轨，为德国的劳动力市场提供了大量的合格劳动力。

---

① 王学军：《澳大利亚职业教育的特点及启示》，《中国成人教育》2007 年 9 月第 17 期。

首先，要整合地方资源，建立中国化的"双元制"职业教育，发挥地方政府的作用，实行校企合作，鼓励企业与学校之间加强合作，在专业设置、教师聘任、教学设计、考核方法、教学评估等方面，都应加强与企业的合作，依靠企业，配合企业，使职业教育紧密配合企业发展需求，为企业培养出所需的实用型人才。第二，要设置灵活的课程体系，丹麦的职业教育体系的课程体系设置十分的灵活，在课程的种类上，丹麦的职业教育包括四种课程——基础课程、拓展课程、专业课程和选修课程；在课程的层次上，能够按照学生的熟练程度和需求灵活地调整学习的课程。第三，职业教育要紧跟市场需求，根据市场需求对学生进行职业教育，增强职业教育学习内容的实用性，这样的职业教育才能体现出生机与活力，另外职业教育不仅要满足市场需求，更要体现个人差异，为学生提供学习的机会，自己制定学习计划，体现职业教育对学生的吸引力。第四，就是要改革现行的考核制度，考核要针对职业教育的培养目标进行改革，以提高学生的职业行动能力为目标，加大对实践能力的考核，确保学生职业技能的获得。[①]

第二节 我国一体化职业教育的制度创新

新中国成立以来，我国在教育事业方面做出了许多探索，教育事业在艰难之中不断发展，并取得了举世瞩目的成就，经过长期不懈的努力，一个具有中国特色的社会主义现代化教育体系已取得初步成果，教育事业为提高我国国民素质，为中国社会发展、经济建设做出了重要贡献。在党的方针政策的引导下，我国的职业教育也得到了较快的发展，形成了以技术为导向的职业教育。

---

① 贾宪涛、张伟：《德国职业教育对中国职业教育改革的启示》，《价值工程》2011 年第 21 期。

一、我国职业教育制度的发展

（一）新中国成立初期的职业教育制度（1949—1979）

新中国成立初期，我国确立计划经济体制，初步踏上工业化道路，职业教育制度建设包括旧体制的接管改造和新体制的建立及调整，即改造原有旧教育体系中的实业教育为技术教育，并依据国家经济社会发展需要制定相应的技术教育发展政策。[①]

1. 颁布学制，明确专业技术教育的地位

新中国建立之初，百废待兴，国家面临的主要任务是恢复经济和民生，保障和巩固新民主主义革命胜利果实并继续推进，同时全面展开国家建设。教育事业的发展也必须与过渡时期的总路线和总方针相互配合，而旧的职业教育也不适合在新中国的环境中发展，取而代之的是新的专业技术教育。

第一次全国教育工作会议明确指出："在今后若干年内，应该着重向中等技术学校发展，以培养大批中级建设干部"。[②] 1950 年 6 月周恩来指示："为了适应需要，可以创办中等技术学校。"[③] 根据工作会议指示和国家建设需要，将旧时的职业学校和技术补习学校都改为了中等技术学校。

1951 年 10 月，政务院颁布《关于改革学制的决定》，这是新中国建立后制定的第一个学制体系，其改革的方针是"教育为国家建设服务，学校向工农开门"，其中明确指出："中等专业学校按照国家建设需要，实施各类中等专业教育。"在 1951 年的学制体系中有中等技术学

---

① 肖凤翔、黄晓玲：《治理视角下我国职业教育制度发展回顾及未来展望》，《职业技术教育》2015 年第 16 期。

② 金铁宽：《中华人民共和国教育大事记》，转引自俞启定、和震：《中国职业教育发展史》，高等教育出版社 2012 年版，第 130 页。

③ 《周恩来教育文选》，转引自俞启定、和震：《中国职业教育发展史》，高等教育出版社 2012 年版，第 130 页。

校类，主要包括技术学校、医药及其他中等专业学校和师范学校，涵盖了工业、农业、交通运输业等多个行业。

2. 以中等技术教育为主体的职业教育的形成

1951 年 6 月召开了第一次全国中等技术教育会议，会议指出："中等技术教育的基本方针是根据新民主主义的教育政策，从国家建设的实际需要出发，整顿与发展中等技术学校，以理论与实际一致的办法，培养具有一般文化、科学的基本知识，掌握现代的生产技术，体格健康，全心全意为祖国为人民服务的初、中级技术人才。"① 会议认为培养技术人才是国家经济建设的必要条件，技术教育学校能够为国家大量地训练和培养中级和初级技术人才。

1952 年国家颁布了《关于整顿和发展中等技术教育的指示》和《中等技术学校暂行实施办法》两项规定，规定私立中等技术学校在学校董事会同意和条件具备的原则下，由省（市）人民政府审核，经大行政区人民政府（或军政委员会）批准，改为公立中等技术学校。教育部颁布的《中等技术学校暂行实施办法》中指出："中等技术学校的宗旨与任务是：'根据中国人民政治协商会议共同纲领文化教育政策规定，以理论与实际一致的教育方法，培养具有必要的文化知识，科学的基本知识，掌握一定的现代技术、身体健康，全心全意为人民服务的初级和中级技术人才'。"②

1954 年高等教育部颁布《中等专业学校章程》，具体规定了中等专业学校的教育任务、专业设置、入学标准、学生管理、学校组织机构、学校管理职责、教学活动、经费来源等要求，标志着我国以中等职业教育为主体的职业教育格局基本形成，形成了以中等专业教育和技工教育为主体，包含农业中学和职业中学、各种培训相结合的中等职业教育制

---

① 刘英杰：《中国教育大事典》，转引自俞启定、和震：《中国职业教育发展史》，高等教育出版社 2012 年版，第 133 页。

② 俞启定、和震：《中国职业教育发展史》，高等教育出版社 2012 年版，第 135 页。

度。同年 7 月，政务院颁布了《关于加强高等学校与中等技术学校学生生产实习工作的决定》，高等教育部又制定了《高等学校与中等技术学校学生生产实习暂行规程》和《中等工业学校在教学实习工厂内进行教学实习的办法的通知》，加强学校理论知识与实际知识的运用。

3. 基本确立职业教育管理体制和办学体制

1952 年全国中等技术教育委员会和中等技术教育司成立，1953 年政务院决定由劳动部门对全国技工学校进行综合管理。1954 年，劳动部制定并颁布了《技工学校暂行办法》，《办法》规定："技工学校以培养四级技工为主。"技工学校培养学生既有文化理论知识，又有较强的职业技术能力，满足经济发展对于技术人员的需求；1956 年，劳动部又颁发了《工人技术学校标准章程》，加强了对技术学校培养目标的要求："工人技术学校培养目标为四级和五级技术工人，能掌握一定专业的现代技术操作技能和基础技术理论知识的、身体健康的、全心全意为社会主义建设服务的中级技术工人。"

另外，职工教育也随着技术教育的开展而开展，由于当时的教育基础薄弱，农民和职工的文化水平普遍偏低，不具备学习岗位基本技能的条件。在企业中的岗位技能学习是以传统的师徒制的形式存在，因此在 1958 年 2 月 6 日，国务院颁布了《关于国营、公私合营、合作社营、个体经营的企业和事业单位的学徒的学习期限和生活补助的暂行规定》，对在企业学习的学徒的学习年限、学习补助等做出了明确规定，使得学徒制在企业的职业技能培训中制度化。

4. 职业教育的提倡和兴办

在新的社会制度下，社会秩序全面恢复，经济建设全面展开，基础教育事业也得到了快速发展，在新的形势下，国家开始提倡职业教育，兴办的职业教育的主要形式有农业中学和城市职业中学。

（二）20 世纪 80 年代我国的职业教育制度（1980—1999）

十一届三中全会确立了以经济建设为中心、改革开放的发展道路，经济发展逐步由计划经济向市场经济转轨，职业教育从供给驱动的计划体制向需求驱动的市场体制转型，其制度建设经历了"从停滞中恢复""在调整中发展""在创新中跨越"三个重点阶段。[①]

1. 中等教育结构改革和高等职业教育的兴起

1978 年，邓小平率先提出了改革中等教育结构，他在全国教育工作会议上强调"整个教育事业必须和国民经济发展的要求相适应。"1980 年国务院批转教育部、国家劳动总局《关于中等教育结构改革的报告》报告中强调要改革中等教育的结构，大力发展职业技术教育，实施普通教育与职业教育、技术教育并举，全日制学校与半工半读、业余学校并举，国家办学与业务部门、厂矿企业、人民公社办学并举的方针。突出强调了职业技术教育在中等教育中的地位和位置，同时提倡兴办各类职业学校，同时中央和地方财政也予以职业技术教育以经费支持，促进职业技术教育的发展。

其次，在大力发展职业技术教育的浪潮下，高等职业教育也开始兴起并不断壮大发展。1980 年国家教委批准成立南京金陵职业大学等 13 所短期职业大学，标志着国家明确提出发展高等职业教育。1985 年《中共中央关于教育体制改革的决定》颁布后，首次明确提出了要积极发展高等职业技术院校，以初中的五年制中高职教育为起点开始了积极探索，同年，国家教委发布《关于同意试办三所五年制技术专科学校的通知》，开始了五年制中高职学校的办学，为职业教育的发展带来了新的思路和方法。20 世纪初实行"三改一补"政策，即改革、改组改制和补充，对现有高等专科学校、职业大学和独立设置的成人高校进行改革、改组和改制，并选择部分符合条件的中专补充进高职队伍，[②] 在"三改一补"政策的引导下，高职教育日益壮大。

---

① 肖凤翔、黄晓玲：《治理视角下我国职业教育制度发展回顾及未来展望》，《职业技术教育》2015 年第 16 期。

② 俞启定、和震：《中国职业教育发展史》，高等教育出版社 2012 年版，第 173 页。

2. 重点发展职业技术教育方针的确定

1983 年 5 月，教育部、劳动人事部、财政部、国家计委联合发出了《关于改革城市中等教育结构发展职业技术教育的意见》，提出要进一步推动中等教育结构改革。

1985 年 5 月，中共中央颁布《中共中央关于教育体制改革的决定》（以下简称《决定》），《决定》将调整中等教育结构，大力发展职业技术教育作为我国教育体制改革的重点，指出职业技术教育是当前我国整个教育事业中最薄弱的环节，一定要采取切实有效的措施，改变这种状况，力争职业技术教育有一个大的发展。《决定》总结了职业技术教育没有得到发展的原因，提出了学生在中学阶段开始分流学习普通教育和职业技术教育，强调了发展职业技术教育要以发展中等职业技术教育为重点，要求中等职业技术教育要同经济和社会发展的需求密切结合起来，同时还指出了师资不足的问题。

1991 年 10 月，国务院颁布《国务院关于大力发展职业技术教育的决定》，这是新中国成立以来中央政府首次专门针对职业教育发布的宏观性指导文件，在决定中提出了职业教育体系基本框架，"初步建立起有中国特色的，从初级到高级、行业配套、结构合理、形式多样，又能与其他教育相互沟通、协调发展的职业技术教育体系的基本框架"。同时还提出了要扩大中等职业技术教育的招生规模，要在普通中学中开设职业指导课程，要适当地加入职业技术教育的内容，还要加强对职业技术教育学校的管理规范，重视对职业技术学校师资的教育培训，发展对在职人员进行职业技术培训的成人教育，加强成人教育与职前的职业技术教育的密切合作。[1]

1993 年 2 月，中共中央国务院发布了《中国教育改革和发展纲要》，确定了到 20 世纪末包括职业技术教育在内的我国教育事业的发展

---

① 俞启定、和震：《中国职业教育发展史》，高等教育出版社 2012 年版，第 176 页。

目标、战略和指导方针。强调要积极充分调动各界力量，形成全社会多层面、多形式兴办职业技术教育的局面，同时继续扩大职业技术学校的学生规模，对普通中学生进行必要的职业技术教育。1994 年国务院发布《关于〈中国教育改革和发展纲要〉的实施意见》规定"职业教育的培养目标应以培养社会大量需要的具有一定专业技能的熟练劳动者和各种实用人才为主"。要在政府统筹管理下，主要依靠行业、企事业单位、社会团体和公民个人举办，鼓励社会各方面联合举办职业教育，政府要通过专项补助和长期贷款等形式给予必要的扶持。

1986 年，国家教委开始调研和起草《职业教育条例》，1992 年起多次召开全国职业教育工作会议反复修改《职业教育条例》，1996 年 5 月 15 日第八届全国人大常委会第十九次会议审议通过《中华人民共和国职业教育法》，《职业教育法》的颁布是长期以来我国职业教育发展和改革的结果，凝聚了我国职业教育建设的经验和总结，标志着我国的职业教育进入了有法可依、依法执教的新时期。《职业教育法》明确了职业教育在国民经济和社会发展以及在实施科教兴国战略中的重要地位和作用；明确了政府、行业、企事业组织实施职业教育的职责；明确了我国职业教育体系的总体框架、职业教育的条件保障以及我国职业教育的管理体制。

1998 年国家教育委员会更名为教育部并组建职业教育与成人教育司，成为国家统筹管理职业教育与成人教育的宏观管理机构，统筹管理全国普通及成人中等职业学历教育、成人文化技术教育，相继调整职业学校类型并规范职业学校名称，调整职业教育的管理体制，协调职业教育与成人教育的改革与发展，使得我国的职业教育管理体制更加的顺畅完善。

（三）新世纪我国的职业教育制度（1999 年至今）

世纪之交，我国胜利实现了现代化建设的前两步战略目标：经济和社会全面发展，人民生活总体达到了小康水平。从新世纪开始，我国将进入全面建设小康社会，加快推进社会主义现代化的新发展。① 在新的历史发展阶段，职业技术教育面临着许多的机遇与挑战，社会和经济发展的重大战略都对职业技术教育的发展提出了变革的要求。

1999 年 1 月，国务院转批教育部《面向 21 世纪教育振兴行动计划》提出了我国跨世纪的职业教育改革与发展的行动纲领，提出要基本建立起终身学习体系，为国家知识创新体系以及现代化建设提供充足的人才支持和知识贡献。同年《中共中央国务院关于深化教育改革全面推进素质教育的决定》的颁布，推动了职业教育步入新的发展阶段，明确了职业教育改革与发展的指导思想、基本思路和目标任务。

2002 年 8 月 24 日，国务院颁布了《关于大力推进职业教育改革和发展的决定》，确立了"在国务院领导下，分级管理、地方为主、政府统筹、社会参与"的职业教育管理体制。初步建立起结构合理、灵活开放、特色鲜明、自主发展的现代职业教育体系，拓展了职业教育服务对象的范围，为初、高中毕业生和城乡新增劳动者、下岗失业人员、在职人员、农村劳动者及其他社会成员提供了多种形式、多种层次的职业学校教育和职业培训。

2004 年国务院正式批准建立"职业教育工作部际联席会议"制度，有利于突出政府的统筹管理，协同各部门合力推动职业教育发展。职业教育管理体制有了新突破，多方参与的格局初步形成。2004 年 4 月，教育部、财政部在《关于推进职业教育若干工作的意见》中，提出"实施职业教育实训基地建设项目，采取中央财政资金引导的方式，推动各地职业教育实训基地建设，促进职业教育改革不断深入"。要在全国范围内分批建设一批条件较好、适应技能型人才培养培训需要的职业教育实训基地。2004 年 6 月召开全国职业教育工作会议后，教育部等

---

① 《中华人民共和国国民经济和社会发展第十个五年计划纲要》，2001 年 3 月 15 日，转引自方展画、刘辉、傅雪凌：《知识与技能——中国职业教育 60 年》，浙江大学出版社 2009 年版，第 141 页。

七个部门印发了《关于进一步加强职业教育工作的若干意见》，提出"三个统筹"，统筹职业教育与经济建设、劳动就业、人力资源开发协调发展，统筹职业教育与其他各类教育协调发展，统筹职业学校教育与职业培训协调发展。

2005 年《国务院关于大力发展职业教育的决定》明确提出了职业教育改革发展的目标是"进一步建立和完善适应社会主义市场经济体制，满足人民群众终身学习需要，与市场需求和劳动就业紧密结合，校企合作、工学结合，结构合理、形式多样，灵活开放、自主发展，有中国特色的现代化职业教育体系"。另外，还具体提出了"十一五"期间的"四大工程"和"四项计划"："四大工程"，即国家技能型人才培养培训工程、国家农村劳动力转移培训工程、农村实用人才培训工程、以提高职业技能为重点的成人继续教育和再就业培训工程；"四项计划"，即职业教育实训基地建设计划、县级职教中心专项建设计划、职业教育示范性院校建设计划、职业院校教师素质提高计划。2005 年 6 月，教育部、财政部印发《中央财政支持的职业教育实训基地建设项目支持奖励评审试行标准》，进一步加大专项资金投入的力度，在中央财政的支持和鼓励下建设一批能够资源共享，集教学、培训、职业技能鉴定和技术服务为一体的职业教育实训基地。

2010 年 7 月，中共中央、国务院颁布《国家中长期教育改革和发展规划纲要（2010—2020 年）》（简称《纲要》），提出要"构建体系完备的终身教育。学历教育和非学历教育协调发展，职业教育和普通教育相互沟通，职前教育和职后教育有效衔接"。《纲要》提出要大力发展职业教育，调动各行各业积极参与职业教育，发展面向农村的职业教育，增强职业教育的吸引力。

2014 年全国职教工作会的召开及《现代职业教育体系建设规划（2014—2020 年）》（简称《规划》）的颁布，开启了现代职业教育体系及制度建设的新篇章，《规划》提出了职业教育体系分两步走：2015

年，初步形成现代职业教育体系框架；2020 年，基本建成中国特色现代职业教育体系，构建职业教育的终身一体化，增强职业教育体系的开放性和多样性；统筹职业教育区域发展布局，优化职业教育区域布局，优化职业教育城乡布局，引导农村剩余劳动力向城镇和非农产业有序转移，缩短城乡职业教育差距。推动职业教育面向社会，面向人人，促进社会公平和人的个性发展。建立职业教育资助贫困生制度，提高职业教育扶贫的精准度，关注特殊群体，加强残疾人职业教育，充分考虑各类残疾人员的特点和社会需求；关注弱势群体，实施农民和农民工培训；关注欠发达地区，加大对中西部的扶持力度，建立适应区域发展的职业教育特色优势专业，鼓励民间资本与优质教育资源合作办学等，逐渐形成我国的一体化职业教育体系。

二、我国一体化职业教育制度的创新

（一）职业教育制度的内涵解释

职业教育法制建设是国家教育法制建设的重要组成部分，是国家管理和规范职业教育活动的重要手段，是职业教育改革与发展的基础性工作和保障条件，职业教育制度的产生是职业教育发展的产物，是现代职业教育的重要标志。

职业教育制度是属于教育制度的范畴，教育制度是国家各种教育机构和教育规范系统的综合，教育制度可分为三个层次，第一层次是国家层面的教育的根本制度，主要是指国家教育方针、教育法律等；第二层次是教育的基本制度，如教育体制、学制及相关教育政策等；第三层次是学校层面的教育的具体制度，如学校的教学管理制度、考试制度等。[①] 而职业教育制度则是保障职业教育顺利开展的保障，通过职业教育制度规定职业教育学制、教育体制、教学管理、学生管理等。我国学

[①] 顾明远：《教育大辞典》，转引自肖凤翔、黄晓玲：《治理视角下我国职业教育制度发展回顾及未来展望》，《职业技术教育》2015 年第 16 期。

者董仁忠认为职业教育制度的内涵应该包括以下几个方面：首先，职业教育制度是一套规范体系，具有自觉创造性、公开性、规范性以及相对稳定性等特征；其次，职业教育制度是一种中介，它调整着各种职业教育机构与各种职业教育管理机构和社会其他相关机构之间以及各种职业教育机构内部的各种关系；第三，他认为职业教育制度是确保技能型人才培养质量的重要保证，是制约职业教育发展的极为重要的因素。[①]

由此可见职业教育制度是国家和地方政府保障职业教育顺利进行，适应社会需要培养人才而制定的规定职业教育教学活动的法律法规。一体化职业教育制度则是为保证我国城乡统筹一体化的顺利进行而制定的有关职业教育方面的规章制度，可以分为两个层面：一是国家层面的有关城乡统筹一体化的职业教育制度，具有普遍的约束力；二是地方层面的城乡统筹一体化的职业教育制度，规定了职业教育的具体实施准则，如学校的办学体制、管理体制、经费投入体制、教师管理制度、学生管理制度等方面。

（二）国家一体化职业教育制度的创新

1. 落实职业教育法规建设，促进职业教育一体化可持续发展

职业教育可持续发展的内涵包括两个方面，一是职业教育要培养具有可持续发展能力的劳动者，为经济社会的可持续发展提供智力和人力支持；二是职业教育自身的可持续发展，要形成规模稳定、结构合理、质量保证、效益显著的职业教育体系。[②] 职业教育的可持续发展可以保证为我国的现代化建设提供源源不断的高质量的技术人才，同时职业教育的可持续发展也是为了实现职业教育本身的可持续发展，职业教育只有实现了自身的可持续发展才能为社会的可持续发展、经济的可持续发

---

① 董仁忠：《职业教育制度：语用分析及其界定》，《职教论坛》2007 年 2 月上第 3 期。

② 黄尧：《经济转型期我国职业教育宏观政策研究》，外语教学与研究出版社 2012 年版，第 186 页。

展服务。职业教育的一体化可持续发展既要实现职业教育的城乡统筹一体化又要实现职业教育的可持续发展，二者并不是对立矛盾的，而是相辅相成的。

要实现职业教育的一体化可持续发展，保证社会经济的可持续发展，就要从根本上落实职业教育建设的相关法律法规，职业教育制度是引导和制约职业教育发展的根本制度，要实现我国的职业教育一体化，首要就要落实有关的职业教育制度，将一体化作为职业教育的发展目标。为了缩小城乡差距，实现职业教育的一体化，我国出台了一系列的法律法规促进职业教育的城乡统筹发展，加大职业教育经费的投入，建设现代化的城乡统筹一体化职业教育体系。

2．加强职业教育基础能力建设

《国务院关于大力发展职业教育的决定》提出："加强基础能力建设，努力提高职业院校的办学水平和质量。"为了贯彻这一要求，教育部、国家发改委和财政部向国务院报送了《教育部、国家发改委、财政部关于落实关于国务院〈决定〉，加强职业教育基础能力建设的报告》，决定由国家发改委安排 50 亿元，支持"县级职教中心专项建设计划"和"高水平示范性中等职业学校建设计划"；财政部安排 50 亿元，支持"职业教育实训基地建设计划"、"高水平示范性高等职业院校建设计划"和"职业院校教师素质提高计划"。

职业教育基础能力建设是实现城乡统筹一体化职业教育的基石，通过经费支持发展地方职教中心和高水平示范性职业学校的建设，发展具有区域特点的职业教育；同时坚持区域协调发展，重点向中西部和农村倾斜，重点支持中西部地区，促进东部与西部、城市与农村合作办学缩小城乡差距，消减城乡二元对立的局面，形成发达地区的职业教育带动欠发达地区的职业教育共同发展，实现资源共享、相互借鉴学习的局面。

（三）区域一体化职业教育制度的创新

1．充分调动行业企业办学

依靠行业企业办学，加强教育与生产劳动和社会生产实践的结合，是我国职业教育改革与发展始终坚持的一个重要方针。在职业教育发展过程中，企业与职业教育相互支持、相互渗透、优势互补、资源互用、利益共享，在人才培养、技术创新和社会培训方面展开密切的合作，企业成为职业教育重要的办学主体。[①] 充分调动行业企业联合办学，也是发展城乡统筹一体化职业教育的要求、充分利用地方企业的优势，联合职业学校展开职业教育，开发具有区域行业特色、适应区域行业需求的一体化职业教育体系。

行业办学是天津职业教育的突出特色，全市 80% 以上的高职和 50% 以上的中职由行业举办或具有行业背景，形成了政府统筹、行业主办、教育管理、企业参与的职业教育办学体制。[②] 天津依托行业办学主要体现在以下三个方面：一是依托行业搭建示范区平台；二是依托行业搭建海河教育园区平台；三是依托行业提升服务能力。天津抓住职业教育改革的契机，充分发挥行业办学优势，大力发展职业教育改革，为探索适应经济社会需求的多层次多途径的职业教育模式创造了经验，提供了样板。

2. 加强农民工培训工作，改革农村职教办学模式

城乡统筹一体化的职业教育就是要缩小职业教育在城市和乡村之间的差距，加强对农民工的培训工作，提高农民工的职业技能是城乡统筹一体化的第一步。我国政府就农民工培训工作，先后到北京、贵州、重庆、浙江、江苏等省市进行了调研，许多农民工反映，培训提高了他们的就业能力和城市生活适应能力，使他们得到了更多的就业机会，增加了他们的收入，在调研中，我们感受到农民工群体对学习和掌握一技之

---

① 潘海生、马晓恒：《职业教育中企业办学主体地位的内涵解读及政策启示》，《职教论坛》2014 年第 22 期。

② 天津市人民政府：《依托行业企业办学 深化职业教育改革创新》，《职业技术教育》2014 年第 18 期。

长的渴望，我们深切地体会到，做好农民工培训工作对于推动我国城乡统筹一体化、构建和谐社会的重要性。①

改革农村职业教育，使农村职业教育适应社会经济发展的需要，消除城乡二元对立，满足农民群众脱贫致富的要求。河北省在农村职业教育方面做出了许多探索，2009年，河北省启动并实施了为新农村建设"培养科技致富带头人和农村改革发展带头人工程"（简称"双带工程"），通过"送教下乡"等方式帮助学习职业知识，试点的职业学校根据当地农村的产业优势设置专业，以当地发展生产的实际需要作为教学导向，以农民家庭生产场所作为实习基地，加快职业教育在农村地区的发展，提高农民对职业教育的认可度。

3. 建设职业教育试验区

2005年8月，教育部与天津市政府签订协议，在天津市共建"国家职业教育改革试验区"，这是首个国家级职业教育试验区。建立职业教育试验区，教育部与地方政府积极合作，对职业教育改革与发展的一系列重大问题开展先行先试，破解职业教育发展中的诸多难题，为全国探索和积累经验，是推动职业教育科学发展的重要举措。② 此外，教育部与四川省政府签署了"省部共建国家职业教育综合改革试验区"的协议；与河南省政府签署了共建"国家职业教育改革试验区"协议；与广西壮族自治区人民政府签署了共建"国家民族地区职业教育综合改革试验区"协议；与国务院三峡办、湖北省和重庆市政府签署了共建"三峡库区职业教育和技能培训试验区"协议。教育部与地方政府合作建立的职业教育试验区已有五个。

职业教育试验区的建设为职业教育发展提供了新的发展路径，在促进城乡职业教育的协调发展和区域职业教育的协调发展方面卓有成效。

---

① 黄尧：《经济转型期我国职业教育宏观政策研究》，外语教学与研究出版社2012年版，第305页。

② 赵伟：《职业教育试验区的建设与发展》，《中国职业技术教育》2010年第12期。

科教兴农，通过职业教育发展促进农业技术在农村地区的推广，促进农村和农业的现代化，带动农村地区的经济发展，减小城乡收入差距，促进社会和谐。

总的来说，在统筹城乡发展一体化的职业教育制度创新方面，我国做出了许多的实践和探索，在党和各级政府的领导下，各部门的共同努力和社会各界人士的大力支持下，职业教育改革不断深化，职业教育体系不断完善，取得了新进展，呈现出了新气象，同时也迈入了新阶段。但城乡之间的差距，城乡二元对立的现象仍然存在，不断深化职业教育改革，探索职业教育一体化，建立职业教育一体化制度的道路任重而道远。

第五章

一体化职业教育的主要路径

第一节 职业教育资源的一体化及路径

一、职业教育资源与职业教育资源一体化

（一）职业教育资源

1. 职业教育资源的含义

资源是指自然界和人类社会中一种可以用来创造物质财富和精神财富，具有一定量的积累的客观存在形式。教育资源则是在教育活动中创造和累积的，包括教育知识、教育经验、教育技能、教育资产、教育制度、教育理念、教育设施等。所谓职业教育资源，主要是指促进职业学习者职业道德和职业能力发展的有形的和无形的各种要素。[1] 职业教育资源是在职业教育过程中累积和扩展的资源，职业教育理念、职业教育师资、职业教育实训基地、职业教育课程等都是职业教育努力开发的重要资源，是保证职业教育有效开展不可或缺的条件。

职业教育资源包括许多的层面和可利用的资源。社会经济政策、企业、校园、课程、师资、国家制度等都是职业教育可利用的资源，黄炎培先生在 20 世纪 20 年代就说过："只从职业学校做工夫，不能发达职业教育；只从教育界做工夫，不能发达职业教育；只从农、工、商职业

---

[1] 田秀萍：《职业教育资源论》，光明日报出版社 2010 年版，第 2 页。

界做工夫，不能发达职业教育。"他曾多次强调办职业教育必须沟通与整个教育界和职业界的联系，参与全社会的活动，不能就教育而论教育，就办学而谈办学。黄炎培先生的这种思想对进行城乡统筹一体化职业教育也是非常适用的，城乡统筹就是要沟通城市与乡村，打破城市与乡村的界限，促进职业教育在城市与乡村的均衡发展，从而消除城乡二元对立，提高农村地区人们的劳动收入，拉动经济增长，所以职业教育资源对与职业教育的发展有着重要的现实意义。

2. 职业教育资源的分类

职业教育资源涵盖了多个方面，根据职业教育资源存在的形态，可以分为人力资源、物质资源、信息资源等。人力资源包括学校教师、学生、管理人员等；物质资源包括学校物质环境、教室、图书、电子设备等，现代社会电子信息设备已经成为学校教育发展的重要资源；信息资源包括学校的教材、课件、网络资料数据库、学校管理规章制度、学校文化传承等。

按照职业教育资源分布的范围分为内部资源和外部资源，内部资源就是存在于学校内部的能够为学校教育教学利用的资源，如学校的设施设备、教职员工、学校图书馆等；外部资源是在校外存在的可供学校选择并有益于职业教育活动的资源，如校外人员兼任学校教师，学校在企业设立的实训基地等。①

按照职业教育资源的用途分类，可以分为基础资源、教学资源、实训资源和网络资源。基础资源是保证职业教育能够开展的基础设施条件，如教室、桌椅等；教学资源是展开职业教育教学时使用的资源，如教材、教师、学生等；实训资源是进行职业教育实训资源，如实训基地、实训指导教师等；网络资源是学校网络教学资源，如学校数据库、学生信息系统等。

---

① 田秀萍：《职业教育资源论》，光明日报出版社 2010 年版，第 4 页。

（二）职业教育资源一体化

从词源上来看，"一体化"的概念主要出自拉丁语的"integration"，其本意为"革新"，翻译成汉语后，其含义则是"将各个部分组合成为一个新的整体"。① 统筹城乡职业教育发展的实质就是要突破城乡二元结构对职业教育分离发展的束缚，把城乡职业教育放在同等重要的地位，使城乡居民以平等的身份享受职业教育所带来的发展机会，以完善职业教育制度、优化城乡职教教育资源配置和调整职教政策为手段，来实现城乡职教资源的优势互补、双向流动，最终达到城乡职业教育发展的良性互动。②

城乡统筹一体化职业教育是城乡一体化的三级衍生概念，是指打破城乡职业教育的二元结构，将城乡职业教育纳入一个共同的职业教育系统环，通过整合城乡职教资源，实现城乡职业教育资源的"共享、共融、联动"，最终呈现"以城带乡、以城促乡、城乡互动"的职业教育局面，促进城乡职业教育的协调、均衡可持续发展，从而实现城乡教育一体化的发展过程与目标。③ 职业教育资源一体化则是为了满足城乡居民对物质和文化的共同需求，缩小城乡之间的教育差距，把城市职业教育资源与农村职业教育资源作为一个整体进行统筹规划，通过教育体制改革，打破城乡二元教育结构，实行教育资源配置的一体化，从而达到城乡职业教育共同发展，职业教育资源是开展职业教育的条件保障。

职业教育资源一体化是为了改变目前我国存在的城乡职业教育发展不均的问题，职业教育院校普遍存在于城市，在乡村只有极少数的职业学校，城市的职业学校无论是师资力量还是经费来源，无论是教学设施

---

① 辞海编辑委员会：《辞海》，转引自谭璐：《城乡职业教育一体化的内涵、理论预设与路径选择》，《教育与职业》2014 年第 6 期。
② 张小林：《城乡统筹：挑战与决策》，南京师范大学出版社 2009 年版，第 80 页。
③ 杨清荧：《基本公共服务均等化视域下城乡教育资源一体化研析》，《教学与管理》2017 年第 6 期。

设备还是教学网络资源，都远远优于农村地区的职业教育学校，这样的状况造成了职业教育资源分布的不均，导致城乡差距逐渐拉大。为了改变这一现状，我们国家提出了城乡经济社会发展一体化，体现在职业教育上就是职业教育的一体化，在教育资源上就要实现职业教育资源的一体化。

二、职业教育资源一体化存在的主要障碍

（一）农村职业教育政府重视不够，资金投入不足

城乡差距是社会转型期间我国农村职业教育不公平的一个重要原因，包括农村职业教育机会的差距，也包括教育条件的差距，其中农村职业教育条件的差距主要由生均教育经费、物质资源配置和师资力量来衡量。

表 5.1　2014 年地方职业高中、地方职业农村职业高中和地方技工学校生均教育经费支出（单位：元）

地方职业高中	地方农村职业高中	地方技工学校
14084.42	11260.04	11918.96

数据来源：《中国教育经费统计年鉴2015》

由表 5.1 中的数据可以看出，2014 年我国地方农村职业高中的生均教育经费比城市职业高中低 2824.38 元，地方技工学校比城市职业高中低 2165.46 元，表明我国农村职业高中和地方技工学校的生均教育经费和城市职业高中相比还有一定的差距，农村职业教育在生均教育经费上明显低于城市职业教育。

表 5.2 2014 年地方职业高中、地方职业农村职业高中和地方
技工学校生均公共财政预算经费支出（单位：元）

地方职业高中	地方农村职业高中	地方技工学校
9664.93	8463.89	7765.16

数据来源：《中国教育经费统计年鉴2015》

在公共财政预算方面，由表 5.2 中的数据显示，2014 年我国地方农村职业高中的生均教育经费比城市职业高中低 1201.04 元，地方技工学校比城市职业高中低 1899.77 元，可以看出我国农村职业高中和地方技工学校的生均教育经费和城市职业高中在公共财政预算方面存在着明显的差距，农村职业教育公共财政预算经费明显低于城市职业教育。

我国"分级管理、地方为主、政府统筹、社会参与"的管理体制，"以县为主"的农村职业教育管理体制，决定了农村职业教育的投资经费体制只能以地方为主，使得农村职业教育的发展与县域经济和财政状况紧密相连，发达县域经济和财政状况比较好，其农村职业教育发展也比较好，不发达县域的经济和财政状况较差，其农村职业教育发展也比较缓慢。[1] 由于地方财政困难，在行政经费上大多采取经费包干的办法，没有根据物价和经济发展变化做出相应的调整，不能够支持职业教育的改革和发展；在体制上，学校缺乏相应的筹资渠道，往往将解决问题的目光投向政府，而大多数地方政府目前财政也是异常紧张，这种情况下，试图将地方财政向职业教育倾斜是不现实的。

根据经济学家的计算，培养一个职业学校学生所需的经费大约为培养一个普通高中学生所需经费的 2.6 倍，因此客观上要求财政对于职业

---

[1] 雷世平、姜群英：《试论公共财政视域下的农村职业教育供给》，《农村职教》2015 年第 1 期。

教育的拨款应远高于对普通学校的财政拨款。[1] 由于来自国家和各级政府的投入远远不能满足职业学校办学的需要，学生的学杂费顺理成章地成为学校办学经费的重要来源，直接导致了农村职业学校学生接受教育的成本居高不下。

农村职业教育经费投入不足，其直接后果是农村职业学校办学条件较差，教学质量不高，职业教育对社会影响和吸引力不大，同时也很难发展出具有地方特色的职业教育教学。另外，由于农村职业教育经费的不足，使一部分农村职业学校无法购买必要的教学设施设备，无法进行教育基础设施建设，无法建设学校的实训基地等，导致学校规模、教学质量等办学条件难以提升，进一步限制了学校走上"自我造血、自我发展"的良性循环道路。[2]

（二）城乡职业教育基础设施资源差距大

农村职业教育学校的数量很少，且农村人口基数大，但是职业教育的整体覆盖率太低，使得接受职业教育的机会更少，难以满足农村地区对职业教育的需求。在职业学校的实际办学过程中，城市职业学校拥有的教学场地、建筑设施、教学设备、教育资金等普遍优于农村职业学校，造成了城乡职业教育起点上的严重不平等。另外，农村地区学生也很难获得同城市地区学生同等的发展机会、同等的教育内容体系以及同等的评价体系。[3]

下表是对 2010 年城市、县镇和农村的职业初中的办学条件进行的比较：

---

[1] 闵宏：《我国农村职业教育饿财政投入问题研究》，东北财经大学硕士学位论文，2010 年第 19 页。

[2] 张亚、邱雪梅：《农村职业技术教育经费投入探讨》，《经济师》2010 年第 1 期。

[3] 张涛、罗旭、彭尚平：《论城乡一体化背景下职业教育的统筹发展》，《教育与职业》2012 年第 27 期。

表5.3　2010年城乡职业初中办学条件差异

办学条件	城市	县镇	农村
生均校舍面积（平方米）	26.29	6.16	6.54
生均普通教室面积(平方米)	5.33	1.79	2.16
生均实验室面积(平方米)	0.59	0.37	0.36
生均图书室面积(平方米)	0.63	0.103	0.11
生均微机室面积(平方米)	0.09	0.106	0.116
生均体育运动场(馆)面积(平方米)	36.81	6.36	6.22
生均计算机(台)	0.07	0.03	0.05
生均图书藏量(册)	1.22	15.4	15.52
生均专业实习设备(元)	42.52	65.85	16.02

数据来源：原始数据来源于《中国教育统计年鉴2010》，表中数值为城市职业初中办学条件、县镇职业初中办学条件与农村职业初中办学条件（一）、（二）中的相关条款与城市职业初中、县镇职业初中、农村职业初中的当年在校学生的比值。

从表5.3中的数据可以看出，无论是县镇的职业初中还是农村的职业初中，与城市的职业初中都存在着很大的差距；城市职业初中与农村职业初中在学生平均校舍面积、学生平均体育运动场（馆）的面积以及学生平均专业实习设备上的差距尤为明显，分别达到了4.02倍、5.92倍和2.66倍，尤其在生均实习设备上，城市职业初中与农村职业初中的差异巨大，达到了2.66倍，这种差距是在短时间内难以消减和拉平的。

从职业初中在校学生数量上来说，城市职业初中、县镇职业初中和农村职业初中也是差异巨大，县镇职业初中和农村职业初中的在校学生数量是城市职业初中学生数量的数十倍，2010年城市职业初中在校人数仅549人，而县镇职业初中和农村职业初中的人数分别为13156人和

20468 人，但是农村地区的职业学校却享受着小部分的教育资源，这是造成城乡职业教育基础设施资源差距大的主要原因。

由于农村职业学校与城市职业学校在基础设备方面的差距，导致职业教育在教学质量上的差距，农村职业教育质量低下，职业教育就得不到重视，职业教育不能得到重视，基础设施的完善就会滞后，教育质量就越差，农村职业教育就会形成这样的恶性循环。要实现职业教育城乡一体化，首先就要改善职业教育基础设施的差距，实现职业教育基础设施一体化。

（三）城乡职业教育教师质量存在明显差距

农村职业学校师资力量不足，对农村职业教育的教学质量和水平的提高产生了不利的影响，也不利于职业教育城乡一体化的发展。城乡职业教育教师的差距主要有两个方面：一方面，农村地区的职业教育教师队伍结构上不尽合理，城乡两地的职业学校师生比存在差异；另一方面，城乡两地的职业教育教师质量存在差距。

师资数量上的差异主要通过生师比来体现，通过对 2008、2009、2010 三年的城乡职业初中的生师比情况进行比较，可以得到下表：

表 5.4　城乡职业初中生师差异

年份	城市	县镇	农村
2008 年	11.35	17.06	16.64
2009 年	12.84	15.87	16.4
2010 年	6.69	17.99	17.61

数据来源：城乡职业初中以及成人培训学校的专任教师和在校学生数来源于《中国教育统计年鉴》2008 年、2009 年、2010 年的数据，生师比即在校学生人数/专任教师人数，生师比是二者的比值。

表 5.4 中的数据显示，城市职业初中 2008、2009、2010 三年的师生比逐年上升，而县镇和农村这三年的师生比却是在逐年下降，由此我

们可以看出农村职业初中的教师数量正在逐渐流失，由各种原因，职业教育的教师都不愿意留在县镇或者农村，转而流向了城市。2010年，在城市职业初中，每一个老师大概负责6个学生的学习，而在农村每个老师大概要负责17个学生，要比在城市的职业学校的教师多11个学生，城乡职业学校的生师比差距较大，繁重的教学任务会造成教师的职业倦怠，城市和农村的师生比存在着严重的不平衡。

教师质量的差距，以用职业初中学校教师的学历和职称相比较为例，以2008、2009和2010三年为例，对职业初中教师计算，分别计算出了学历为本科及以上的教师比例，和职称为中学一级及以上的教师比例，整理后如下：

表5.5　城乡职业初中师资质量差异

地区	学历或职称	2010年	2009年	2008年
城市	本科及以上学历	0.82	0.61	0.65
	中学一级及以上职称	0.57	0.48	0.47
县镇	本科及以上学历	0.52	0.53	0.48
	中学一级及以上职称	0.33	0.47	0.47
农村	本科及以上学历	0.49	0.38	0.42
	中学一级及以上职称	0.35	0.37	0.41

数据来源：原始数据来源于《中国教育统计年鉴》2008年、2009年、2010年，城乡职业初中本科及以上学历所占比例＝研究生毕业＋本科毕业/专任教师数；中学一级及以上教师的比例＝中学高级＋中学一级/专任教师数。

由表5.5中的数据显示可以看出，我国城乡职业初中之间的师资质量差异还是比较明显的。在教师的学历方面，2008年农村职业初中专任教师中的本科学历是42%，而城市职业初中专任教师本科及以上学历达到了65%；2010年城市专任教师的比例达到了82%，是农村职业初中占比的 2.34 倍，说明城市职业初中教师的学历层次明显高于农村职业初中专任教师的学历层次。

在教师的职称方面，2010 年城市职业初中教师职称为中学一级及以上占所有教师的 57%，而农村职业初中仅为 35%，并且从上表可以看出农村职业初中的教师职称的比例在逐年下降，使得在职称方面，城乡职业学校之间的差距在不断地加大。总之，无论是在教师的学历还是职称上，城市职业学校都明显优于农村的职业学校，城乡职业学校之间的师资力量差距明显。

另外，造成城乡师资差距的还有教师资源培育力度不足。在优秀教师资源的分配上，我国长期倾向于向城市地区集中资源特别是优秀教师资源，从而导致农村地区优秀教师资源短缺。在农村教师人事管理制度安排上，地方政府给予农村地区的教师编制数量少、职称名额有限、高级职称比例低，由此打击了多数有才华的农村教师留守农村继续从事教育工作的积极性。在教师的职业教育培训上，农村地区教师获得的培训机会少，有效性培训效果差，使得农村教师缺乏足够的职业生长空间，难以适应现代教育的正常教学要求。①

三、职业教育资源一体化的实现路径

（一）建立职业教育一体化财政投入规划

1. 消除职业教育资源一体化财政制度障碍

建立职业教育一体化财政投入规划，首先要建立城乡管理的一体化财政管理制度，统一管理城乡职业教育的经费配置，平衡城乡职业教育的财政投入，首先要推进城乡职业教育财政管理制度的一体化进程。针对当前我国农村地区教育管理工作中事权和财权分离的问题，地方教育主管部门应当对现行主要由县教育局来负责城乡教育一体化战略的制度

---

① 杨清荧：《基本公共服务均等化视域下城乡教育资源一体化研析》，《教学与管理》2017 年第 6 期。

体系做出改革，① 从省级层面和市级层面来统筹城乡教育资源，平衡教育经费的投入，确保省内和市内优秀教育资源可以在全省和全市共享，确保省市的财政投入可以顺畅地被调配到农村地区，有效克服制度性城乡教育水平差异问题。

另外还要推进城乡教育投入制度一体化进程。地方教育主管部门应在统筹全省教育经费的基础上来有序推进城乡教育一体化建设进程，确保省级层面的教育事业的财权和事权的有机统一。地方政府和立法机构应当通过立法和政府文件方式，确立各级政府在支持城乡教育一体化进程中的投资责任。职业教育经费的投入才能保证职业教育的健康有序发展，消除城乡二元结构下的职业教育差距要加大对农村地区职业教育的经费投入，帮助农村地区建设基础教育设施设备，确保职业教育环境，所以地方政府在制定本地发展规划时，统筹职业教育资源的分配制度，应以确保财政资金优先投入基本教育服务领域为前提，优先保障农村地区的职业教育的发展，减小城乡职业教育在经费投入的差距，切实保障城乡基本教育服务均等化战略目标的实现。

2. 建立健全职业教育一体化的财政投入规划

建立健全城乡职业教育统筹发展的财政投入规划机制。财政投入是实现城乡职业教育一体化发展的重要方式和手段，足够的财政投入也是实现城乡职业教育统筹发展目标的重要保障。② 在农村地区，有文化知识的人绝大多数转移到了非农产业，35—50 岁的妇女是农村主要劳动力。在农村劳动力中，接受过短期培训的只占 20%，接受过初级职业技术教育培训或教育的只占 3.4%，接受过中等技术教育的仅占

① 杨清荧：《基本公共服务均等化视域下城乡教育资源一体化研析》，《教学与管理》2017 年第 6 期。
② 董仁忠：《统筹城乡职业教育发展研究》，《职教论坛》2009 年第 21 期。

0.13%，而没有接受过技术培训的高达 76.4%。① 职业教育在农村的缺乏是普遍的状态，我国农村地区的职业教育基础设施建设十分落后，加上农村剩余劳动规模逐渐扩大，农村职业教育的办学规模远远满足不了现实需求。

农村职业教育作为一种准公共产品，政府有发展的主要义务，消除教育资源配置和投入不公平，实现教育公平的主要责任在政府，只有政府为农村职业教育的实施提供了充分的保障，才会有农村职业教育全面而有效的供给，而公共财政对农村地区职业教育投入的不足，严重影响了农村职业教育培养技术人才，越发阻碍职业技能的功能的发挥。要打破城乡职业教育二元化格局，消除城乡职业教育差距，最重要的是增加对农村职业教育的财政投入力度，确保职业教育财政投入随经济增长而持续增加。② 因此，促进城乡职业教育协调发展，要着手建立城乡统筹一体化的职业教育财政投入规划，加大公共财政对农村职业教育投入的倾斜力度，实行城乡职业教育均等化发展的财政政策。

（二）健全职业教育一体化基础设施建设

1. 优化职业教育基础设施资源一体化

职业教育基础设施设备是职业教育顺利开展的基础，促进城乡一体化的职业教育改革首先就要从头做起，改善基础条件不好的职业学校的教育基础设施，为在职业学校学习的同学们营造一个良好的学习环境。同时政府也要提高对辖区内城乡职业教育的关注度，宏观调控和微观保障同时进行，促进城乡职业教育的均衡发展，逐步实现职业教育的一体化。

首先优化空间布局以促进城乡职业教育一体化。地方政府应当通过调整城乡职业教育资源的空间分布方式来合理配置城乡职业教育资源，

---

① 雷世平：《农村职业教育发展的新路径：城乡统筹发展职业教育》，《职教通讯》2010 年第 2 期。

② 铁明太：《城乡职业教育发展失衡及解决机制初探——基于城乡统筹发展的思考》，《继续教育研究》2011 年第 12 期。

确保城乡职业教育一体化战略的有序落实。地方政府教育主管部门要在做好与新农村建设相配套的教育基础设施建设的同时，保障农村地区学生可以就近入学；地方政府还要结合农村学生的身体和心理健康条件来制定相应的农村职业学校空间布局方案。把职业学校设置在农村村民和学生的聚居地不仅可以方便学生就近入学，还可以将职业技术交给当地的农民，促进当地职业技术的发展，提高职业教育的认可度。现在对大多数职业教育资源整合的方式就是撤点合校，但是对于职业学校来说这样并不能做到资源的整合。

其次就是要加强对职业教育硬件设备的改善。建立与职业教育相配套的实训基地，配置职业教育必需的实训设备，给学生提供良好的学习环境。职业教育的教育模式和学习内容决定了职业教育不能像普通教育一样，学生大多数时间都是在教室中学习知识，职业教育的学习要在实践中进行，实训基地和实训设备是必备且必须的。《教育部、国家发展改革委、财政部、人事部、劳动保障部、农业部、国务院扶贫办关于进一步加强职业教育工作的若干建议》指出："职业教育实训基地建设要统筹规划，合理布局，重视发挥现有职业教育资源的作用，与近年来重要财政支持的示范性职业院校建设相结合，使前期投入发挥更大效益，要努力实现区域内中、高等职业院校和培训机构对实训基地的共享。"①

2. 强化职业教育资源的网络化建设

职业教育资源网络化建设就是利用现代社会强大的网络力量，将职业教育发达地区的优秀教育资源通过网络传送到职业教育欠发达的地区。从宏观上来说，由于我国职教资源无论是在教学理念还是在课程设置上，东部发达地区都明显优于西部欠发达地区，城市优于农村，所以职业教育资源一体化的实现应在深入调研和充分论证的基础上，构建我国东部地区支援西部地区、城市支援乡村的职教资源优化配置策略，让

————————

① 马卫花：《论职业教育区域一体化发展》，《成人教育》2008 年 3 月总第 254 期。

发达地区带动欠发达地区的职业教育发展，加快欠发达地区职业教育改革的进程。

基于此，在建设职业教育资源网络共享的过程中，教育主管部门应当转变传统的教育观念，发挥合作精神，确保各地教育主管部门之间共享优质职业教育资源。地方政府教育主管部门要积极寻找各个职业学校在参与职业教育资源网络化进程中的利益交叉点，并在结合本地城乡教育特点的基础上参与到跨地区和跨学校的职业教育资源网络化进程中。① 各地区教育单位也应当把本地和本校的优秀的职业教育资源分享到网络平台上，丰富网络职业教育资源，提升网络教育对学生的吸引力。

另外为了确保城乡职业教育资源网络化进程的顺利进行，教育主管部门可以制定相应的网络管理条例和健全合作制度，通过制度保障职业教育资源的网络化，积极制定可支持城乡职业教育一体化的网络教育技术标准制度，确保平台教育资源的共建和共享。职教资源优化配置网络一经形成，所涉及的发达地区与欠发达地区之间、富足地区与贫困地区之间、城市与农村之间的职业学校应精诚协作，援助的院校应无私奉献，受援的院校要切实用好用足共享的资源。②

天津市海河教育园区职业教育资源共享即将启动③

从 2 月 13 日起，天津海河教育园区迎来新的学期。率先开学的是天津现代职业技术学院和天津轻工职业技术学院，其他 5 所职业院校也将于近日陆续开学。记者获悉，2012 年海河教育园区将把着力点放在职业教育的内涵提升和资源共享上，目前已选定 3 个

① 杨清茨：《基本公共服务均等化视域下城乡教育资源一体化研析》，《教学与管理》2017 年第 6 期。
② 赵继会、尚久悦：《论我国城乡职业教育资源的优化配置》，《学术交流》2011 年第 8 期。
③ 《天津市海河教育园区职业教育资源共享即将启动》，《职业教育研究》2012 年 3 月。

共建专业、4 门优质网络共享课程和 1 门公共基础课程作为资源共享工作试点，并将于近期正式启动。

在职业教育改革的带动下，天津海河教育园区教育教学质量显著提高，2011 年，园区院校毕业生一次就业率达到 95%。2012 年新学期开始之际，海河教育园开始调整步伐，在去年完成一期建设的基础上，提升内涵、资源共享成为园区工作的关键词。记者了解到，内涵式建设主要围绕资源共享，由政府、企业搭建一个高级技能人才的培养平台，同时，拓展园区辐射功能，不仅使其辐射到周边的功能区，同时还要辐射到天津的高等院校，实现职业教育与高等教育的有效衔接。

2012 年，园区将围绕资源集约利用、学生集成培养的思路，启动 3 个共建专业、4 门优质网络共享课程和 1 门公共基础课程作为资源共享工作试点，逐步走向"教师互聘、课程互选以及学分互认"。同时，园区还将推动校企双方共同开发一批专业课程和教学资源，将职业标准融入教育教学全过程。在师资队伍建设上，将推进"能工巧匠进校园"项目，引进 500 名企业技能高手，到职业院校兼职任教，以培养高素质产业大军。

（三）建立职业教育一体化师资共享计划

1. 打破城乡职业教育教师编制，促进职业教育教师流动

农村地区的职业教育与城市地区的职业教育之间的巨大差异，很大一部分原因是农村地区缺乏相应的教师，农村地区各方面条件的限制，导致农村地区的职业学校很难留住优秀的教师。

要打破城乡教师编制，建立城乡统筹的教师流动体系，让更多的优秀教师到农村职业学校任教，促使农村职业教育快速发展，通过教师流动，让教师不用长期呆在农村，提高了教师的支教积极性。所以各地区的教育主管部门应当加强对农村地区教师编制的倾斜力度，在可满足基

本教学质量的前提下，给予农村地区教师更多地进入教育系统事业编制的机会，提高农村地区职业教育教师的晋升机会，提高教师的工作积极性。另外，地方教育主管部门应当建立城乡教师的定期流动机制，鼓励各学校教师在整个教育部门管辖区范围内自由流动，实现优秀教师资源的城乡共享化目标。[1]

在教育体系中的核心资源是教师资源，地方教育主管部门应该采取相应的有效措施来避免农村优秀师资力量的流失，采取精神激励和物质激励相融合的方式，制定各类激励政策留住农村地区的优秀教师，鼓励城市地区优秀的职业教育教师积极向农村地区流动，同时地方政府应当给予积极支援农村地区职业教育事业的城市地区优秀教师精神鼓励和更高的薪酬福利待遇。

最后，教育主管部门要与财政部门加强沟通，建立适合农村地区职业教育发展、提高教师工作积极性的薪酬福利制度，提升农村地区职业教育教师薪酬福利待遇水平，确保工作在农村地区的职业教育教师的薪酬福利水平不低于工作在城市地区的薪酬福利水平，以此来调动城市地区职业教育教师流动到农村地区的积极性。同时教育主管部门应当鼓励城市地区优秀职业教育教师主动向农村地区定期、定点的流动，让农村地区职业学校的学生可以和城市地区职业学校的学生一样享有优质的职业教育资源和优质的教师教育。

2. 建立城乡职业教育一体化的师资培养规划

师资是办好教育的基本条件，教师素质是农村职业教育质量得以保证的重要条件，也是农村劳动力转移培训的重要支撑[2]，职业教育也不例外。统筹城乡职业教育一体化发展，除了保障硬件设施齐全外，还要

---

[1] 杨清荧：《基本公共服务均等化视域下城乡教育资源一体化研析》，《教学与管理》2017 年第 6 期。

[2] 彭尚平、张涛、曹宁：《农村剩余劳动力转移背景下农村职业教育的发展》，《教育与职业》2012 年第 14 期。

兼顾软件建设，即师资力量的培养。由于我国长期以来实行"城市中心"的发展取向，使得城市集聚了大量优质的职业教师资源，无论质量还是数量都远远高于农村职业教育。为了更好地促进农村职业教育的发展，缩小城乡职业教育师资力量的差距，应着手建立城乡统筹一体化的职业教育师资培养规划，根据农村职业教育的需要培养职业教育教师。

根据职业教育自身特点和城乡一体化发展的目标定位，职业教育教师队伍的培养规划要符合农村职业学校发展的需求，与城乡一体化所需人才的能力要求相一致。首先，政府应加强城乡职业教育师资的校际交流与合作，引导城市职业院校对农村职业学校进行点对点的帮扶，让城市职业学校承担农村职业教育师资培养工作，达到以城带乡、城乡统筹、共同发展的目的；其次，制定相应的优惠政策，加大政府对城乡职业教育师资的统筹力度，积极推进农村职业院校"双师型"教师的引进和培养工作，双师型队伍是职业教育教师队伍的中坚力量，应该成为职业院校重点建设的对象；第三，要不定期和定期地将职业学校在职教师送到相关岗位上进行培训、学习和锻炼，帮助他们了解和掌握一门专业技术，积累实践经验，提高教学技能，同时可以引进高校相应专业的学生到农村职业学校支教，缓解教师缺乏的问题。最后可以从城市或当地的企事业单位引进高级技师类人才作为农村职业院校的兼职教师，教授学生实际的应用能力，提高学校的教学质量和教学实用性。

第二节　职业教育市场一体化及路径

一、职业教育市场一体化的内涵

改革开放以来，我国职业教育得到快速发展，累积培养数以亿计的高素质劳动者和技能型人才，成为经济社会发展的有效支撑。但是在我国经济社会转型升级、人力资源市场逐步完善的新形势下，职业教育却呈现出社会吸引力减弱、民众认可度降低、企业参与积极性不高等问题，职业学校生源逐渐减少，职业教育的发展面临着新的问题。

2002 年国家颁布《国务院关于大力推进职业教育改革与发展的决定》，提出：在主体权利方面，要"依法保障职业学校在专业设置、招生规模确定、学籍管理、教师聘用及经费管理使用等方面享有充分的自主权"；在资源配置方面，要"整合和充分利用现有各种职业教育资源，打破部门界限和学校类型界限，积极发挥市场机制的作用，提高办学效益，优化职业学校布局结构，防止职业教育资源流失"；在内部运营机制方面，职业教育机构要"适应经济结构调整、技术进步和劳动力市场变化，及时调整专业设置，积极发展面向新兴产业和现代服务业的专业，增强专业适应性，努力办出特色"；在社会服务方面，要"加强职业学校与企业、行业等用人单位的联系，建立职业学校与劳动力市场密切联系的机制"。[①] 随着社会经济进一步发展，社会改革不断深化，对职业教育的要求也不断提高，2014 年 6 月国务院发布的《国务院关于加快发展现代职业教育的决定》（以下简称《决定》）中明确提出发展以技能培养为核心，以就业为导向，以产学结合为途径的适应现代社会主义市场经济发展的职业教育，加快了职业教育与社会主义市场经济相适应的转型。

职业教育市场化是指在职业教育领域大幅度引进市场机制，形成以市场供求规律为基础配置职业教育资源的办学格局。职业教育市场化是适应我国市场经济发展的需要，也是适应全球经济发展的需要。在城乡统筹机制下的职业教育市场一体化是指要打破城乡二元对立结构，沟通市场机制，适应市场经济发展，平衡城乡之间的职业教育资源，使城乡之间的职业教育均衡发展，逐步实现职业教育市场一体化。

---

① 黄勇明、陈雪刚：《职业教育市场化及发展误区》，《中国市场》2007 年第 48 期。

二、职业教育市场一体化存在的主要障碍

（一）城乡二元结构的失衡

城乡二元经济结构是发展中国家工业化过程中必然出现的经济现象，美国著名的发展经济学家刘易斯提出，发展中国家并存着以传统生产方式为主的农业和以现代制造业为主的现代化部门，并通过模型说明工农业之间的二元经济结构转化实质上是一个经济增长的过程。中国二元结构不仅表现为现代工业部门与传统农业之间的二元经济结构，还表现在城市社会与农村社会长期分割的二元社会结构。在我国城乡二元结构下，城乡经济差距成为一个严酷的现实，这种差距造成城乡教育差距的扩大，主要表现在城乡教育制度、政策、投资、人力资源等方面存在显著差别。我国的城乡二元结构问题呈现出复杂的局面，2012 年 2 月《求是》杂志刊登了李克强总理的文章，他指出："在城乡之间二元结构还没有得到根本改变的同时，同时城镇内部'二元结构'现象又在显现，后者既包括城镇居民与进城农民工及其家属之间在生产生活条件上形成的差异，也包括城镇历史遗留的棚户区困难群众与大多数市民之间在居住条件上的差异。这是我们面临的矛盾和困难，也是潜力所在。推动解决这种'双二元结构'问题，有利于促进城乡协调发展，减少社会矛盾，释放出城镇化带来的需求潜力。"[①] 城乡二元结构反映在教育上就是教育资源分配的不均衡，在职业教育方面也体现出职业教育发展的不均衡，由于城镇经济发展的差异导致了职业教育办学不均、专业设置不合理、招生难、城乡培养模式差异等问题。

城乡二元经济结构矛盾已经成为制约我国经济发展、社会稳定的一大困境，造成了我国职业教育城乡不均衡发展，城乡职业教育二元结构，表面上看是行政壁垒，其实质上是城乡职业教育市场的分割，是农

---

① 李克强：《在改革开放进程中深入实施扩大内需战略》，《求是》2012 年第 4 期。

村职业教育改革的严重滞后。农村职业教育的落后是一种体制性落后，要解决好这个问题，根本的出路在于推进改革，着力解决体制和机制的问题。在坚持政府主导的前提下，要充分发挥市场在职业教育资源配置中的基础性作用，通过市场化的力量形成城乡职业教育一体化发展的巨大动力。① 职业教育的城乡二元结构的失衡，使职业教育在资源配置、办学体制、招生就业方面都存在城乡差距，只有通过发展城乡职业教育一体化，削弱城乡二元机构，从教育制度政策上保障农村职业教育优先发展的地位，才能真正实现农村职业教育的健康发展，从根本上解决城乡教育发展不均的局面。

（二）职业教育发展市场机制的分离

城乡职业教育统筹是基于城乡经济社会发展由二元结构向一元结构转换，实现一体化发展的趋势，其旨意是通过对职业教育统筹规划、制度设计和政策创新，优化城乡职业教育结构，提升办学效能，促进城乡职业教育良性互动、协调发展。目前来说，我国城乡职业教育具有"二元分离"的客观性，② 户籍制度、具有歧视性的城乡招生、就业制度，以及人们对农村职业教育不正确的看待和误解等，都在一定程度上制约着人们对职业教育的选择，同时也阻碍了农村职业教育的发展。另外，由于我国长期存在的"重城轻乡"的观念，政府对城乡的职业教育管理上存在着两个系统，城乡职业教育的发展方向和发展方式也各不相同，这也导致了城乡职业教育发展的分离和资源配置的不均。

革新职业教育城乡分离的发展机制，将城乡职业教育作为一个完整的系统统筹考虑，以两者统筹发展为路径，逐步实现城乡一体化的管理体制，实现城乡职业教育资源的统筹配置。城乡职业教育发展机制的分

---

① 雷世平：《农村职业教育发展的新路径：城乡统筹发展职业教育》，《职教通讯》2010 年第 2 期。

② 马建富、董存田：《城乡职业教育统筹发展的理论预设、原则与着力点》，《教育与职业》2012 年第 3 期。

离是导致城乡职业教育差异的根本原因，城市和农村的职业教育在发展的机制和发展的方向上都没有统一的规划，职业教育的发展也呈现出相互脱离的状态。构建统筹城乡职业教育发展的公平正义的制度，有利于统筹城乡职业教育发展，打破了传统的城乡分离的管理理念，将城乡职业教育一体化发展纳入统一的战略发展中。因此在今后相当长的一段时期内，我国要以发展农村职业教育为重点，完善教育公平所对应的相关制度安排，以"公正平等"为导向，以城乡协调发展为目标，切实保障城乡职业教育统筹发展制度的公平、有序、有效供给。同时职业教育发展制度的设计要体现公平公正，以人为本，以均衡发展为方向，切实维护城乡居民公平享有职业教育资源的权利。

三、职业教育市场一体化的实现路径

（一）职业教育办学一体化及其实现路径

1. 职业教育办学一体化的内涵及意义

（1）职业教育办学一体化的内涵

目前，我国城乡职业教育办学主体较为单一，市场化程度低。政府作为办学主体，统揽了职业教育发展的各个方面，缺乏市场竞争机制，可能造成办学低效率、人才培养水平不高的弊端。城乡职业教育具有很明显的区域性特征，其直接为地方经济服务。因此，要加强对城乡职业教育办学一体化的改革力度，将职业教育办学与社会市场发展相结合，紧跟市场需求，使职业教育办学模式适应社会要求，培养社会主义经济发展需要的技能型人才，同时要合理调动社会资源，吸引社会各方力量投入到职业教育的办学中来，特别是对农村职业教育的投入，实现办学性质、办学形式以及办学主体的多元化，为城乡一体化建设服务，同时要整合城市和农村的教育资源，使城乡职业教育实现均衡发展，城市职业教育带动乡村职业教育的发展，城市职业教育办学引导农村职业教育办学，实现农村职业教育服务于城市经济发展，城市职业教育为农村职业教育提供

支持，破除城乡地域的界限，从而实现职业教育办学一体化。

（2）职业教育办学一体化的意义

首先，建立健全职业教育城乡一体化的办学是城乡统筹背景下的职业教育一体化的要求。城乡二元经济社会结构导致城乡职业教育人才培养目标分离，城乡职业教育之间的分割和封闭造成了农村职业教育在功能上"离农"与"为农"的对立。在城乡相互封闭的状态下，农村和城市缺乏交流与联系，使得职业教育要么为城市服务，要么为农村服务，人们似乎很难找到职业教育同时为城乡服务的共同点。① 城乡职业教育办学一体化就要打破城乡职业教育服务对象的限制，通过办学的一体化实现培养人才的通用，通过职业教育培养出来的人才既能为城市的发展所用，又能为农村的发展服务，从而实现职业教育的一体化。

其次，健全职业教育城乡一体化办学是打破城乡职业教育分离的有力手段。目前来说，城乡职业教育具有明显的区域特征，直接为地方经济发展服务，因此要吸引社会力量办学，特别是对农村职业教育的投入，实现办学性质、办学形式以及办学主体多元化，平衡城乡职业在办学主体、办学条件等的差距，从而实现职业教育一体化办学，实现资源共享。

最后，健全职业教育城乡一体化办学是我国职业教育发展体系合理化的必然趋势。职业教育办学一体化沟通了城市职业教育与农村职业教育之间的鸿沟，改变了城乡职业教育各自为政的现状，给我国职业教育的发展注入了新的活力。职业教育办学一体化不仅是城市地区或者农村地区整合地区资源的一体化，而且应该是城市与农村相互沟通、协作办学的一体化，这样的办学一体化，不但为职业教育人才培养目标增添了新的任务，而且还满足了地方经济发展对职业技能人才的要求，沟通城乡地方经济的发展，通过职业教育办学一体化，促进职业教育一体化的

---

① 徐晔、盛振文:《论城乡职业教育的一体化发展》,《中国成人教育》2014 年第9 期。

进程，从而逐步实现我国的城乡统筹一体化。

2. 职业教育办学一体化的实现路径

（1）大力推进职业教育集团化办学

《国务院关于大力发展职业教育的决定》提出要积极推进体制改革与创新，增强职业教育发展活力，推动职业院校资源整合和重组，走规模化、集团化、连锁化办学的路子。① 职业教育集团化办学是指一所或若干所具有独立法人资格的职业院校，以专业为纽带，联合相关行业企业共同进行人才培养、优势互补、资源共享、实现共赢的职业教育办学形式，目前我国主要形成了四种具有代表性的模式，它们分别是：三段培养、以强带弱的"海南模式"；城乡联合、以城带乡的"河南模式"；校企合作、工学结合的"天津模式"；院校合作、行业引领的"江苏模式"。通过集团化的办学模式，整合地方资源，发挥地方优势，促进一体化职业教育体系的形成。

集团化办学模式是职业教育办学模式、职业教育管理体制机制的重大创新，它的产生是职业教育一体化的必然选择，符合我国经济建设现代化的要求，是培养技能型人才和高素质劳动者的有效途径。近年来，职业教育集团化办学在我国如火如荼的发展，具有旺盛的生命力和活力，促进我国职业教育办学质量的提高，加强了职业教育的区域合作和城乡合作。

（2）搭建城乡职业教育云平台，实现教育资源共享

十八大报告中首次将"信息化"上升到了国家战略发展的高度，推进职业教育信息化在我国经济建设中有着十分重要的意义，2012 年教育部颁发的《教育部关于加快推进职业教育信息化发展的意见》明确指出"加快推进职业教育信息化，是我国教育信息化工作的重要内容，是职业教育基础能力建设的重要任务，是支撑职业教育改革创新的

---

① 黄尧：《经济转型期我国职业教育宏观政策研究》，外语教学与研究出版社 2012年版，第 325 页。

重要基础，是提高人才培养质量的关键环节。"推进城乡职业教育的信息化有利于实现职业教育资源共享，有利于农村地区的职业学校及时了解职业教育的最新技术和发展趋势，对于合理设置专业、分享教学资源、更新职业教育教师的知识结构等有着积极的作用，同时也能加快职业教育城乡一体化的进程。

职业教育云平台是云计算技术在职业教育领域的应用，通过云计算技术将职业教育资源数字化之后，向学校、教师和学生提供以计算资源为形式的服务。[①] 利用云平台下的云端储存功能可以长时间保存各种学习和教育资源，通过云平台各个不同地区可以同时共享这些优秀的教育资源；其次利用职业教育云平台下的网络化虚拟协同实验平台软件，为跨区域在线教研、虚拟实验模式提供创新性的网络平台，不管是在城市地区的职业学校还是在农村地区的职业学校都能通过每个云端设备实现资源共享，农村地区的职业学校也能享受到先进的职业教育理念、教育内容等等，从而逐步消减城乡职业教育差距。

（3）解放思想，发展民办职业教育

目前来说我国职业教育的办学主体比较单一，近年来还呈下降趋势。职业教育直接为地方经济服务，具有地方性、适应性、灵活性等特点，因此职业教育要走出校园，在进行学校教育的同时拓展职业教育的办学渠道，主动与各行各业合作开展人才培养、技能技术全做、岗位技能培训合作等，鼓励将企业等优质社会资源引入职教机制，签订联合办学协议，为社会量身定制培养人才。

另外鼓励民办职业教育的发展，民办教育的本质是利用公民社会选择机制和市场机制来打破传统意义上政府及其附属机构对于公共事业的垄断，形成一种包括公民社会选择和市场机制在内的多样化的公共供给

---

① 张雪丽：《欠发达地区职业教育发展策略研究——以贵阳市为例》，博士学位论文，华东师范大学教科院职业教育与成人教育研究所 2013 年，第 70 页。

机制。① 民办职业教育的发展，并不意味着政府的教育职能与责任的减轻或摆脱，它只是意味着一种关系的重组。在这个过程中，政府与社会经济部门的关系由原来的强制服从关系转变成了一种平等合作的伙伴关系，政府尽管失去了"划桨者"的角色，但是它的"掌舵者"的责任得到进一步加强，如宏观的教育规划的责任、教育立法责任、教育经费的筹措与保障责任等。

重庆：打造职业教育集团化办学模式②

在大城市与大农村、大库区并存的特殊情况下，重庆如何实现城乡统筹发展？重庆市教委主任彭智勇说，重庆职业教育集团化办学已成为打破城乡二元结构、促进城乡统筹发展的金钥匙。

◆三段式办学模式

所谓三段式办学，是一年在农村职业学校学习、一年在城市职业学校学习、一年在企业顶岗实习的职业教育集团化办学模式。

近年来，重庆市巫山县职教中心利用广东佛山等地市对口支援契机，探索出三段式办学模式。学生在巫山县职教中心学习 1 年，进入佛山高级技工学校学习 1 年，再到佛山市企业顶岗实习 1 年，同时将户籍、学籍迁往佛山，毕业后在当地就业。2007 年，有1000 人实现转移就业。今年巫山还将向佛山定向培训转移 1500人。这种融技能培训、输出就业、转移户籍为一体的职业教育三段式办学模式，确保了转移输出的高就业率和高稳定率，实现了真正意义上的农村劳动力离土离乡。

2005 年 4 月，重庆工商校与云南省昭通市教育局签订合作办学协议，接管已停办 3 年的原昭通市技工学校。重庆工商校投资

---

① 顾馨梅、吴志娟、水淑燕、仇文利：《城乡一体化背景下统筹职业教育发展路径初探》，《中国成人教育》2011 年第 1 期。

② 《中华建筑报》，2008 年 7 月 9 日第 7 版。

150万元对该校舍进行维修，派驻管理人员，教职工经重庆工商校考评后录用，工资关系由昭通市教育局代理。学校采取1年在分校、1年在本部、1年在企业的三段式办学模式，利用重庆工商校优质的教育资源、良好的教学管理模式、广阔的就业途径，以大带小、以强扶弱，使该校很快成为云南省重点中职学校，连续3年每年招生规模都在700人左右。目前学校在校生人数已达2100多人，毕业生就业率达98%以上。

◆园校互动促进校企融合

"继重庆职教基地创造了城校互动、资源共享模式后，我们正在积极发展园校互动、校企融合的职教集团化办学模式。"重庆市教委副主任赵为粮说。

赵为粮介绍，园校互动是把区县职教中心和重点中职学校建设与区县工业园区建设捆绑起来，在园区建设中融入职业教育发展，在职业学校建设中充分考虑园区建设需要。校企融合是指园区内的职业学校从企业需求出发，把职业教育功能定位融入园区企业价值链，双方在人、财、物方面合作，从精神文化层面获得相互认同。

校企融合内容有八个方面，即学校和工厂融合、教室和车间融合、教师和师傅融合、学生和学徒融合、理论与实践融合、作品与产品融合、招生与招工融合、育人与增效融合。目前，重庆部分工业园区与职业学校（职教中心）建设实现了有效互动融合。

重庆黔江区积极探索职业教育孵化产业园区新模式。该区计划投资3亿元，在舟白城市组团规划3平方公里建设职业教育工业园区。2007年，黔江职教中心分别与奥林巴斯集团、澳门万国控股集团等知名企业签订协议，就入驻联合办学，特别是学生勤工俭学、带薪实习、就业等方面达成共识。澳门万国控股集团每年为职教中心安排500名以上学生参与企业岗位实习，负责500名以上的毕业生就业。

◆农民工培训集团推动农民转变身份

重庆市教委职成教处处长刘先海介绍，重庆以职业院校为依托，通过实施技能型紧缺人才培训、就业再就业培训、农村实用技术培训、农村劳动力转移培训、三峡库区移民技能培训等，把培训对象从在校学生扩大到往届初高中毕业生、城镇失业人员、农村富余劳动力，提高他们的转移能力、就业能力、职业转换能力以及创业能力，使他们转得出、立得住、干得好，逐步致富。

近年来，重庆市大力实施了技能型紧缺人才、就业再就业、农村实用技术、农村劳动力转移、三峡库区移民技能等职业教育培养培训工程，为社会输送中等以上技能人才 100 万人，开展移民培训50 万人次、农村劳动力转移培训 100 万人次。

重庆市教委彭智勇主任说，重庆市委、市政府决定把解决农民工问题作为统筹城乡综合配套改革的重要任务之一，进一步完善政府购买培训成果的新机制，建立企业订单、学校接单、政府买单的农民工培训机制。未来 5 年，将围绕重庆劳动密集型的建筑、交通等产业，依托职业院校建设 5 个农民工培训集团和 20 个农民工培训基地，完成农村劳动力转移培训 200 万人次、进城农民工培训200 万人次。增强农民自我发展能力和脱贫致富能力，促进农村劳动力实现地域转移、产业转换、身份转变，即由农村向城镇转移、由农业向非农产业转换、由农民向市民转变。

（二）职业教育招生一体化及其实现路径

1. 职业教育招生一体化的内涵及意义

统筹城乡职业教育招生要求把城乡的生源看成一个统一体，打破区域的限制，城乡的职业学校根据自身的办学能力提供学习机会，只要学生有接受职业教育的需求，供给和需求的双方可以自愿双向选择。根据《国家中长期教育改革和发展规划纲要（2010—2020 年）》的要求，我国提出 2012 年到 2020 年，中职和高中在校生将在高中教育阶段规模上实现 1：1 的目标，增加教育吸引力是真正实现此目标的关键之举。① 一直以来，我国的职业教育在招生上就是忽冷忽热的局面，有的学校和专业在招生上人山人海，而有的学校及专业却是门可罗雀，农村的职业学校普遍招生困难，学生都愿意选择城市地区的职业学校就读。

但就我国目前职业学校招生的现状来看，职业教育的招生在城市和农村两个地区并没有打破区域的局限，职业教育的招生还是以地方区域为主。职业教育招生一体化就是要让职业学校全盘考虑自身的办学力量，以及城市和乡村的职业教育生源的状况，打破地方保护主义，实现自主招生，统筹城乡职业教育招生市场。招生一体化是职业教育城乡统筹一体化在学校招生上的体现，招生一体化就是要打破地区限制，具体来说就是打破城乡地区的限制，通过生源的流动让城市地区的职业教育带动农村地区的职业教育，促进农村地区职业教育的发展，进而也带动农村地区经济的增长。

2. 职业教育招生一体化的实现路径

（1）实现政策优惠吸引学生入学

对于农村职业院校招生困难这一实际问题，国家可以在实施一定优惠政策的基础上，比如减免学费、帮扶就业等形式吸引考生积极报考，这同时也保证了农村职教资源的充分利用，缩小了城乡之间的生源差距，实现城乡职业教育统筹的发展。

首先要提高职业学校学生的福利待遇，德国为了吸引更多的优秀青年接受职业教育，提高职业教育的生源质量，学生在校期间会给学生提供较多的企业带薪实习机会；欧盟的一些国家为接受职业教育的学生提供较好的福利待遇，包括减免教科书的费用、交通费、学校伙食费、住宿费等，此外，瑞典法律还规定如果学校与家庭的距离超过 6 千米，政

---

① 王冰蔚：《发达国家增加职业教育吸引力的招生与就业制度研究》，《继续教育研究》2012 年第 5 期。

府则应负责支付学生的交通费用。[①]

其次是减免学生在校期间的学费。[②] 在欧盟 25 个成员国中，有 22 个国家实行多种职业教育免费，不收取任何学杂费。学杂费占学生在校期间支出的大部分比例，国家通过免除学生在校学习期间的学杂费可以吸引更多的学生接受职业教育，同时农村地区的学生也可以选择到城市地区职业学校学习，以促进城乡之间生源的流动。

（2）建立职业教育一体化招生市场

地方保护主义是制约职业教育招生一体化不能实现的职业阻碍，要建立城乡一体的职业教育招生就要打破地方保护主义，在招生上搞"地方保护、画地为牢"。职业教育招生秩序的混乱造成了很多不良的后果，既影响了职业教育自身的可持续发展，也不利于职业学生的公平竞争。

首先建立职业教育一体化招生市场要建立健全相关的法律法规，依法维护招生秩序。政府在职业教育招生中应该坚持加强对招生市场的监管和维护，严厉打击违法违规行为，支持学生的正常招生活动，为职业学校招生建立公平、公正、公开的招生市场环境。

其次要统筹职业教育招生布局，整合职业教育资源。建立职业教育一体化招生市场要重新审视职业教育的区域布局，打破地区界限、行业界限、所有制界限，统筹考虑职业教育资源的整合与重组，有计划、有步骤地进行学校合并、重组、联合办学、共同培养、集团化办学和强强联合，以优化职业教育资源配置，加速高素质技能型专门人才的培养，服务地方经济建设，促进区域融合。[③]

最后要建立透明公开的招生信息发布制度，健康发展的职业学校招

---

① 王冰蔚：《发达国家增加职业教育吸引力的招生与就业制度研究》，《继续教育研究》2012 年第 5 期。

② 中国新闻网：《欧洲中职生享受福利补贴，部分国家中职教育免费》，《职业教育研究》2007 年第 11 期。

③ 倪依纯、王殿安：《以市场为导向建立职业教育招生新秩序》，《交通职业教育》2011 年第 6 期。

生市场，有赖于招生信息的及时、公开、透明。现在我国职业学校的生源大都集中在广大的农村，一方面，由于农村地理位置偏僻、通讯不发达，阻碍了招生信息的畅通；另一方面就是由于地方保护，人为地封锁和屏蔽外来的招生信息，逼迫学生报考本地职业学校。① 要建立一体化的招生市场，要改变信息不通畅的现状，建立招生信息发布制度，沟通学校与学生之间信息的双向畅通，杜绝地方保护主义，畅通招生信息渠道。

职业教育：招生难与就业易的尴尬②

职业教育是培养高技能人才的摇篮，但目前的情况是，职业技术学校的招生状况难以让人乐观。

◆城里孩子 5% 愿上技校

尽管已经开学近一个月，郑州市不少技校的招生并没有结束，而且可能会持续到 11 月份。

"我们的门槛并不高，注册入学，初中毕业生基本上都能入学，但是招生并不容易。"一名技校校长面露愁容，他说实在不行的话春季还得招生，学校总得生存啊。

据了解，技校 95% 以上的学生来自农村，城镇的学生主要是困难家庭的子女。

面临此难题的还有职业高中、职业中专。郑州市不少职业学校给老师定有招生任务，教师的薪酬和招生多少挂钩。

记者了解到，目前职业技术教育普遍面临生源质量差、数量萎缩的局面，在这种形势下，技工院校、职业高中、职业中专之间以及城市和农村学校的竞争尤为激烈，使招生更是雪上加霜。与此形成鲜明对比的是普通高中的人满为患。直至今日，还有的家长忙于

---

① 倪依纯、王殿安：《以市场为导向建立职业教育招生新秩序》，《交通职业教育》2011 年第 6 期。

② 《河南日报》2008 年 10 月 27 日，第 4 版。

托关系把孩子塞到好学校好班级。

◆畸形人才观根深蒂固

一方面是大学毕业生就业难成为社会问题，另一方面是高技能人才短缺，技工岗位招不够人；一方面是普通高中异常火爆，千军万马备战高考，另一方面是职业教育的路子越走越难。由此形成了一个走不出的怪圈。

有识之士指出，形成这样一个怪圈，主要还是社会观念和思维定式没有得到根本改变。自古以来，人们把学问看成价值判断的主要尺码。多年来一直是重学历教育、轻职业培训，重文凭、轻技能，认为只有专家、学者才是人才。更有甚者，在学校、家庭和社会上一度把工人视为没出息，导致了家长不愿让孩子到职业技术院校上学，青年人不愿当工人，更不愿意学技能。这种狭隘的人才观制约了技能人才队伍的建设。

基于此，郑州市财经学校的校长徐锡志对于职业教育的近期发展不是很乐观，"一种社会观念的扭转需要一个时期，我觉得职业教育大发展恐怕还要三五年，特别在城市，可能会更迟一些。"

◆"就业带动"带来转机

一个容易被人忽略的现象是，职业技术院校虽然招生困难，毕业生就业并不难，有的在校期间已被大企业预订一空。郑州市技师学院近年来的毕业生就业率超过98%，大批毕业生到宇通公司、河南送变电建设总公司、思达高科、正星科技、郑纺机等企业就业。

而这些学到技术的学生就业后靠过硬的技能证明了自己，实现着自己的人生价值。

汪来庆是郑州技师学院焊工专业的一名学生，1990年毕业后就业于中国石油天然气管道公司。2001年就被称为"西气东输工程第一焊"，荣获郑州市"五一劳动奖章"。郑州交通技师学院近两年的毕业生中，还有人开办了自己的汽车修理公司。

郑州市技师学院院长杜广建说，以前以招初中生为主的技校现在有了越来越多的高中毕业生，甚至一些大专生毕业后来到技校"回炉"学技术。

"这主要是就业带动。"郑州市职业技能开发处处长何建伟说，不少高校毕业生找不到工作，回过头来到技校学技术。何建伟说，这也和国家日渐重视高技能人才的大环境有关。

（三）职业教育就业一体化及其实现路径

1. 职业教育就业一体化的内涵及意义

劳动力市场是学生走向就业岗位的平台，就业市场的完善与否，直接关系到学生能否顺利就业。因此，深化劳动力就业市场改革，构建公平合理的城乡一体化市场制度，是城乡职业院校学生实现公平就业的外在要求。[1] 通过建构公平竞争的就业市场环境，以此带动劳动力在城乡间、区域间的自由流动，确保城乡劳动力拥有公平的就业机会。2015年6月30日，教育部部长袁贵仁在十二届全国人大常委会第十五次会议联组会议上表示，我国普通教育、职业教育结构不尽合理，是目前我国高校毕业生就业难和企业用工难并存的一个具体原因，是高校毕业生就业结构性矛盾的症结所在。职业教育必须突出职业教育的特点，坚持以就业为导向，而不能简单办成升学教育。[2]

有学者认为，现阶段我国劳动力市场存在着四种分割形式，分别是城乡分割、行业分割、体制分割和内外部劳动力市场分割。[3] 城乡分割也是区域分割的另一种表现形式，是指由于户籍制度及其衍生制度的存

---

[1] 张涛、罗旭、彭尚平：《论城乡一体化背景下职业教育的统筹发展》，《职业与教育》2012年第27期。

[2] 袁贵仁：《职业教育要坚持以就业为导向 不能简单办成升学教育》，2015年6月30日，见 http://npc.people.com.cn/n/2015/0630/c14576 - 27233212.html。

[3] 孟景舟：《劳动力市场与职业教育吸引力的关系》，《学术论坛》2010年第5期。

在，使本应统一的劳动力市场被分割为两个不同特征的劳动力市场。①
目前在我国，户籍制度造成的城乡二元体制严重地阻碍了劳动力市场的
融合，也影响了职业教育在城乡两地的发展，另外由于地方保护主义的
存在也在一定程度上影响了职业教育就业一体化的实现，因此要实现职
业教育就业一体化就要逐步改革户籍制度，打破城乡二元体制的劳动力
市场分割壁垒的制约；其次要打破地方保护主义对就业的限制，尽量减
小"地方保护主义"对劳动力跨区域自由流动的阻碍力度。

2. 职业教育就业一体化的实现路径

（1）建立职业教育城乡一体化劳动力市场

职业教育是为个体提供特定职业以及更加广泛的劳动力市场所需要
的知识、技能与能力的教育，它与经济社会的发展和劳动力市场之间有
着密切的关系。职业教育既要满足劳动力市场的需求又影响着劳动力市
场的发展。城乡二元结构导致我国的职业教育所对应的劳动力市场也出
现了二元分层，城市地区职业学校培养出来的职业人才面向城市地区的
劳动力市场，农村地区的职业学校培养的人才面向农村地区的劳动力市
场，城乡之间的劳动力市场有很少的交叉和融合，这也是造成城乡职业
教育差距的原因之一。

习近平总书记指出："要加快推进户籍制度改革，完善城乡劳动者
平等就业制度，保障城乡劳动者平等就业权利。"建立城乡一体化的劳
动力市场可以有效地消除劳动力市场部门分割所带来的社会地位歧视，
区域分割所带来的贫富歧视，城乡分割所带来的生长环境歧视，内生分
割所带来的教育背景歧视，使二级劳动力市场的劳动者也有机会进入一
级劳动力市场。②

---

① 李娜娜、闫志利：《劳动力市场分割对职业教育发展影响的研究》，《职教通讯》
2016 年第 31 期。
② 李娜娜、闫志利：《劳动力市场分割对职业教育发展影响的研究》，《职教通讯》
2016 年第 31 期。

　　要建立城乡统筹的职业教育就业一体化就要建立城乡统筹一体化的劳动力市场，要实现城市和农村的劳动力市场一体化，要对职业教育培养人才的标准一体化，只有这样，职业教育才能实现一体化。要推动职业教育体制改革，让职业教育主动适应市场，《现代职业教育体系建设规划（2014—2020年）》提出要"坚持市场需求导向，充分发挥市场在资源配置中的决定性作用，增强职业教育体系适应市场经济的能力。"城乡一体化的职业教育要以市场为导向，以就业为目的，统筹城乡劳动力市场，打破发达地区、优势教育群体对教育资源的垄断，实现教育资源的均衡配置，弱化劳动力市场的区域分割和城乡分割，沟通劳动力市场标准，提高职业学校毕业生应对市场变化的能力和水平，不断提高职业学校毕业生的就业质量，最终实现职业教育就业一体化。

　　（2）建立健全职业教育就业服务体系

　　健全的职业教育就业服务体系能够增加职业学校的学生参与职业教育学习的信心，同时也能够为他们提供实际的就业指导，促进学生就业。确保就业是职业教育的重中之重，很多职业学校和相关专业招生火爆，甚至出现家长愿意高额赞助现象的主要原因就是就业保障，相反，还有许多职业学校及相关专业不管如何努力也招生困难，其根本原因就是学生或家长感到就业前景不佳或者就业质量不高。建立城乡一体的职业教育同样也应该从就业入手，建立职业教育就业服务体系，加快实现职业教育就业一体化。

　　建立健全职业教育就业服务体系首先要有完善的就业法规体系，德国为了帮助德国的青年人就业，不断出台和完善能够确保学生顺利就业的法规和政策，颁布青年就业扶助体系相关法律，还为了改善对青年人的劳动保护并提供相应的就业咨询指导而颁布了一系列的法规。① 我国也应建立职业教育就业法律法规体系，服务于城乡两地的职业教育，促

---

① 　林燕：《德国青年就业政策及对我国的启示》，《北京青年政治学院学报》2006年第12期。

进城乡两地的职业就业的深度融合，逐步实现职业教育的一体化。

其次就是要积极开展就业或职业生涯指导，在技术领域人力资源开发过程中，职业指导发挥着极为重要的作用，它不仅可以帮助受教育者提高职业选择的能力，提高就业成功率，而且可以拓宽受教育者的发展前景。[1] 通过就业指导让学生全面了解社会的就业形式和对就业者的要求，帮助学生在校的学习；另外，就业指导还可以让城市和农村两地的职业学校清楚地了解对方的劳动力市场的就业形式，有利于在职业教育中有目的地培养学校，促进两地的劳动力的相互流动，从而实现职业教育的一体化。

"双十工程"助推一批"旗舰"职校崛起

南京职业教育呈现招生就业"两头旺"[2]

本报讯 10 月 16 日，南京市政府召开全市职业教育"双十工程"现场推进会，表彰奖励首批创建达标的高水平示范学校和特色学校。近几年来，南京职业教育持续蓬勃发展，初中毕业生就读职技类学校人数与就读普通高中的人数基本相当，毕业生就业率一直保持在 95% 以上，今年更是达到了 98%，一大批职业学校呈现出招生、就业"两头旺"的局面。

为打造一批"旗舰"职校，推动职业教育整体实现提档升级，去年 4 月，南京市教育局正式启动职业教育"双十工程"，提出到 2010 年，全市职业教育建成 10 所高水平示范学校和 10 所高水平特色学校。为助推首批 22 所创建学校发展，南京市政府及教育局以每所学校 100 万元的标准，向参加创建高水平示范学校的 12 所职校发放启动资金；对创建高水平特色学校的 10 所职校，则采取市、

---

① 王冰蔚：《发达国家增加职业教育吸引力的招生与就业制度研究》，《继续教育研究》2012 年第 5 期。

② 《成才导报·教育周刊》2008 年 10 月 22 日，第 2 版。

区县、部门联动，社会、企业资助的办法，筹集资金来扶持。由于资金和政策上的倾斜，短短1年多，一批在全国领先、软硬件一流、特色鲜明的"旗舰"职校在南京涌现。在现场推进会上，江宁职业教育中心等3所学校每家获得市政府颁发的高水平示范学校奖励经费1000万元，南京市财经学校等7所学校每校获得高水平特色学校建设奖励经费300万元。

据悉，整个"十一五"期间，南京市政府为"双十工程"专项投入将超过1.6亿元，助推南京一大批职业学校驶入优质发展的"快车道"。为创建高水平示范性学校，江宁区优化整合原职教中心等3校职教资源，易地新建区职教中心，突出加强骨干专业实训基地建设，大力推进区域职业教育的规模化、集约化发展。针对江宁区域内电子信息、汽车制造、电力设备、软件研发、现代物流、航空等产业规模集聚的特点，及时将职教专业领域拓展为机电、电子、计算机、财经、城市园林、汽车制造等8大专业（群），并建成了电子与信息技术、计算机应用技术等3个省级示范专业，形成了机电专业机械加工、数控加工等专门化方向的模块化课程体系及专业核心课程。此外，该校还与意大利的达帕萨诺等学校，与霍尼韦尔、南京高齿、中船绿洲等20多家大、中型企业进行合作办学，有效提升了订单式人才培训的质量与效益。目前，江宁职教中心的数控训练基地被评为"中央实训基地"，电信专业实训基地被评为"国家教育技术仿真实训示范基地"。

南京市财经学校的"特、精、细"化发展也很具代表性。该校校长施卓人告诉记者，一直以来，受场地限制的财校在办好会计专业的基础上，依托南京强大的IT产业资源优势，延伸出全国最早的计算机动漫专业，让特色之路继续走在时代的前沿。为了提高实训质量，学校还积极组织学生在实训基地做企业订单，为学生积累丰富的实践经验，提高其动画设计、制作能力。随着该校学生的作品在南京市各类动漫比赛中屡屡获奖，该专业学生的就业可用火爆来形容。为了让南京市财经学校的特色更加鲜明，今年南京市教育局通过"双十工程"又特别拨款 500 万，为其打造一流的实训基地。

南京市教育局局长徐传德表示，下一阶段，南京除了重点创建 10 所高水平示范性职业学校和 10 所特色化精品型职业学校外，全市 60% 的中等职业学校将达到国家重点职业学校标准。

第六章

一体化职业教育的基本策略

第一节　一体化职业教育的课程与教学

一、职业教育课程的一体化设计

（一）课程论的发展

课程理论的发展有其悠久的历史，我国《礼记·内则》等古籍中就有课程实践方面的记载，古希腊的柏拉图和亚里士多德等人在课程方面的研究，对西方学校课程有很大的影响。17 世纪捷克教育家夸美纽斯的泛智主义课程理论，18 世纪英国教育家洛克的感觉主义课程理论，以及赫尔巴特、斯宾塞和杜威在 19 世纪对课程理论的研究，为课程论成为一门独立学科奠定了理论基础。而课程作为一门独立学科，以美国学者博比特 1918 年出版的《课程》——世界教育史上的第一部课程论专著为标志，诞生于 20 世纪 20 年代。30 年代《课程的建设》、《课程编制》、《课程建设的原则和方法》、《课程编制的技术》等著作的问世，进一步完善了课程理论。[①]

拉尔夫·泰勒是美国著名教育学家、课程理论专家，被誉为"当代课程理论之父"。他于 1949 年出版的《课程与教学原理》一书，被誉为是"现代课程理论的圣经"，是课程开发原理最完美、最简洁、最清

---

① 蒋乃平：《课程模式是职教课程论学科建设的重要标志》，《河南职业技术师范学院学报》（职业教育版）2001 年第 6 期。

楚的阐述，也是现代课程论的奠基石。《课程与教学原理》揭示了课程
编制的四个阶段，即确定目标、选择经验、组织经验、评价结果，是对
现代课程领域研究影响最大的理论架构，被誉为"目标模式"或"泰
勒原理"，是现代课程论的奠基石。20 世纪 60 年代关于课程问题的大
论战和有关课程的大量著作更加丰富和完善了课程论的内容体系。课程
理论的研究范围涵盖了课程基本原理、课程发展史以及课程设计、课程
实施、课程评价、课程管理等诸多方面。

我国的现代课程论研究是从引进国外课程理论起步的。在我国，将
课程作为正式的研究领域始于 20 世纪 20 年代，几乎与课程作为一门独
立学科的诞生处于同一时期。30 年代，尽管我国许多高等院校教育系
开设了课程论，但主要是介绍美国的课程论，并没有形成独立的话语体
系。新中国成立后，由于粗糙地使用前苏联由教育基本理论、教学论、德
育论、学校管理四大块组成的教育学体系，只是简单地将课程作为教学论
的一个章节予以阐述，没有把课程论作为教育学的分支学科，导致我国课
程研究严重滞后。改革开放迎来了我国课程研究的新生。1981 年课程教
材研究室和《课程·教材·教法》杂志的问世，揭开了新时期我国课程
领域研究的序幕。1989 年先后出版的《课程论》（陈侠，人民教育出版
社）、《现代课程沦》（钟启泉，上海教育出版社），标志着我国课程论
形成了独立的研究领域，成为教育科学一门独立的分支学科。

（二）职业教育课程论的历史轨迹

职业教育课程理论脱胎于或源自于现代课程论，又逐渐随着职业教
育的发展和实践的需要，形成了自己的特色，从以基础教育为主的课程
论中分化出来，成为现代课程论的重要分支。作为工业革命后开创的有
计划、有目的地系统传授技术理论知识和生产技能现代意义上的职业教
育，只有一百多年的历史，其课程理论的发展只能算是萌芽状态。[①] 由

---

① 黄克孝：《职业和技术教育课程概论》，华东师范大学出版社 2001 年版，第 3、
12 - 17、257 页。

于其历史较短，这一领域的研究还比较薄弱。姜大源将职业教育课程定义为："职业教育课程是职业教育机构教学计划、教学大纲及教材所规定的全部教学内容和全部教学活动的总和。"[1]

20 世纪 60 年代产生于美洲大陆的能力本位课程，开始了现代职业教育课程理论的构建。我国职教课程理论研究起步于 20 世纪 90 年代初，相继列为"八五"和"九五"教育科研规划重点课题，形成了我国职教课程理论的初步框架。陆续引进的双元制、CBE、MES，不但为理论研究带来了活力，还引发了 90 年代我国职业教育课程改革的热潮，对传统课程模式也产生了很大的冲击，使职教界从传统的思维方式中解放出来，开始尝试新的思维方式来设计专业教学计划，涌现出许多成功的经验，推出了一些颇有影响的职教课程模式。到 90 年代末，已形成了由教育行政部门与行业主管部门合作、专家学者与基层职教教研人员合作、学校干部与教师合作的态势，组成了职教课程研究的骨干队伍，展开了对职业教育课程形态、课程模式、课程方案三个不同层级理论与实践的探索，逐渐形成了以课程模式探索为核心的特征，使职教课程改革得以向纵深推进。对课程开发标准样式的需求，导致了课程模式这一层级的探索，不但成为职业教育课程改革的重要环节，而且成为职业教育课程研究与基础教育课程研究的主要区别。

(三) 职业教育课程的一体化设计

1. 一体化对职业教育课程改革的理性诉求

教育作为社会系统中的一个子系统，在社会发展中起着重要的作用。它不仅促进社会主义物质文明的发展，同时也在社会主义精神文明的建设中起着重要的作用，担负着培养社会主义现代化合格建设人才的重任，担负着提高全民族科学文化素质的重任。促进教育公平是构建和谐社会的重要基础。职业教育作为教育这个大系统下的分支，对促进社

---

[1] 姜大源：《职业教育学研究新论》，教育科学出版社 2007 年版，第 119 页。

会公平，促进城乡的和谐发展有着巨大的意义，而课程作为教育的一个重要方面，更是发挥着无可替代的作用。

（1）城乡统筹大格局下的必然要求

当前，在全球范围内，城镇化水平已经成为一个国家现代化发展水平的重要衡量标准。我国作为一个农业大国，也逐步开始将城镇化建设作为新一阶段的发展任务。在党的十七大报告中，明确将城乡统筹作为推动经济建设和发展的"重中之重"。其目标在于发掘城乡优势，实现城乡间资源的流动与共享，打破长期以来的二元格局，促进城乡均衡发展，提高整体综合实力。民生之基，教育先行。要实现城乡统筹发展，教育势必首先做出相应的改革。《国家中长期教育改革和发展规划纲要》指出："加快缩小城乡差距。建立城乡一体化义务教育发展机制在县（区）域内实现城乡均衡发展。"党的十七大报告也提到"教育是民族振兴的基石，教育公平是社会公平的重要基础"。这表明，实现城乡教育统筹已经成为我国当前坚定不移的发展方向。课程，作为教育中最能体现教育理念的元素，随着城乡统筹的深化及社会法制化的建设，应该形成一套深刻体现教育公平、维护城乡均衡发展的制度体系。科学的课程制度是城乡教育一体化的最有力的推动。它不仅能够充分传递统筹发展的教育理念，更能有效指导课程行为。没有制度的指导与规范，城乡统筹只能流于形式，难以落到实处。因此，以城乡统筹的视角对课程制度的研究是大格局下的必然要求，也是全面提升我国基础教育水平的突破点。

（2）城乡课程权力均衡的诉求

长期以来，课程政策与制度都存在严重的城市化倾向。尽管城乡统筹的概念在《基础教育课程改革纲要（试行》中有所提及，但农村对于新课程改革仍表现出不适应性，具体体现在课程内容远离农村实际、课程实施缺乏支撑条件、课程资源贫瘠、课程评价低效等方面。究其本质而言，这是农村课程权力不足的体现。权力是主体用于驾驭客体，使客体满足其需要的保障。如果没有被赋予相当的权力，主体是很难去承受相应的责任并积极发生改变的。①

由此可见，正是由于农村缺乏课程决策权、课程编制权、课程选择权、课程评价权等，造成了城市的意志强加于农村、使农村教育利益受损的局面。这种平衡的调节，亟需制度的改变。课程的所有参与者都是有限的理性人，尽管统筹局势的推动，但参与者的选择却未必符合社会所追求的"最佳"，一定程度上都会偏向于自身利益或已适应的状态，不能真正做到公平。而制度是社会的博弈规则，或更严格地说，是制约人们相互行为的约束条件。②

有了制度对农村课程权力的保障，才能避免课程行为的随意性或对传统城市化桎梏的延续。因此，研究维护城乡教育均衡发展的课程制度体系对于推动我国教育发展及城镇化步伐具有战略性意义。

（3）城乡课程科学发展的趋势

任何一次的课程改革都是由一定的课程价值理念进行引导的，它体现着国家的意志取向，而这种意志的实现必须有课程制度的规范才能体现出其科学性与合理性。制度的存在可以使课程行为有迹可循，课程权力与责任清楚明确，课程参与者各司其职，课程体系井井有条，可以有效缓解农村课程观念落后、课程实施缺乏科学性等问题，提高课程行为效率，增加教育收益。"科学管理之父"泰勒曾指出，权力的平衡与利益的最大化需要一套科学的管理制度，将经验与实践上升为理论，加以系统化、专业化。以具有整体性的课程制度体系来引导城乡教育统筹，可以使城乡课程人员得到训练，使闲置的城乡课程资源得到充分开发与有效利用，使课程既能满足城市现代化发展又能贴近农村实际，使在降低课程成本的同时获取课程的最大化收益。这是课程科学发展的内在趋势，也是符合自然发展规律的。经济学家哈耶克指出，一种显而明确的

---

① 胡东芳：《论加强课程权力表达能力的必要性》，《教育理论与践》2002年第4期。
② ［日］青木昌彦：《比较制度分析》，周黎安译，上海远东出版社2001年版第6页。

秩序并非人的智慧预先设计的产物，这种秩序的出现是适应进化的结果。[1] 城与乡的矛盾已经使课程的发展面临着严峻的挑战，不能有效平衡城乡利益的课程必定逐步走向没落，因此，以城乡视角对课程制度加以设计是课程科学发展的内在与外在趋势。

2. 职业教育课程的一体化设计

课程不但是连接社会与教育的桥梁，而且是连接各级各类教育的桥梁。[2] 这里有必要对本书所提到的课程一体化做以明晰。一般提到的职业教育课程一体化指的是中高职课程纵向衔接的一体化，而这里的职业教育课程一体化是指：根据职业教育的育人的目的，在城乡一体化背景下，职业教育课程内部各要素、各成分之间的必然联系而构成的有机整体，进而实现职业教育育人目标与城乡协调发展的有机融合。我们可以更加直观地理解为"城乡职业教育课程的一体化"或"职业教育课程的城乡一体化"。

（1）保证"底线为基"的课程制度取向

首先，职业教育课程制度必须切实保证弱势群体享有与强势群体一样的最基本的课程权力。[3] 保证城乡在课程决策、课程制定、课程开发等方面参与权力的公平是对人的底线意义上的起码的尊重，也是城乡参与者一切课程行为得以进行的首要前提条件，每个课程参与者的权力都是神圣而不可剥夺的。这可以通过建立民主参与的决策机制得到实现，使城乡课程相关主体能够参与到课程决策中，通过平等、自由的辩论表达自己的观点，形成利益的博弈，帮助形成能够充分体现城乡需求的制度规定，达到利益的均衡。有了决策的共同参与，城乡在一系列课程制

---

① Friedrich A. Hayek, *Studies in Philosophy: Politics and Economics*, Chicago: The University of Chicago, 1967, p. 46.

② 蒋乃平：《终身教育和课程的"立交桥"——对"宽基础、活模块"的再思考之十》，《中国职业教育改革 20 年（1980—2000）》，科学出版社 2016 年版，第 690 页。

③ 郭晓明：《论基础教育课程政策的公正问题》，《教育理论与实践》2002 年第 4 期。

度中的课程权力，如课程开发权、课程评价权、课程选择权等就有了基本的保障。

其次，明确城乡发展对专业人才的差别需求，恰当规定职业教育课程行为的要求与预期目标，避免将城市职业学校的标准作为农村职业学校共同的基准，确保城乡所有地区的所有职业学校都有条件和能力给所有入学者提供同种质量的课程，以实现过程上的实质性公平。晏阳初先生曾指出，"一个强加于人们的计划，即使其出发点是为了人们的利益，也会满足不了其真正的需要而宣告失败。"①

从而，在课程制度的执行同时，应该加强信息的流通与处理机制的建设，使制度在城乡执行的真实情况与困难都能够及时传递到地方与国家有关部门，保证农村主体的意志得到充分地表达，促进课程制度的更加完善，使得课程政策与制度的改进不仅仅是以城市课程实施效果为转移，而是以城市与农村的综合水平为标准来进行课程制度的基本要求设定。

（2）重视三级课程制度的纵向联合

我国教育管理体制的改革以及城乡教育统筹的关键是课程权力的重新划分。而分权并不是自三级管理政策出现起就盲目将权力下放到地方与学校，让其完全自由发挥，而是应该先从本级的横向开始考虑，"清晰地分析哪些权力应当保留给中央、哪些权力可以下放给地方、哪些权力适合由学校掌握，从而积极稳妥地推进课程改革。"② 目前，尽管我国三级课程管理体制得到了确立，长期受到忽视的城乡学校的课程参与权力得到了确认，但受传统桎梏、农村课程管理水平与课程观念相对落后，以及现存课程政策与制度中对三级权限和责任所属指示不明确的影响，使得地方学校尤其是农村学校的课程主体地位经常落空，名不副实。因此，不论是为了课程常规行为的落实，还是城乡教育差距的缩小，都应该从三级权力的合理明确来进行规范。

---

① 宋恩荣：《晏阳初文集》，教育科学出版社 1989 年版，第 356 页。
② 郭继东：《我国课程管理体制改革刍议》，《教学与管理》1998 年第 22 期。

国家、地方、城乡学校的相关部门必须积极主动配合，完善本级课程制度建设，并与上级制度理念融会贯通，形成合力，城乡统筹的效果才能突出明显，没有三级管理的系统、协调配合，厚重的传统桎梏是难以克服的。

（3）加强课程制度板块的横向完善

应该改变地方、学校在课程制度设计上的选择性与随意性，保证每层制度板块的完整性，使不同的省市都有一个基于底线的共通的制度框架，而不是任由地方制度制定主体对课程政策中的任务筛选后进行片面的制度设计。每个地区都有一个完整结构的强制性的制度存在，不仅可以抛弃"头痛治头，脚痛治脚"的狭隘思维，保证制度体系整体运作的协调性，还能帮助省市之间、城市职业学校与农村职业学校之间的相互借鉴与学习。这是先"基础"后"特色"的一种逻辑存在。课程制度其实可以分为内部制度与外部制度，对于学校课程制度来说，国家课程制度与地方课程制度就是属于外部制度。根据系统性的理念，外部制度具有公共性、社会性与统整性，而内部制度的细化与完善也不可缺少。根据微观的课程制度的分类，国家、地方、学校，每一层次都应该建立包含有课程审议、课程选择、课程开发、课程管理、课程评价等的完整的课程制度体系，并且使这些安排从国家到地方、再到城乡学校逐渐细化。国家的课程制度指向地方一级的课程发展大致方向，强调城乡教育统筹在各个板块的体现；地方一级以城乡学校为对象进行具体指导；而学校又以本校的课程活动为对象进行更加详细的规范。每一个层次的课程制度都以上一个层次为基本原则依据。

在当前城乡教育差距明显的现实基础上，亟需从横向与纵向的视角来完善课程制度的框架，建立城乡教育统筹发展一体化机制，搭建城乡间共享、共通、共进的桥梁。只有科学、完整的制度体系才能引导正确、稳定的城乡教育发展。

二、职业教育教学的一体化实施

（一）教学论的发展

教学的概念来源于教学现象和教学实践，人们在教学本质的探索过程中，对教学的认识也逐步全面和深化。现代教学论发端于西欧，"最早采用这个术语的是 17 世纪德国的拉特克和捷克的夸美纽斯，其被理解为教学的艺术"。① 然而在整个 18 世纪，教学论并没有得到广泛的传播，直到 19 世纪初，才经由瑞士裴斯泰洛奇和德国赫尔巴特的努力而逐步发展起来。赫尔巴特明确指出"教学论是建立在心理学的基础之上的"，② 继而把教学论引入科学化的道路。众所周知，赫尔巴特教学论思想是西方各国教学论发展的源头，至今已经形成了众多的流派。赫尔巴特教学思想之所以能够发扬光大，除了理论本身具有的科学性符合时代发展的需要之外，还有两个方面的原因：一是得益于历史的快速发展使得教育学的车轮踏上了快车道，二是得益于其学生及后人的广泛传播。

从教学论发展的历史现状来看，赫尔巴特教学论思想在西方已经形成了三个比较著名的流派：德国学派、美国学派和苏联学派，它们都是在 20 世纪前后发展壮大起来的。

自先秦以来，我国的教育研究已走过了二千五百多年的历史。从教学论层面来看，自王国维 1901 年创办《教育世界》杂志以来，介绍西方的教育思想到如今也历经了 100 余年的历史。但迄今为止，我国在教学论方面具有世界影响力的突出成果乏善可陈，研究水平依然落后。究其原因，既有早期学习赫尔巴特教育学之时一些"先天不足"问题的局

---

① 达尼洛夫、叶希波夫：《教学论》，北京师范大学外语系 1955 级学生译，人民教育出版社 1961 年版，第 1 页。
② 王策三：《教学论稿》，人民教育出版社 2005 年版，第 6 页。

限,[1] 又有国内历史变迁使得发展道路艰难曲折的原因使然。

目前我国关于教学的概念可归纳为以下几种:第一,强调教师的教,即教师把知识和技能传授给学生的过程就是教学,如黄甫全等对教学的定义为"教师向学生传授知识和技能的专门活动,以此促进学生的身心发展和提升学生的道德品质";[2] 第二,强调学生的学,即教学就是使学生获得知识并学会学习;第三,强调教学的双边性,认为教学是教师教和学生学的相互作用,促进学生素质全面发展的活动,如王道俊对其定义:"教学是教师教和学生学所组成的一种双边活动";[3] 第四,强调"教"与"学"的中介因素,即教学除了教师和学生的参与外,还应包括中介因素——课程。如吴也显提出"教学是一种由教师、学生相互作用,以课程为中介而专门组织起来的教学活动"。[4]

(二)职业教育教学论的发展轨迹

职业教育教学论是研究职业教育的教和学的有关理论,与普通教育相比,职业教育的教学更加注重教学情境、实践环节与教学实施流程等教学过程各要素的设计。伴随着后工业化阶段职业教育课程模式的发展,不同国家与有关组织先后创立了满足不同职业人才培养需要的职业教育课程模式,这些新型的职业教育课程模式的建立与实施对传统的教学方法产生了很大的冲击,对职业教育的教学方法、教学过程、教学组织形式都提出了新的要求,同时也催生了职业教育教学改革,产生许多具有职业教育特色的教学理论,促进了职业教育教学论的发展。

由于职业教育的人才培养类型不同于其他教育,使得职业教育的教学与一般意义上的教学也有所不同。在教学内容上,既有职业教育的专

---

① 周谷平、叶志坚:《赫尔巴特教育学在中国:一个跨越世纪的回望》,《教育学报》2006 年第 10 期。

② 黄甫全:《现代课程与教学论学程》,人民教育出版社 2006 年版,第 8 页。

③ 王道俊、王汉澜:《教育学》,人民教育出版社 1998 年版,第 181 页。

④ 吴也显:《教学论新编》,教育科学出版社 1991 年版,第 5 页。

业课教学，又有专业实践课的教学；在教学双边关系上，既有校内教师的教学，又有企业内师傅的指导；在教学场所上，既有校内学习，又有校外企业实践。从广义上来看，职业教育教学是指通过学校的教师和企业中的师傅有计划有目的地指导，让学生获得知识和技能的一种双边活动，它包括校内学习和校外实践。从狭义上来看，职业教育教学是指在学校中教师的教和学生的学所组成的一种特有的职业技能人才的培养活动。① 自夸美纽斯 1632 年出版《大教学论》开始，关于教学论的研究有了几百年的发展历史，形成了较系统的研究体系。在职业教育领域，人们对职业教育教学现象早已关注，并探讨了研究职业教育教学过程中的特殊规律和问题，形成了许多研究成果。不过这些研究常常停留在工作层面，研究目的多是解决实践活动中遇到的问题。进入新世纪，职业教育教学论学科体系建设成为人们热议的话题，出版了一批论文和著作。构建一个学科，首先需要解决概念称谓问题，近年出版的著作和相关论文中，出现了多种含义类似的名称，如：职业教育教学论、专业教学论、职业教学论、职业领域教学论、技术教学论、工程教学论、职业教育的通用教学论、高职教学论等，争论焦点在于"教学论"一词前面增加何种限定词。

对职业教育教学论不仅存在称谓的分歧，其内涵也有两类不同观点。一是从职业学角度的解释，认为职业教育教学论是职业科学的组成部分。这类思想来源于德国，反映了德国职业教育教学研究的成果，建立在翻译德国专有名词基础上，角度独特，观念新颖，但与我国现有教育学科体系割裂，常常晦涩难懂。二是教育学角度的解释，认为"职业教育的教学实践，急切呼唤与之相适应的教学理论来规范和创新，迫切需要构建职业教育教学的理论体系"。"职业教育教学论不仅要探究、揭示职业教育理论知识的教学规律，还要探究、揭示职业教育实践教学

---

① 袁华、郑晓鸿:《职业教育学》，华东师范大学出版社 2010 年版，第 97－98 页。

的教学规律。"①

（三）职业教育教学的一体化实施

"一体化"一词广泛使用于社会各个领域，凡是多个事物或要素整合在一起，建立起内在的联系，并互为支撑与动力共同发展，均可称为"一体化"。"一体化"实际上就是一种整合、整体的思想，即从整体和系统出发，综合考虑各要素的联系，把各种相关要素整合在一起，有机配合，取得整体目标最大化。"一体化"教学思想反映了职业教育教学具有综合性的特点，需要打破城乡二元体系培养人才的模式，才能为生产一线培养技能型应用人才。"一体化"教学质量的高低，并不在于整合要素的数量多少，关键是其融合程度，能否真正做到是一个有机整体。

在统计文献中，对一体化职业教育教学模式的具体表述主要有 3 种，分别为"理论与实践一体化""教学做一体化""工学一体化"。但将城、乡一体化概念融入职业教育教学模式的观点并不多。

1. 一体化教学实施的原则

面临城镇化进程中城乡二元结构的分裂状态，我们也欣喜地从这些分裂中看到了融合的因素，分裂中的融合与融合中的分裂，并存于城镇化过程中。我们坚信，无论是发达国家还是发展中国家，这都是国家经济发展过程中必经的一条道路。虽然这是一条不得不走的"必经路"，但是我们不能放任这种自由的状态。尤其是这种二元分裂体现在职业教育领域时，职业教育教学如何应对这一困境，有必要遵循至少以下几个原则：

（1）面向城乡区域经济发展的需求

城乡区域经济是指在社会劳动地域分工的基础上，随着经济发展，已经逐步形成的各具特色和以密切联系为基础的地域经济综合体。城乡区域经济与职业教育有着密切的关系。城乡区域经济中的产业结构、技

---

① 孟庆国：《现代职业教育教学论》，北京师范大学出版社 2010 年版，第 7 页。

术结构、劳动力结构以及经济效益等决定和制约着职业教育的层次、类型结构、质量以及发展速度。作为城乡区域社会发展事业的有机组成部分，职业教育必须牢固树立服务城乡区域经济建设的办学宗旨，坚持面向城乡区域经济建设主战场，研究服务对象，把握需求脉搏，营造技术开发优势，担当科技转化的龙头，最大限度地实现教育资源与城乡区域经济的整合。要面向生产、服务与管理第一线设置专业，将城乡区域产业结构和社会人才需求的变化趋势作为确定专业主体框架的依据。

（2）面向城乡一体化产业结构调整的需要

一定的科类结构和专业结构是一定产业结构的直接反映。在市场经济条件下，我国的产业结构正处于战略调整时期，第一产业比例逐步降低，第二产业稳步发展，第三产业迅猛提高。职业教育应根据城乡一体化进程中产业结构调整趋势所带动的人才市场需求，相应地调整专业结构。首先要以支柱产业需求为基础，支柱产业和重点发展产业在经济结构中所占比重较大，人才需求比较稳定。其次以第三产业需求为方向，随着第三产业在产业结构中的比例日趋上升，新设置专业和现有专业调整改造要以第三产业的高新技术领域为方向。再次以特定行业或岗位需求为补充，城乡发展过程中对某些行业有特定的人才需求，但本科专业涉足不多，形成了空白点，这便给高等职业教育提供了极好的发展契机和空间。

（3）面向高科技发展的需要

现代高科技的发展、经济结构的转型、产业结构的升级，极大地提升了职业岗位（群）的技术内涵，导致现代职业岗位（群）成为持续趋近高科技的动态系统，促使其由劳动密集型向技术密集型转化。

社会职业岗位出现了许多新的变化：①高新技术的广泛使用，产生了许多与之相关的职业岗位。如机器人技术员、数据处理与系统分析员、CAD/CAM维修人员、柔性加工系统操作调试与维修人员等。②第三产业的迅速发展，使社会职业岗位出现了新的分布趋势，一系列新的职业岗位（群）相继产生，如投资分析员、企业评估员、商标代理人、审计监理、广告推销监理等。③传统的职业岗位也发生了分化和复合。如会计、护理等技术操作性较强的岗位都在原有的技术水平向上拓展。

2. 职业教育教学一体化实施的建议

（1）开发符合城乡定位差异的教学内容

在当前的职业教育教学内容的设置上，无论是教学材料、教学组织形式，还是培养出来的职业教育教师，无不是依照城市发展的模式来定位的。但事实上，城市职业教育的教学内容并不能完全适应农村职业教育的实际情况。职业教育教学内容应该将农村生产及生活的一些实际情况纳入到考虑范围中，将一些适合农村主体、农村文明与生产的内容囊括进来。

（2）以市场、职业和技术进行专业整合

专业设置是社会需求与实际教学工作紧密结合的纽带。专业建设是学校教学工作主动、灵活地适应社会需求的关键环节。职业教育的发展与城乡社会经济、科技的发展和城乡产业结构的调整密切相关。城乡产业结构的调整理应辐射到职业教育专业的设置，而职业教育专业的合理设置又能反过来促进城乡产业的结构升级。职业教育要根据自己的培养目标，针对地区、行业经济和社会发展的需求，按照职业岗位（群）和技术领域的实际需求设置和调整专业。

（3）职业教育教学过程需建立"双主体"意识

职业教育教学理应将城市职业教育和农村职业教育定位为双主体，而不是向城市过分倾斜，造成"一边倒"。在城市职业教育教学定位上，应当以培养出一批符合现代社会所需的、具有较高文化素质的、对农村发展具有一定认知和了解的城市公民为目标；而在农村职业教育教学的定位上，要以实现农村的现代化为目标，建立一个符合党的社会主义新农村建设理念的教育体系，保障农村发展所需的各种人才资源，同时也为城市的发展储备一批素质优秀的后备军。

第二节　一体化职业教育的管理

一、管理与教育管理

职业教育作为一种教育类型，具有与普通教育相区别的特殊属性。职业教育管理活动要在遵循管理和教育管理的一般规律的基础上，根据职业教育自身规律采取有针对性的管理思路和管理方法。这里有必要把管理、教育管理与职业教育管理的内涵区别开来并建立起彼此间的联系，这对提高职业教育管理水平有着重要意义。

（一）管理的内涵与功能

1. 管理的内涵

管理的定义是组成管理学理论的基本内容，明晰管理的定义也是理解管理问题最起码的要求。"管理"中的"管"，通常意义上指管辖、主管，即职务的隶属、权力的结构、责任的界限。"管理"一词中的"理"，指治理、处理、调理，即秩序井然、方法手段得当、效率高、效益明显。自管理成为一门学科，开始有着其独特运行概念的理论体系以来，中外学者由于研究的出发点和立足点不同就对管理一词下了不同的定义，因此直至目前，就"管理"而言还没有形成一个统一的概念。各种不同的管理学派对管理概念的解释主要有以下几种理论观点：

（1）泰勒：管理就是"确切知道要别人去干什么，并注意他们用最好最经济的方法去干"。①

（2）法约尔：管理是所有的人类组织（不论是家庭、企业或政府）都有的一种活动，这种活动由五项要素组成：计划、组织、指挥、协调

---

① ［美］F.泰勒：《科学管理原理》，韩放译，团结出版社1999年版，第104页。

和控制。管理就是实行计划、组织、指挥、协调和控制。①

（3）孔茨：管理就是设计和保持一种良好环境，使人在群体里高效率地完成既定目标。②

（4）小詹姆斯·唐纳利：管理就是由一个或更多的人来协调他人活动，以便收到个人单独活动所不能收到的效果而进行的各种活动。③

（5）彼得·德鲁克：管理就是一种实践，其本质不在于"知"而在于"行"，其验证不在于逻辑，而在于成果；其唯一权威就是成就。④

学者们众说纷纭，莫衷一是，多是从自己的理论体系以及不同的研究重点出发来说明管理的定义，虽有一定的代表性，但总的来说，这些定义各有真知灼见，也各有不足之处，且这些定义都着重从管理的现象来描述管理本身，鲜少有揭示管理的本质的定义。我国有学者对尝试从揭示管理本质出发，将管理定义为："管理是依据事物发展的客观规律，通过综合运用人力资源与其他资源，以有效实现目标的过程。换言之，管理就是利用人力和物力，为达到目标，进行计划、组织、指挥、执行、协调以至控制的一个系统过程。"⑤ 这一定义，相对而言，更能解释管理的内在本质，同时也将管理的基本功能囊括了进去。

2. 管理的功能

现代管理学一般将管理功能分为五项：

（1）计划。计划是管理的首要功能，它是管理人员瞻望未来，在具体的工程或行动之前预先拟定行动措施和步骤的过程。

---

① ［法］法约尔：《工业管理和一般管理》，曹永先译，团结出版社 1999 年版，第 7 页。
② ［美］哈罗德·孔茨、海因茨·韦里克：《管理学》，经济科学出版社 1998 年版，第 2 页。
③ ［美］小詹姆斯·唐纳利：《管理学基础——职能、行为、模型》，中国人民大学出版社 1982 年版，第 18 页。
④ ［美］彼得·德鲁克：《管理——任务、责任、实践》（上），中国社会科学出版社 1987 年版，第 7 页。
⑤ 贺祖斌主编：《职业教育管理》，北京师范大学出版社 2010 年版，第 2 页。

（2）组织。组织是指为了保证决策和计划的实施，建立权力体系和协作结构，分配职权、责、利的过程。

（3）指挥。指挥是指运用组织权力，行使领导职责，指导下属工作，统帅和调动各方面力量的过程。

（4）协调。协调是指解决和消除系统内部各因素之间，以及系统与周围环境之间，在目标、利益行为等方面的矛盾、冲突、分歧的过程。

（5）控制。控制是指有关评定工作以及采取必要的改善行动。它是对决策和计划的实施进行监督和检查，及时纠正行为偏差的过程。

（二）教育管理的内涵

教育管理作为一种特殊的管理活动，具有悠久的历史。自古代产生学校教育以来，教育管理就以一定的形式出现了。但教育管理作为一门学科，其历史并不长，虽发源于 20 世纪初，但直到 50 年代才逐渐成为一门独立的学科。

教育系统作为一种社会系统，其目的是培养各级各类高质量的人才，因此，教育管理便是根据教育目的和教育发展规律，有意识地调节教育系统内外的各种关系和资源，以便达到既定的教育系统目标的过程。这一定义包含以下三层意思：一是指明了教育管理活动的依据是教育目的和教育发展的规律；二是指出了教育管理的任务是有意识地调节教育系统内外关系和可资利用的教育资源、以适应教育系统发展的客观规律性；三是教育管理的结果是不断地促成教育系统目标的实现。①

现代的教育管理是指国家或地方政府对教育系统进行的计划、组织、协调、控制等一系列活动。从管理职能与管理过程来看，现代教育管理主要包括两个方面：教育行政管理和学校管理。教育行政管理是指国家各级教育行政部门对学校教育的管理。主要内容有：①实施教育法令；②制定教育规章；③编制教育计划、教育发展和改革规划；④审核

---

① 薛天祥、房剑森：《论教育管理的基本规律》，《辽宁高等教育研究》1995 年第 5 期。

教育经费；⑤任用教育行政人员；⑥视导和检查所属单位的工作；⑦协调教育与其他部门和社会其他方面的关系。学校管理通常是指学校自身的内部管理，然而，目前学校管理正日益注重学校与社区、学校与社会其他部门的关系。因此，学校管理的主要内容包括：①制订教学计划；②制定学校规章制度；③协调学校各部门的工作；④管理学校其他工作；⑤协调学校与社区、学校与社会其他部门的关系。①

（三）职业教育管理的内涵与特点

1. 职业教育管理的内涵

职业教育管理是指国家或地方政府对职业教育系统进行的计划、组织、协调、控制等一系列过程。从管理智能与管理过程来看，现代职业教育管理主要包括两个方面：职业教育行政管理和职业院校管理。由于职业教育是与区经济社会发展联系最为紧密的一种教育类型，因此协调学校与企业、社区和社会其他部门的关系在职业教育管理的内容中占有突出位置。②

2. 职业教育管理的特点

职业教育管理，这里尤其指现代的职业教育管理，作为教育管理的下位概念，有其独特的管理特点。

（1）"以人为本"

职业教育管理的出发点是"以人为本"，接受教育是基本人权。要通过提高劳动者的素质使产品质量水平、社会服务水平不断提高。同时，要使受教育者自身得到发展，使他们进入社会以后能够不断增强自身的就业能力，能够不断提高自身的生活质量和生活水平。也就是说，不同形式的学校在实施教育管理时除考虑到社会需要的同时，还应考虑到学生、家长的需要，树立"以学生为中心"的观念。长期以来，我们的教育观念有错位的现象，强调了尊师，却忽视了尊生；强调了为人

① 黄志成：《教育管理探析》，《外国教育资料》1994年第1期。
② 贺祖斌主编：《职业教育管理》，北京师范大学出版社2010年版，第4页。

民服务，却忽视了为每个具体的人服务。学生的地位、学生的个性、学生的需求、学生的发展被排除在学校的地位、学校的共性、学校的需求、学校的发展之外。只有学生感到学校是竭诚为他服务的，他才可能在进入社会以后真正树立为别人服务的意识。①

（2）管理手段的多样化

现代职业教育管理机构综合运用法律手段、经济手段和行政手段来管理职业教育。法律手段是职业技术教育管理的根本手段，它决定职业技术教育的管理体制、各方面的权限与职责、体制的运行以及经费、师资等有关发展的重要事项。由于职业技术教育的多样化、多元化以及复杂性，完善职业教育法律体系是提高职业教育管理效益的有效手段。经济手段是现代职业教育管理的重要手段，职业技术教育一方面与社会经济各领域关系密切，另一方面，它的发展又要有充分的物质经济条件。因此，通过经济手段进行管理主要是为职业教育的发展提供必要的物质基础，保证和调节职业教育发展的规模、速度和方向。行政手段主要是通过规定职业院校办学标准、职业教育师资的条件和开展职业教育质量评估等方式来促进职业教育发展。

（3）教育管理与实习管理紧密结合

职业教育就是使就学者获得从事某种职业应具备的知识和技能，因此，职业技术教育特别强调技能的培养，而保证受教育者充分掌握某种特定的技能当然是职业教育管理的一项重要任务。这一任务往往涉及职业技术学校、实习工厂或有关企业。所以，职业技术教育管理必须保证学校、工厂和企业的紧密配合。职业院校，在教学中日益重视实践环节，将教学管理和实习管理紧密结合。②

（4）管理的网络化

---

① 张文华：《现代职业教育管理理念初探》，《职教论坛》2002 年第 9 期。
② 黄静潇：《国外职业教育技术管理的特点及趋势》，《基础教育改革》2005 年第 16 期。

现代信息技术已彻底改变了传统的教育管理模式。现代职业教育管理已经基本实现网络化。从教学实施、学籍管理、考试管理到学生缴费、文献查询都能实现网络化，极大提高了职业教育管理的效率。

（5）管理主体趋向多元化

职业教育已经走进现代社会舞台中心。它的发展与社会进步、企业发展、人民生活水平的提高休戚相关。职业教育要健康可持续的发展离不开利益相关者的参与。因此，职业院校日益重视吸收并组织有代表性的权威、专家、对口行业管理者等社会力量，共同参与学校的管理。

（6）管理重心下移

传统的职业教育管理是集中的统一计划模式，这种管理体制对于稳定职业教育秩序和保证教学质量曾起到了积极的作用。但是，这种管理体制也存在着不足，一方面，管得太具体，职业院校只能被动地落实下达的各项精神，积极性和能量不能真正地发挥出来；另一方面，职业院校长期陷于烦琐事务的过程管理中，缺乏足够的精力思考战略性、全局性的问题。因此国家建立合理有效的职业教育管理权力分配结构，权力重心适度下移，扩大地方政府对职业教育的管理权限和职业院校的办学自主权是现代职业教育管理的新特点。

3. 职业教育管理的基本原则

（1）方向性原则

管理是一种有目的的活动，管理工作必定具有方向性。坚持社会主义方向，是我国职业教育管理活动的基本原则。我国发展职业教育事业的根本目的是培养高素质的劳动者和高质量的社会主义现代化建设人才。因此，在我国职业教育管理活动中，必须坚持贯彻执行党在社会主义初级阶段的基本路线，以党和国家的教育方针政策和法规为依据，使我国的职业教育为建设富强、民主、文明的社会主义现代化国家服务。①

中国共产党的政治路线、方针政策代表着全国各族人民的利益，集中了人民的要求，体现了人民的意志。因此，职业教育管理必须坚持党的领导，沿着党指出的行政管理方向进行职业教育事务的管理。党的领导从思想路线、政治路线和组织路线上保证了我国职业教育管理不断适应社会主义现代化建设的客观要求，保证着职业教育管理部门各项任务的积极完成；坚持社会主义方向，就要按照"三个面向"的要求，对领导体制、专业设置、课程内容、教学方法和管理制度等方面，进行全面的改革，实现多出人才、出好人才的根本目标。在职业教育管理活动中坚持党的领导，是职业教育事业取得成功的保证，也是职业教育管理的根本原则。

（2）民主性原则

民主性原则，就是在职业教育管理过程中，要充分发挥民主，集思广益，走群众路线，充分调动各方面参与、关心、支持职业教育事业的积极性。②

充分尊重职业教育工作者参加各项管理的民主的权利。他们既是管理的对象，也是管理的主体。因此，要遵循民主性的原则，在重大问题上，应当通过代表会、座谈会和各种组织系统的活动让职业教育工作者参加讨论，广泛听取意见。

要真正树立尊重知识、尊重人才的思想。知识和人才是社会主义现代化建设的宝贵财富，必须扫除一切轻视知识、轻视知识分子的偏见，牢固地树立尊重知识、尊重人才的思想，重视人才的特殊管理、动态管理，实现人才的优化管理，加强人才的系统管理。

同时，在职业教育管理活动中，必须坚持民主集中制。在职业教育管理机关内部建立正确的领导与被领导、集体领导与个人负责、民主讨

① 李冀主编：《教育管理辞典》，中国三环出版社1989年版，第10页。
② 李冀主编：《教育管理辞典》，中国三环出版社1989年版，第10页。

论与日常指挥的关系；职业教育管理机构的一切行政人员都必须遵纪守法，服从机关的组织和领导。①

（3）动态性原则

职业教育在不断地改革中发展，其构成的主要因素也在不断地发展，这就必然会在管理过程中出现许多新情况、新问题。职业教育的动态管理，要求经过深入的调查研究，及时获取反馈信息，做出准确的判断和决策，采取有效的措施加以解决；动态性原则并不是排斥相对稳定的意思，而是要注意保持管理工作的连贯性，以利于管理经验的积累和管理人才的成长。

职业教育工作既有稳定性、继承性，又有发展性、创造性，这是由职业教育事业承前启后、继往开来的社会职能所决定的，反映在职业教育管理上，应以稳定、继承为基础和条件，以发展、创造为目的和动力，在相对稳定的前提下抓发展，在运动发展中求稳定。

（4）科学性原则

科学性原则，即在职业教育管理活动中要按照客观规律办事，注意采取新的管理理论和管理方法，使职业教育管理活动建立在科学的基础之上。

职业教育管理活动既受到教育规律特别是职业教育规律的制约，同时也受管理规律的制约，是一项科学性很强的管理活动。无论是制定职业教育政策和规划，进行职业教育预测，还是开展职业教育结构的调查，都必须以科学的理论和方法为指导。

（5）高效性原则

教育管理的高效性原则是教育管理本质的直接体现和具体化，它要求以一定的教育资源投入培养和提供更多的合格人才和高水平的研究成果，或者说培养和提供一定数量的合格人才和研究成果，投入的教育资

———————

① 李冀主编：《教育管理辞典》，中国三环出版社1989年版，第10页。

源要求最少，产出的数量和质量高，从而表明教育管理的活力越突出。①

在职业教育管理中，高效性原则所追求的目标就是良好的办学效益，它包括经济效益和社会效益。通常，通过用人效益、经济效益、时间效益、办学效益、整体综合效益五个方面来衡量。

二、一体化职业教育管理

城乡分离的出现，曾经是人类社会经济历史上具有里程碑意义的进步。它标志着：古代农业的繁荣，农业劳动生产率的提高已经足以养活日益增多的脱离农业的城市人口；商品交换已得到一定程度的发展，需要有作为贸易中心的城市；工业已经成长起来，原来包括在农业劳动中的工业劳动萌芽已经分离出来，成为独立的物质生产部门。但是随着经济社会的不断发展，城乡关系最终要走向协调发展的道路，即城乡一体化。

城乡职业教育一体化管理是伴随城乡一体化这个概念而提出的，这绝不是偶然的现象，也不是某些个人的主观臆想，而是社会历史发展的必然趋势，是我国经济和社会发展到今天的必然选择。马克思主义认为，事物发展的根本原因在于事物的内部矛盾性，事物的发展总是这样从低一级形态向高一级的形态演变，呈螺旋式上升、波浪式的前进过程，城乡职业教育的一体化发展与管理也是如此。

（一）城乡职业教育一体化管理的概念及内涵

从词源上来看，"一体化"的概念主要出自拉丁语的"integration"，其本意为"革新"，翻译成汉语后其含义则是"将各个部分组合为一个新的整体"。② 早在19世纪末期，英国著名城市学家哈沃德·艾本泽（Ebenezer Howard）在其《明天是最好的变革路线》一书中就提出"城乡一体化"的概念，书中倡导"要用城乡一体化的社会结构来取代城

---

① 薛天祥：《职业教育管理学》，广西师范大学出版社2001年版，第168页。
② 辞海编辑委员会：《辞海》，上海辞书出版社1999年版，第378页。

乡对立的二元分割的旧社会形态"。① 城乡职业教育一体化管理是教育管理以及职业教育管理中的一部分。它与一般教育管理和职业教育管理活动有共通的内容,又有自身独特的内涵。对"一体化职业教育管理"或"城乡职业教育一体化管理"概念的理解,需放在城乡一体化进程的大背景下,也需要借鉴对"管理"最本质的解释。职业教育城乡一体化管理是指为了满足城乡居民对物质和文化的共同需求,缩小城乡之间的教育差距,把城市教育与农村教育作为一个整体进行统筹谋划,通过教育体制改革,以打破城乡二元教育结构,在教育资源配置、规划发展、政策保障、体制机制、内涵建设等层面达到一体化,最终实现城乡教育共同现代化的计划、组织、指挥、执行、协调以至控制过程。

(二)一体化职业教育管理策略

《国家中长期教育改革和发展规划纲要(2010—2020年)》指出:"把促进公平作为国家基本教育政策。教育公平是社会公平的重要基础。教育公平的基本要求是保障公民依法享有受教育的权利,关键是机会公平,重点是促进义务教育均衡发展和扶持困难群体,根本措施是合理配置教育资源,向农村地区、边远贫困地区和民族地区倾斜,加快缩小教育差距。教育公平的主要责任在政府,全社会要共同促进教育公平。"目前,距离纲要计划的初始年已经过去7个年头,实现教育公平,促成城乡职业教育一体化的共生发展,形势已经十分紧迫。现就如何从职业教育管理入手,达成这一目标,提出一些建议。

1. 加强政府统筹协调的责任,强化政府对职业教育的决策和执行力

当前,我国职业教育的管理体制仍以县为核心,由于范围过小,无法实现更高层次的统筹,与城乡职业教育一体化目标存在很大的差距。众所周知,县级政府财政与资源的制约性很大,管理权限和管理能力也比较有限,在城乡一体化建设推进过程中表现出"心有余而力不足"

---

① Ebenezer Howard, *Tomorrow: A Peaceful Path to Real Reform*, Routledge Chapman & Hall, 2009, p. 145.

的状态，城乡差距过大的现实无法得到真正的缓解，在教育方面更是如此。要想改变这一现状，就必须从政府管理体制中找到突破口。政府作为教育政策的制定者和执行者，在城乡职业教育一体化发展中起着不可替代的作用。因此，政府部门要站在科学发展观的高度，树立全局观、整体观，把"尊重基本人权，促进城乡共同发展"① 作为基本定位，以服务为宗旨，以就业为导向，以质量为核心，以改革创新为动力，着眼于满足城乡对不同职业教育的需求，分阶段、分地区循序渐进，逐步根除城乡割裂的教育体制，缩小城乡职业教育差距。政府在职业教育管理方面的统筹是多方面的，其中包括统筹投资、统筹补偿、统筹学校布局、统筹专业设置、统筹招生分配、统筹监督评估等。政府在职业教育管理方面的协调，主要是协调好教育、劳动、计划、财政和各行业主管部门之间的关系。

其次，各地区人民政府、职业学校主管部门、各职业学校要高度重视实施城乡职业教育一体化发展的重要性和必要性，在经费投入、设备提供、师资配备、招生就业等方面对城乡职业教育发展进行统筹规划、合理安排。强化各级政府对职业教育的决策力，建立城乡职业教育协调发展的良性机制，努力实现城乡职业教育资源共享、优势互补、共同发展。

实现城乡职业教育的一体化发展，还必须完善从上到下的相应的领导和管理体制。地方人民政府应成立工作领导小组及其办公室，地方人民政府分管领导担任领导小组组长，相关部门领导作为领导小组成员，形成政府主导、统筹管理、部门配合、校企参与的职业教育统筹发展新格局。完善分级管理、分类指导以及地方为主、政府统筹、社会参与的职业教育管理体制。各地区之间、市政府与各区县政府之间、城乡职业院校之间要保持信息的沟通，在学校的建立、培训基地的建设、专业的设置、教师的流动等方面要相互交流、协商，尽量发挥教育资源的最大

---

① 褚宏启：《城乡教育一体化：体系重构与制度创新》，《教育研究》2009 年第 11 期。

效益，防止资源的闲置和浪费。提高相关领导干部的思想认识，明确统筹城市职业教育一体化发展尤其是农村职业教育发展对缩小城乡差距、促进地区经济均衡发展的重要性。实行教育行政负责和教育行政问责制，对教育政策不能落到实处、农村职业教育经费得不到切实保障的情况，要对相关责任人进行问责。

另外，在提高政府决策力的同时，要保障各种规划、安排能够得到切实的执行。政府每年要根据实施情况进行督促检查，并把实施情况纳入年度目标工作考核范围，切实保证城乡职业教育一体化发展取得实效。总之，提升统筹主体的管理级别，拓宽城乡职业教育一体化的统筹区域和范围，这样可以大大增强与城乡职业教育一体化内涵的契合度，缩小城乡之间的教育差别。

2. 落实教育督导室的监督协调作用

国家、政府制定的统筹城乡职业教育发展的政策法规能否切实有效地执行下去是政策能否发挥作用的关键，而教育督导部门更是关键中的关键。要促进城乡职业教育一体化发展，就必须加强教育督导部门的督导作用。

首先，理顺教育督导室的隶属关系。政府教育督导室的基本职能是"督政督学"。而"督政"是督导室的首要任务，发展职业教育要依靠政府，城乡职业教育一体化的推动也要靠政府，所以该部门的管理体制应独立于政府，与教育行政部门脱钩，直接归属上一级政府主管，这样才能更好地发挥该部门监督和协调的作用。

其次，建立一支专业的教育督导队伍。队伍建设是提升督导水平的重要举措。城乡职业教育一体化发展教育督导工作，是一项政策性、专业性很强的工作。因此，要发现、识别一批具有全局意识、服务意识、创新意识和自律意识的人员从事此项工作。

再次，发挥教育督导室促进城乡职业教育一体化发展的作用。教育督导室要结合本地的实际情况，制定相关的评价标准，对城乡职业教育经费的投入、分配、落实情况，社会资源的配置，城乡各因素的自由流动，学校管理，学校行政，教学实施以及地方政府在保障城乡职业教育一体化发展等方面的具体措施进行检查。同时听取城乡各职业学校、教师、学生和社会各界对城乡职业教育一体化发展的状况意见。在检查的过程中以事实为依据，力求做到客观公正。给教育督导室更多的授权，并提供相应的法律保障，严厉查处挤占挪用职业教育资源，尤其是农村职业教育资源的各种失职行为。强化地方政府对城乡职业教育一体化发展的认识，并将其自觉贯彻到日常的工作行为之中。

在建立相应的领导和协调机制的基础上，还要多形式建立教育与相关行业主管部门、行业企业的对话协作机制和平台，加强职业教育联席会议制度建设。建立职业教育改革发展咨询委员会和教学改革创新指导委员会，定期或专题研究职业教育发展中的重大政策问题，提高职业教育科学决策的水平，实现城乡职业教育一体化发展。

3. 实施城乡职业教育一体化发展工程

城乡职业教育发展一体化不是"削峰填谷"的发展，不是"整齐划一"和"限制性"的发展，而是一种协调的发展和动态的均衡发展，是实现"好的"更好，"低的"在"好的"帮助和拉动下提上去。它要求在城乡互动、城乡共生和城乡交融的过程中通盘考虑农村职业教育的发展问题。因此，为促进城乡职业教育一体化发展，在建立健全领导和督导制度的同时，还要实施相应的城乡职业教育一体化发展工程。因此，在城乡二元结构突出，城乡差距加大的现实背景下，需要在城乡一体化的趋势下，探索城乡职业教育一体化发展的体制和机制，推进职业教育办学模式改革，探索规模化、集团化、一体化的办学路子。加强职业教育基础能力建设，改善农村职业学校办学条件，完善城乡职业教育体系，实现城乡职业教育资源配置、办学水平、人才质量一体化，整体提升职业教育的发展水平，增强职业教育的吸引力。需要注意的是，长期以来，受"城乡二元结构突出"格局的影响，各种社会资源在城乡间的配置往往是以保证城市发展为前提的。因此，促进城乡职业教育一体化发展，关键在于推进农村职业教育的发展。各级政府要提高对职业教育尤其是农村职业教育重要性的认识，把发展农村职业教育看作是振兴农业、解决"三农"问题、实现城乡协调发展、建设和谐社会的大问题。要积极打破城乡二元体制的束缚，把统筹城乡职业教育发展列入政府规划。在发展农村职业教育方面，可以借鉴德国的农民培训，建立完善的农民职业技术教育培训管理体系，建立农民职业技术培训学校及实验基地，将农民教育培训与等级证书放入管理体系，使农村和城市职业教育得到共同、"一体式"的发展。

4. 让市场引领职业教育的管理方向

在城乡统筹的背景下，理应将职业教育与区域经济发展紧密结合起来，根据区域经济发展的特点以及对职业教育的需求，统筹规划职业教育的学校布局、发展规模、招生计划、专业设置、中高等职业教育层次比例以及人才培养模式等，在管理职业教育中，既有宏观调控的手段，又有贴近实际、掌握实情进而便于深入指导的微观管理优势。应当找准市场对职业技术人才的需求，并适应市场需求，培养市场需要的人才，这才是当前职业教育的重要任务。对人才的培养，需要职业院校与当地的企业充分合作。通过校企之间的合作学校能够及时了解市场的需求，从而调整职业学校的专业设置和培养方案，以适应市场对人才培养规格的要求。坚持育人为本，以教产合作、校企一体和工学结合为改革方向，以提升服务经济发展和改善民生的各项能力为根本要求，从解决问题入手，全面推动城乡职业教育随着经济增长方式"动"，跟着产业结构调整"走"，围绕企业人才需要"转"，适应社会和市场需求"变"。

5. "互联网＋职业教育管理"促一体化管理

"互联网＋"是一种以互联网为依托，对传统领域的彻底变革，虽然各行各业的"互联网＋"形态不同，但普遍具有以下几个典型特征：一是跨界融合。"＋"就是跨界，就是变革，就是开放，就是重塑融合。二是创新驱动。创新发展是党的十八届五中全会确定的基本发展理念，而这正是互联网的特质，用互联网思维来求变、自我革命，更能发挥创新的力量。三是重塑结构。信息革命、全球化、互联网已打破了原有的社会结构、经济结构、地缘结构、文化结构。四是尊重人性。人是推动科技进步、经济增长、社会进步、文化繁荣最根本的力量，互联网力量的强大根本是来源于对人性最大限度的尊重、对人体验的敬畏、对人创造性发挥的重视。五是开放生态。推进"互联网＋"一个重要的方向就是把过去制约创新的环节化解掉，把孤岛式创新连接起来。六是连接一切。把有层次的、可连接性差异的和有差别连接价值的一切连接起来。"互联网＋"对教育的影响刚刚开始，但是从互联网对商业、金融、社交等领域的影响以及形成的新形态可以预测，"互联网＋教育"至少会从以下这些方面带来革命性变化。首先，按照跨界的趋势，教育的形式会极为丰富。虚拟课堂会成为常态，学生可根据自身发展需要线上选课，然后由分布在各地的教师完成面对面的辅导，形成线上选课、线下教学的教学新形态。其次，按照重塑结构的路径，课堂不再是唯一的教学形式，教师也不再仅仅局限于课堂传授者，企业专家、商界精英、高级农民都将参与教学活动，这不是传统意义上的现场教学，而是一种依学习需要而构建的全新教学形态。第三，按照连接一切的要求，连接教师与学生的不仅仅是传统途径，网络将会成为主渠道，一切学生喜闻乐见的媒体都会进入教学环节，特别是随着物联网技术在教学领域的应用，分布在工作现场的设备、仪器都将十分便捷地连接到学习活动之中，学生与学生的连接，学生与教师的连接，学生与企业专家的连接，学生与学习对象的连接等，全方位的连接形成全新学习环境。第四，传统教学活动构成要素的课程形式、教学形式、学习形式、评价形式将全面变化。丰富的媒体课程资源，会让知识变得可视化，通俗易懂，易教易学。虚拟现实的教学环境把教学活动变得生动有趣，学习不再是枯燥乏味的活动，与游戏一样可以吸引受众。教学过程形成的大数据，成为教学评价的客观依据。所有这些特点都可以促进教学资源在城市和农村间的均衡分配，既不偏向城市职业院校的学生，也不排斥农村职业院校的学生，实现真正意义上的城乡职业学校一体化协同进步发展。

第七章

一体化职业教育的机制保障

第一节　一体化职业教育的顶层设计

改革开放三十年以来，我国职业教育的发展基本上是沿袭"先做大、后做强"的思路进行的。不得不承认，在这样的思路之下发展起来的职业教育在规模上取得了巨大的成就。然而规模的扩张不代表实质性的发展。在我国职业教育基本完成规模扩张任务、寻求内涵发展的今天，如何通过顶层设计深化城乡职业教育一体化发展是当前一个重要问题。那么，我国一体化职业教育到底需要什么样的顶层设计呢？

一、顶层设计的概念及其科学性

职业教育为何需要与顶层设计挂钩，顶层设计是什么，其科学性体现在何处，这是值得思考的。只有在认可顶层设计具有其理论与实践价值的前提下，将城乡一体化背景下的职业教育与顶层设计结合起来才具有意义。

（一）顶层设计的概念

2010 年颁发的《国家中长期教育改革和发展规划纲要（2010—2020 年）》明确指出："国运兴衰，系于教育；教育振兴，全民有责，在党和国家工作全局中，必须始终坚持把教育摆在优先发展的位置。要切实做好教育工作，让教育承担起这样的责任，首先就要做好教育的顶层设计。"

"顶层设计"（top - down），是系统工程的专用名词，最早用于工程技术行业，后来从自然科学领域迁移到社会科学领域。其工程学的本义是从最高层开始，一层一层往下设计，统筹考虑各层次和各要素，在最高层次上寻求问题的解决。顶层设计是运用系统论的方法，从全局的角度，对某项任务或者某个项目的各方面、各层次、各要素统筹规划，以集中有效资源，高效快捷地实现目标。

"顶层设计"在中共中央关于"十二五"规划的建议中首次出现，被视作"十二五"改革发展的一个重要思路，后来也成为中央经济工作会议的内容。之所以强调"顶层设计"，目的就是保证决策的科学性。当前的若干决策，从局部来看无疑都是正确的，但一旦放在整体之中就会出现这样那样的问题。在中国，"顶层设计"现已成为被各行各业广泛使用的名词，对其概念的理解略有不同。

（二）职业教育顶层设计的科学性

2013 年，国务院原副总理、中国国际经济交流中心理事长曾培炎在中国经济年会（2013—2014）上表示，我国新一轮改革的顶层设计思路有三个鲜明特点：协同、倒逼、牵引，体现了改革进程的系统性、整体性和协同性，并由问题倒逼改革，改革破解问题，通过经济体制改革，充分发挥其牵引作用，引领我国经济发展在新阶段迎接更加美好的发展前景。[1] 曾先生虽然是从经济学的角度来谈顶层设计，但这对于我国城乡职业教育改革顶层设计的科学性具有同样的指导意义。

1. 顶层设计的科学性体现在系统性上

职业教育改革本身就是一个系统工程。仅从关联要素来看，不仅涉及到职业院校或者政府与职业院校的关系调整，还涉及到企业（包括政府与企业的关系以及学校与企业的关系）。因此，职业教育改革的顶层设计应该站在全局的高度，系统地思考；对于拟实现的终极目标，哪些

---

[1] 曾培炎：《改革顶层设计思路体现三个特点》，2013 年 12 月 23 日，见 http://news. xinhua08. com/a/20131223/1288131. shtml.

要素是充分条件，哪些要素是必要条件，均应进行全面、系统的考量与论证。只有这样，才有可能从源头上做文章，才有可能从根本上解决需要解决的问题。

2. 顶层设计的科学性体现在以问题为突破口

顶层设计的科学性体现在问题指向上，既然是改革，必然是先遇到问题才要改革。这也就是近些年来人们所说的"问题倒逼改革"。但改革不是空泛的，而是具体的；问题不同，改革的对象就不同，改革的重点就有差异，方法也有所不同。职业教育改革应该改什么、革什么，先改什么、后改什么，都应该有一个清晰的概念。因此，改革当以问题为突破口，只有找到了深层次的真问题，才能发现改革的方向和与之相对应的方法。

3. 顶层设计的科学性体现在方法论及其可行性上

顶层设计的科学性只有落脚在可行性上才有实际的意义。顶层设计无论如何完美，如果没有相应的方法论指导，顶层设计总难免落入空谈。不可否定的是，到目前为止的诸多职业教育改革方案的实施路径基本是：中央部门高度重视，省市级部门照本宣科，基层办学单位不知所措。近三十年来，中央层面文件、政策不少，但是，往往只有宏观的改革目标而无相应的实施路径与方法，结果是，改革的口号多而真正得以落实的少。

简言之，检视职业教育顶层设计的是否科学应该从以上这三个方面入手。当然，这三者本身是相互联系、相互依存的，其中任何一项的缺失都可以反证某个顶层设计的不合理性。如前所述，"只有找到了深层次的真问题，才能发现改革的方向和与之相对应的方法。"因此，对顶层设计的科学性考察，"问题指向"不失为一种直接且简便的检验方法。

二、教育需要"顶层设计"，职业教育更呼唤"顶层设计"

"顶层设计"以其宏观的视角、脚踏实地的解决问题的方式，成为一种备受青睐的规划模式。职业教育的发展，离不开系统的规划、离不开从上往下，一步一步、一层一层的设计，只有这样，才能实现职业教育的顶"天"与立"地"。

（一）职业教育对"顶层设计"的呼唤

中国现代职业教育体系的构建与发展是一项系统的战略工程，必须尊重现实社会的时代环境与条件，遵循职业教育自身的发展规律。职业教育要明确目标、任务和责任，不断创新机制和完善体系，实现着陆立"地"，回归真我；要大力推进职业教育国家制度和机制创新，为职业教育的发展提供"天"时保障。要建立顶"天"立"地"的现代职业教育体系，从根本上解决我国职业教育制度、机制和体系问题，实现我国职业教育的良性发展。

1. 职业教育的本质追问与探讨

职业教育的制度确定、机制运转、目标实现和任务落实不是教育部门和教学单位能够独立担当和完成的，而是一项社会系统工程，需要全社会按一定的规范配合协作共同去完成。必须建立各级政府牵头，教育、人事部门主导，相关部门、行业组织分责共建的高效运转机制。

近年来，各级政府对职业教育高度重视，职业教育有了较快发展，招生规模不断扩大，专业设置不断丰富，教学条件和教学设施不断改善，产教结合、校企合作不断深入，行业企业参与不断加强。但是，必须清醒地看到，我国职业教育仍然存在着许多问题：人们对职业教育的认识存在误区、职业教育在社会经济发展中的功能和作用不足等。追根究源，关键在于对职业教育的内涵和本质认识不清。在社会经济急速转型和大力发展职业教育的新时期，深入开展中国特色职业教育体系内涵与特征的研究，对于科学系统地回答"职业教育的本质"、"建设和发展什么样的职业教育"和"怎样建设和发展职业教育"，无疑具有重要的战略意义和实践价值。

建立现代职业教育，必须要还原职业教育的本来面目，弄清、解决职业教育应该是什么？应该干什么？怎么干？位置和角色是什么？确立位置、明确任务、目标和责任，让职业教育先着陆。历史的结论、先进国家的经验、科学研究的成果表明，职业教育应该是人类基本的、必然的、不可缺少的教育形式和学习方式，它是面向人人、面向社会的整体、全面、全民的教育，是60%的人群进入职场前获取所需知识、技能和100%的人接受再培训的教育。德国前总理科尔说过，职业教育是德国经济腾飞的"秘密武器"。良好的职业教育是提升全民族政治文化素质、实现中华民族伟大复兴梦想的关键因素之一。职业教育自身的发展壮大是实现职教社会服务功能、顶天立地的基础。因此，职业教育发展要按照自身规律，让60%的人群接受专业职业教育，40%的人群接受岗前职业教育，掌握就业创业技能，在进入社会前把他们培养成合格的劳动者。要对进入社会100%的人群，不断进行新知识、新技能的培训，提升综合素质，提高其就业创业的技能，帮助其不断适应工作和事业发展的需要。要让应该接受职业教育的人群接受职业教育，从根本上保证职业教育的投入到位、人才引进及时和生源充足，要以对民族负责的精神和科学的态度还原职业教育，让职业教育在自己的土地上，着陆立"地"，回归真我。

2. 职业教育必须建立起配套的制度和政策

职业教育要实现可持续发展，必须制定国家层面的法律法规、制度和政策，形成国家的职业教育制度，搞好顶层设计，完善职业教育体系，这是我国职业教育发展的前提和保障。必须建立既相对独立，又与国家政治经济、文化社会各项事业紧密相连的科学的现代职业教育体系。

1978年以来，根据社会发展的不同阶段和特点，我国政府曾相继出台了一系列政策，促进了职业教育的快速发展。1996年，《中华人民共和国职业教育法》颁布，为职业教育发展提供了法律保障；2002年，国务院做出了《关于大力推进职业教育改革与发展的决定》，标志着我国职业教育发展进入了一个新的发展阶段；2005年，国务院颁布了

《关于大力发展职业教育的决定》，标志着我国职业教育迈向新的发展时期。在中央政策的推动下，各级地方政府也相继出台了众多职业教育的政策规定。职业教育发展成果显著，但政策目标在实践中并非都已充分实现。

从政府出台的政策来看，宏观层面的制度和政策多于地方具体政策，出现了国家宏观方针政策"高位"与地方具体政策"低位"不一致、学校办学体制和内部管理机制不健全、职业教育层次结构不合理、教育政策的执行存在阻滞等问题。要从根本上解决我国职业教育发展过程中的一系列问题，必须确立国家职业教育制度，大力推进制度创新，完善职业教育法律体系和标准体系，为职业教育发展提供保障；积极推进体制改革与创新，整体提升现代职业教育运行保障水平，增强职业教育发展活力；推进中等和高等职业教育人才培养衔接，建立中专、专科、本科到专业研究生教育直通车，中级工、高级工、技师到高级技师培养体系，不断满足人们进入职场后适应社会需要的新知识、新技能、新文化学习培训需求，实现职业教育不同阶段的良性对接；重视国家政策的执行，完善相关的配套设施；统筹职业教育改革发展，推进人才培养模式创新，全面提高技术技能人才培养质量，建立起职业教育升学、就业、创业、人人成才的立交桥，逐步建立完善现代职业教育体系。

3. 建立现代职业教育体系

职业教育不是孤立的，它是整个教育系统的重要组成部分。职业教育有其特定的功能和地位，有相对的独立性。因此，职业教育应该有自己的模式。职教组织必须走以提高质量为重点的内涵式发展之路，完善以先进职教理论为指导、以培养学生综合素质和就业创业能力为根本的立交桥式的人才培养模式。

近年来，现代职业教育已经成为发达国家重要的经济基础和社会支柱。当前，全球实体经济竞争的需求以及我国产业转型升级的需求，正在汇成推动现代职业教育发展的强大动力。没有产业文化就不会有好的职业教育效果。职教组织要抓住当前的历史机遇，站在经济、社会和教育发展全局的高度，以战略眼光、先进理念和国际视野建设现代职业教育体系，努力为全面建成小康社会和实现中华民族伟大复兴做出更大贡献。

要按照职业教育自身的发展规律和终身教育的理念，以形成服务需求、开放融合、有机衔接、立交沟通的基本框架为重点，构建现代职业教育的体系框架和总体布局。让学生来到职业院校后，能够根据自己的实际情况选择学习的专业，然后经过 3 年的学习，让 40% 左右的学生在学到一技之长、取得中专结业证和中级技术证书后选择就业和创业；30% 左右的学生通过职业院校学生直通车升入专科、本科、专业研究生学习，其中有的可以选择取得专科毕业证和高级技工证书后就业或创业，有的可以选择进修到本科或专业研究生、取得技师证书后再就业创业；30% 左右的同学通过春季高考升入本专科，有的可以升入研究生学习。职业教育体系作为教育的顶层设计，不能打太极，搞文字游戏，要透明、易懂，要切切实实地实施。要还职业教育一片蓝色的天空，让其呼吸自然的空气，在适应的土壤中茁壮成长，真正实现职业教育体系的"天""地"合一。

如今，职业教育已经成为提高国家竞争力的核心要素，它影响着整个国民素质的整体提高。职业教育要本着为民族负责的精神，为天地立心，为生民立命，承担起自身应有的社会责任，健全和完善适应经济发展方式和产业结构调整需求、体现终身教育理念、中等和高等职业教育协调发展的现代职业教育体系，让每一个职业教育人都拥有成就梦想的机会。

（二）我国职业教育顶层设计的文本表述

《国家中长期教育改革和发展规划纲要（2010—2020 年）》中的阐述已然为职业教育构建起了整体发展的框架。

1. 大力发展职业教育

发展职业教育是推动经济发展、促进就业、改善民生、解决"三农"问题的重要途径，是缓解劳动力供求结构矛盾的关键环节，必须摆在更加突出的位置。职业教育要面向人人、面向社会，着力培养学生的职业道德、职业技能和就业创业能力。到 2020 年，形成适应经济发展方式转变和产业结构调整要求、体现终身教育理念、中等和高等职业教育协调发展的现代职业教育体系，满足人民群众接受职业教育的需求，满足经济社会对高素质劳动者和技能型人才的需要。

2．政府切实履行发展职业教育的职责

把职业教育纳入经济社会发展和产业发展规划，促使职业教育规模、专业设置与经济社会发展需求相适应。统筹中等职业教育与高等职业教育发展。健全多渠道投入机制，加大职业教育投入。

（1）把提高质量作为重点

以服务为宗旨，以就业为导向，推进教育教学改革。实行工学结合、校企合作、顶岗实习的人才培养模式。坚持学校教育与职业培训并举，全日制与非全日制并重。制定职业学校基本办学标准。加强"双师型"教师队伍和实训基地建设，提升职业教育基础能力。建立健全技能型人才到职业学校从教的制度。完善符合职业教育特点的教师资格标准和专业技术职务（职称）评聘办法。建立健全职业教育质量保障体系，吸收企业参加教育质量评估。开展职业技能竞赛。

（2）调动行业企业的积极性

建立健全政府主导、行业指导、企业参与的办学机制，制定促进校企合作办学法规，推进校企合作制度化。鼓励行业组织、企业举办职业学校，鼓励委托职业学校进行职工培训。制定优惠政策，鼓励企业接收学生实习实训和教师实践，鼓励企业加大对职业教育的投入。

（3）加快发展面向农村的职业教育

把加强职业教育作为服务社会主义新农村建设的重要内容。加强基础教育、职业教育和成人教育统筹，促进农科教结合。强化省、市（地）级政府发展农村职业教育的责任，扩大农村职业教育培训覆盖面，根据需要办好县级职教中心。强化职业教育资源的统筹协调和综合利用，推进城乡、区域合作，增强服务"三农"能力。加强涉农专业建设，加大培养适应农业和农村发展需要的专业人才力度。支持各级各类学校积极参与培养有文化、懂技术、会经营的新型农民，开展进城务工人员、农村劳动力转移培训。逐步实施农村新成长劳动力免费劳动预备制培训。

3. 增强职业教育吸引力

完善职业教育支持政策。逐步实行中等职业教育免费制度，完善家庭经济困难学生资助政策。改革招生和教学模式。积极推进学历证书和职业资格证书"双证书"制度，推进职业学校专业课程内容和职业标准相衔接。完善就业准入制度，执行"先培训、后就业"、"先培训、后上岗"的规定。制定退役士兵接受职业教育培训的办法。建立健全职业教育课程衔接体系。鼓励毕业生在职继续学习，完善职业学校毕业生直接升学制度，拓宽毕业生继续学习渠道。提高技能型人才的社会地位和待遇。加大对有突出贡献高技能人才的宣传表彰力度，形成行行出状元的良好社会氛围。

历史和现实都表明，一个国家要发展，一个社会要和谐，都需要合理的人力资源结构来支撑，需要合理的教育结构帮助实现。当前我国总体上处于工业化中期，应该说最大量需要的还是职业技术人才，特别是技能型人才、高端技能型人才。因此，必须推进教育结构的战略性调整，大力发展面向人人、面向全社会的职业教育，把发展职业教育作为解决就业总量压力与就业结构性矛盾、构建合理教育结构的重大战略。

三、城乡职业教育一体化顶层设计

城乡一体化是一个国家和地区在生产力水平或者城市化水平发展到一定程度的必然选择，是我国现代化和城市化发展的一个新阶段。城乡一体化是一项系统工程，城乡职业教育的一体化是其重要组成部分。积极推进城乡职业教育一体化发展不仅有利于促进农业生产的持续增长、农村建设的快速发展、农民收入的稳定增加，提高农村经济效益，而且有利于打破城乡之间资金、市场、技术、劳动力等壁垒，加速生产要素在城乡之间的流动，促进地区间经济的平衡发展，实现城乡良性互动，进而缩小城乡间的差距，促使整个国民经济的协调发展。

（一）城乡一体化背景下，职业教育改革存在的不足

在城乡统筹发展的背景与视角下，职业教育领域的改革至少还面临着以下一些问题。

1. 城市与农村职业教育之间的封闭性依然存在

城乡关系与城乡经济的发展密切相关，而在整个教育体系中，职业教育又是与经济社会发展联系最紧密的教育类型。职业教育在协调城乡统筹发展的过程中发挥着至关紧要的作用。但是，长期以来，城市职业教育与农村职业教育却各自为政，自设墙垒，在各自的"一分三亩地"之间寻求各自的"独立"。这必然会减缓城乡职业教育一体化的进程。

2. 在规划城乡职业一体化的过程中碎片化特征严重

在推动职业教育发展的过程中，国家、社会以及各职业院校自身也都意识到了职业教育应与城乡的发展步调一致，携头并进，也为此制定了相关的方针策略。但在此领域的改革的总体思路不足，也缺乏改革的总体协调机制。在体制改革过程中，对职业学校改革的措施较多，对如何推进政府、学校与企业关系的政策、措施少。而且，即使在政府与学校之间，各项改革都是分散推进，相互衔接不够，改革呈现出一种分散化、碎片化的特征。

3. 城乡职业教育一体化建设倾向于形式化

这种形式化一方面体现在简单地复制国外经验上。国外一些发达国家已经经历过了城乡一体化，这也是每个发达国家以及发展中国家必经的道路，作为发展中国家，在城乡一体化进程中发展职业教育，学习与借鉴教育发达国家的基本经验本无可厚非，也曾为我国职业教育建设提供了许多有益的指导。但是，在缺乏必要的前提条件下，在脱离我国经济社会发展的国情之下，盲目地去学习他国经验，用极其简单粗暴的方式将国外的经验照搬过来，只能是形式上的模仿与移植，很难达到预期的效果。

（二）城乡职业教育一体化顶层设计的建议

在系统工程学中，顶层设计是指理念与实践之间的"蓝图"，具有整体性、全局性和长远性。顶层设计可理解为全面设计，在实践过程中能够实现着力提高全面性发展、协调性发展和可持续性发展的战略意图，不断开拓科学发展之路。立于顶层，登高望远，方能开阔眼界、通盘考虑，全面协调处理好工作、任务和学习之间的关系。对于职业教育工作来讲，需要科学规划和顶层设计，统筹职业教育方方面面的关系，逐步形成推动城乡职业教育一体化创新发展的长效机制。

1. 加强顶层理性设计

从清末至今，我国职业教育的发展也有 100 多年的历史了，但职业教育体系依然不完善、存在诸多问题。这与我国职业教育发展受到政治影响较多、顶层理性与科学设计不足息息相关。清末、民国时期，以及新中国成立后，往往把旧的职业教育理念进行否定抛弃，"另起炉灶"建立新的职业教育体系。这种带有强烈政治色彩的职业教育体系，缺乏科学性和理性设计，使得职业教育发展零散化、积累少、延续发展困难，至今职业教育发展力量还不是很强大。

城乡一体化背景下，建立职业教育体系要加强顶层理性设计，立足于我国经济发展方式转变和产业结构转型升级的需求，从宏观上科学设计，理性规划。

现代职业教育体系的顶层理性设计应坚持服务经济发展的原则。依据经济产业结构规划职业教育的结构，依据经济发展水平规划职业教育办学层次，依据技术水平规划职业教育的办学规模，并提升办学质量，使我国现代职业教育体系与我国经济发展阶段相适应，与区域经济发展水平相适应。

2. 完善立法支撑体系

发达国家的经验证明，现代职业教育体系的建立一定要有完善的立法支撑，没有立法支撑的职业教育是无力的、断续的，不能满足经济社会发展的需求。

美国在每个不同的历史时期，会针对当时的社会经济状况及时出台并颁布适切的、推动其职业教育发展的专门法案。数量之多、更新之快、涉及范围之广、影响力度之大都是罕见的。在其职业教育体系建设中，通过加强职业教育立法，推动职业教育发展，这是美国发展职业教育过程中取得巨大成就的最有力的举措、最有力的经验，也是其最突出的特点。美国职业教育立法不仅数量多、周期短，而且其立法质量始终体现着对科学性和公平性的价值追求，凸显科学精神和人文精神的融合。日本职业教育法律法规体系也十分完善，各类法律文件的种类齐全，操作性强，而且实施有力，在规模、层次、质量和效益等方面都走在了世界前列。

相比之下，目前我国职业教育法律建设比较薄弱，国家级别的职业教育法律只有颁布于 1996 年的《中华人民共和国职业教育法》一部。该法强制性不足、缺乏实施细则，表述笼统，很多规定无法得到落实。另外，我国《职业教育法》修订工作不及时，缺乏下位法和实施细则，使得《职业教育法》的法律效力较弱。

构建现代城乡一体化职业教育体系，加强顶层设计应重视职业教育的立法，完善职业教育的法律支撑体系。第一，根据区域经济发展需要，适时不断调整与修订相关职业教育法律法规，制定各种实施细则，为职业教育改革发展指明方向。第二，以立法形式把国家政府对职业教育的基本方针和重大政策固定下来，或者将国家实施过程中有利于职业教育发展的利好政策或规定上升为法律形式。第三，依据社会经济、教育发展需要建立《教育职业法》的下位法以及各种单向法，完善法律保障体系，保障职业教育的规范化、法制化，使职业教育有章可循、有据可依，提高执行的效率，减少失误。

3．调整政府机构职能

政府的职业教育职能是国际职业教育领域研究的热点问题之一，"国际劳工组织认为熟练工人所需要的高技能作为一种公共商品，政府具有不可推卸的责任。联合国教科文组织也认为职业教育负有最主要的责任，包括提供法律框架，主导各方利益等方面"。[①]

在现阶段我国各级政府的职业教育职责非常多且杂，如立法职能、统筹规划职能、管理监督职能、信息服务职能、资源整合职能、优化学校布局、组织办学和财政投入职能等。但是，我国各项政策对以上职能阐释都不够明确，各级政府的职责分工阐释都很笼统，使各级政府尤其是省级和地市级政府不明确自己在职业教育发展中的职责，职能亦步亦趋跟着中央政府走。各政府机构，比如教育部与人力资源和社会保障部的职能存在交叉，分工不科学。

诸多的政府责任及责任相互交叉，究竟哪些应该是发展职业教育过程中政府应该承担的责任，具体是哪个部门的责任？政府及各部门是应该放权，还是应该集权？发展职业教育、构建现代职业教育体系，政府拥有不可推卸的责任，应该放权和集权同步走，调整政府机构职能，并科学分工。

（1）中央政府和省级政府职责

在发展职业教育的过程中，中央政府及省级政府应该加强统筹规划职能、立法职能、整合资源职能、经费投入等职能。

促进城乡职业教育一体化是惠及全民的事情，需要中央政府的宏观科学规划、设计，应该依据我国经济发展方式转变和产业结构转型升级的需求，依据社会民主、法制化需求，依据人的终身发展、自由发展，

---

① 和震：《联合国教科文组织的职业教育政策研究》，《中国职业技术教育》2012年第6期。

从宏观上科学设计、统筹规划。

职业教育的良好发展需要整合各类社会资源，包括政府的教育部门、经济管理部门以及企业、行业、社会组织、科研机构等的各种资源。需要中央政府与地方政府的共同努力。

从某种程度上说，教育是公益事业，经费保障是各级各类教育稳定、持续、健康发展的前提条件和重要基础，职业教育也不例外，职业教育经费投入不足会直接影响职业学校的教育质量。政府财政拨款是职业教育经费的主要来源，作为中央和省级政府应充分保障职业教育发展的经费。经费投入是中央和省级政府发展职业教育、构建现代职业教育体系的重要职责。

（2）地市级政府的职责

地市级政府对构建现代职业教育体系，促进职业教育发展具有规划职业教育发展目标、调整学校布局和专业结构、整合资源、落实经费等职能。

职业教育具有为区域经济发展服务的职能，为区域内各行各业培养所需的高级人才。因此，地市级政府应将发展职业教育纳入本地发展战略目标，根据区域经济发展的产业结构、各行各业的人才需求来制定本地区的职业教育发展规划，使之与本地区的经济发展规划协调一致，这样一来，职业教育能够更有针对性地为区域经济发展服务，避免职业教育的人才培养结构与区域经济发展所需的人才结构相脱节。

政府应协调区域内经济发展与增长率结构调整的统一，不仅要看到经济社会发展的今天，还要看到经济社会发展的明天，根据经济发展的明天，也就是地区经济社会的人才需求预测，来统筹规划职业教育和普通教育的发展规模，来统筹规划职业教育中学校的布局，调整区域职业院校的专业设置，努力提高办学效益，切实发挥职业教育为区域经济服务的能力。

地市政府对于上级部门对职业教育的拨款一定要落到实处，本级政府部门应承担的政府拨款也要实额拨付，并积极开拓经费渠道，发动社会力量对职业教育进行扶持。

总之，切实发挥政府对职业教育发展的主导作用，应建立中央政府、省级政府、地市级政府分工合作、责任分担的政府职能体系。

（3）政府部门之间的职能分工

目前政府机构承担的很多职业教育的职责应该调整，很多政府职责应该放权给行业协会或第三方机构，但由于政府部门之间的利益博弈，一些政府部门把持了很多职能迟迟不肯放权，不能及时根据区域经济发展进行职能调整，不利于城乡职业教育的健康持续发展。

综上所述，构建现代职业教育体系，进行中国职业教育体制改革，应该加强顶层理性设计，完善立法支撑体系，调整政府机构职能，从宏观、整体上保证职业教育体系的现代性。

"顶层设计"的重要性人尽皆知，也无需再细说，但"顶层设计"还要切实地与脚踏实地的工作相结合，才能真正发挥指导职业教育融入城乡一体化进程中的作用。

第二节　一体化职业教育的体制机制

要通过对教育体制改革与机制创新来实现职业教育的一体化，就要对职业教育体制与教育机制及其关系有清晰的认识，以此奠定城乡职业教育一体化的认知基础。

一、教育的体制机制

在当前我国教育改革中，人们经常使用和听到"教育体制改革与教育机制创新"这种说法。然而对教育改革中教育体制改革与教育机制创新究竟是什么，两者间的区别与联系又是什么，并不是所有人都对此有深刻的认识。

（一）教育体制与教育机制的概念

什么是教育体制？教育体制是由教育机构和教育规范这两个要素构成的，可以说是两者的结合体。教育机构包括教育实施机构和教育管理机构。前者主要指的是各级各类学校；后者包括各级各类教育行政机构和各级各类学校内部的管理机构。教育规范指的是建立并维持教育机构正常运转的制度。学校教育机构与一定的规范相结合就形成了各级各类学校教育体制；教育管理机构与一定的规范相结合就形成了各级各类教育管理体制，其中，教育行政机构与一定的规范相结合，就形成了各级各类教育行政体制；学校内的管理机构与一定的规范相结合，就形成了各级各类学校管理体制。在教育体制的两个基本要素中，教育机构是教育体制的载体，教育规范是教育体制的核心。在教育体制的两个子体制系统中，学校教育体制是整个教育体制得以构成和运行的前提；教育管理体制是整个教育体制得以构成和运行的保障。在教育管理体制的两个子体制系统中，教育行政体制是指国家对宏观教育的管理体制，学校管理体制是指微观教育的管理体制。

那么，什么是教育机制呢？机制的本意是机械各个部分之间的相互关系及其运行方式。教育机制是指教育现象各部分之间的相互关系及其运行方式，这些方式主要有如下三种基本类型和九种子类型。一是教育的层次机制，包括宏观、中观和微观三种机制；二是教育的形式机制，包括行政—计划式、指导—服务式和监督—服务式三种机制；三是教育的功能机制，包括激励、制约和保障三种机制。①

（二）教育体制改革与教育机制创新内在联系

一方面，教育体制改革与教育机制创新各具特性，二者的内涵与外延不同，不能将教育体制改革与教育机制创新混为一谈或相互替代。另一方面，教育体制改革与教育机制创新在诸多方面是相互联系的，这是

① 孙绵涛、康翠萍：《教育机制理论的新诠释》，《教育研究》2006 年第 12 期。

因为教育体制与教育机制产生发展的过程是密切相关的；教育体制与教育机制在结构上是相融的；教育体制和教育机制在性质和功能上是互补的；在范围上教育机制创新又包含了教育体制改革。这样，一方面要求教育体制与教育机制的改革要同步进行，不可顾此失彼，另一方面不仅要求教育体制改革与教育机制创新相适应，而且还要求教育活动改革和教育观念改革与教育机制创新应相配套。

1. 教育体制与教育机制产生发展的过程密切相关

运用马克思主义关于"物质实践活动为第一性"的观点对教育现象进行考察，我们发现，在教育现象中，人们首先从事的是教育活动，在教育活动中各个活动要素，如教育活动的主体、内容、过程、方法等要素之间会形成有一定的联系并产生一定的运行方式而形成教育活动的运作机制。人们要有序地开展教育活动，就要建立组织机构和制定教育规范即教育制度，这就形成了与教育活动有关同时又居于教育活动之上的教育体制。同时，教育体制形成发展的过程也是教育体制运行机制形成发展的过程。教育体制形成以后，教育体制与教育活动之间就发生一定的联系从而产生一定的联系方式，这就形成了居于教育活动和教育体制之中同时又不同于教育活动和教育体制的教育机制。在教育活动的开展、教育体制的构建和教育机制的运行过程中，要产生一定的观念并依赖于一定的观念，这样就有了一个与教育活动、教育体制和教育机制紧密相联同时又有别于这三个范畴的教育观念。

在教育观念中，各子教育观念之间会形成一定的联系，从而产生一定的运行方式，继而形成教育观念的运行机制。同时，当教育观念形成之后，教育观念与教育体制之间、教育观念与教育活动之间也要发生一定的联系，从而产生一定的运行方式，继而形成整个教育现象的运行机制。可见，教育现象就是由教育活动、教育体制、教育机制和教育观念这四个范畴所组成的一个完整的统一体。在这个统一体中，教育活动和教育体制是两个相对独立的范畴，而教育机制是存在于教育活动、教育体制、教育观念以及教育活动各子要素，教育体制各子要素以及教育观念各子要素之中的，同时又是有别于这些范畴和各子要素的一个范畴；教育观念是存在于教育活动、教育体制和教育机制之中的，同时又是有别于这些范畴的另一个范畴。在教育现象中，教育活动、教育体制、教育机制和教育观念这四个范畴之间是相互联系、相互影响的，教育机制和教育观念不仅相互之间，而且与教育活动和教育体制之间发生着一定的联系和作用，而且它们对教育现象各范畴的这种相互联系和相互影响还起着一种纽带或桥梁作用。由以上对教育现象范畴的分析可以看到，教育体制与教育机制是教育现象中两个有着紧密联系的范畴。

从教育体制与教育机制产生的次序来说，这种联系首先表现在教育机制的产生有先于教育体制、晚于教育体制以及与教育体制同时产生三种教育机制。我们把与教育活动同时产生的教育机制即先于教育体制产生的教育机制叫作非规范性的教育机制，把教育体制产生后形成的教育机制叫作规范性的教育机制，而把与教育体制同时产生的教育机制叫作相对稳定的教育机制。

发现这三种教育机制可以对现实的状况进行较深入的分析和概括。比如说，我国改革开放以后产生的民办教育活动等，刚开始产生时是一种非规范性的教育活动，因为它们是在计划经济体制下产生的教育活动，但又不同于计划经济体制下的教育活动，因此，这些教育活动的运行机制是不太规范的。然而社会主义市场经济体制确立以后，民办教育活动就与社会主义市场经济体制相联系了，也就是说，这些教育活动得到了社会主义市场经济体制的肯定和保护，民办教育已经成为社会主义市场经济体制的一个重要组成部分。这时的教育机制是由社会主义市场经济体制的机构和制度来保护和确定的。这样，这些相关的民办教育活动的运行机制就是规范性的了。当适应社会主义市场经济的教育体制基本确立以后，教育体制内部的各种关系也就随之形成，维系这些关系的方式即机制也就产生，体制内部的各种关系之间就形成了一个相对稳定的结构。

上述教育体制与教育机制产生与发展过程中所表现出的三种关系对教育体制改革与教育机制创新提出了新的要求。第一，当教育机制的产生先于教育体制时，关键在于教育体制改革。因为在教育活动中产生的教育机制是一种新生的教育机制，它需要一种新的教育体制与之相适应，从而得到这种新的教育体制的保护。第二，当教育机制的产生晚于教育体制时，一方面要强调教育机制创新，这样可以促进教育活动的创新和教育体制的创新。因为，当教育体制形成后，就会形成联系教育体制与教育活动之间的运行方式即机制，只有创新这种运行方式，才能不断推动教育活动的创新与教育体制的创新。另一方面，要强调教育体制的改革，因为只有教育体制不断的改革，受教育体制影响的教育机制才能发生变革，从而促进教育活动的更新。第三，当教育体制与教育机制同步产生时，一方面要注意协调好二者的关系，教育机制的产生及运行要符合教育体制的特点，教育体制的建立及运行要符合教育机制的特点；另一方面，要注意二者的配套改革，当教育体制发生变革时，要注意教育机制的变革，而当教育机制变革时，也要注意教育体制的变革。

2. 教育体制与教育机制在结构上相融

教育体制与教育机制在结构上相融意味着教育体制的结构可以融于教育机制的结构之中；教育机制的结构也可以融于教育体制的结构之中。因为相对于教育体制来说，教育机制的结构是反映教育体制各个部分之间的关系及联系这些关系的方式所组成的结构，这也就是说，教育机制的结构存在于教育体制之中；相对于教育机制来说，教育体制结构是由教育机构和相应教育规范、各级各类学校教育体制和各级各类教育管理体制所组成，在这个结构中存在着将各级各类教育机构和相应教育规范，各级各类学校教育体制和各级各类教育管理体制，以及各级各类学校教育体制和各级各类教育管理体制联系起来的运行方式，也就说，教育体制的结构也存在于教育机制之中，二者在结构上是不可分离的。

教育体制与教育机制在结构上的这种不可分离性告诉我们，教育体制改革可以反映出教育机制的改革，而教育机制的改革也可以反映出教育体制的改革。我们在进行教育体制改革时，就要把教育体制改革当作教育机制创新来看待，在教育机制创新过程中来改革教育体制，即在进行教育体制改革时，要考虑如何设计出科学合理的联系各种教育机构和教育制度，以及联系由各种教育机构与相应制度所形成的各级各类学校教育体制、各级各类教育管理体制，包括各级各类教育行政体制和各级各类学校管理体制之间的方式。这样，在教育机制创新过程中形成教育体制，可以使教育体制改革与教育机制创新同步进行，使二者的建构和运行更为合理，从而取得更好的改革效果。

3. 教育体制与教育机制在性质和功能上互补

教育体制与教育机制虽然不同，但它们在性质和功能上却是互补的。在教育现象中，对于教育体制来说，它对于教育活动的作用，只是规定着教育活动的范围、性质和要求，即规定着教育活动在一个什么样的机构内、在一个什么规范要求下活动，但它对教育活动的作用并不是直接的，而是要通过教育机制的作用；对教育机制来说，它对于教育活动的作用（教育活动自身的运行机制除外），是要在一定的体制下，通过某种方式来对教育活动发生作用的。这也就是说，教育机制虽然能以一定的方式对教育活动发生作用，但它并不能规定这种作用的范围和要求，它要借助于教育体制所规定的范围和要求并以某种方式对教育活动发生作用。如美国的教育活动是在美国的教育体制即美国的教育机构和教育制度下进行的，美国教育体制对美国教育活动的影响并不是直接的，而是要通过指导—服务式的方式即机制来对教育活动发生作用，从而形成美国的教育活动在宏观的行政管理上呈现分权的态势，而在学校微观的教师教学活动中呈现出以儿童为中心的活动态势。这种教育体制与教育机制的关系告诉我们，在教育改革中，如果我们要建立某种体制，就要建立与这种体制相适应的能直接对教育活动发生作用的机制，以使教育体制对教育活动发挥更好的作用；如果我们要建立某种机制，就要建立与这种机制相适应的体制，从而使这种机制能在一定的机构和一定的规范下对教育活动发挥作用。

4. 教育机制创新在范围上包含教育体制改革

教育机制可以包括教育体制是指教育体制与其他相关的教育事物或现象之间的相互关系及运行方式也应包含在教育机制之列。比如我们上面所分析的教育活动、教育体制和教育观念之间的相互关系及运行方式实际上就是一种教育机制，即我们所说的整个教育现象的教育机制。这种教育机制不同于仅仅是联系教育活动与教育体制之间的教育机制，它是联系教育活动、教育体制和教育观念这三个部分的教育机制。这时的教育体制只是这种机制中的一个因素，这种教育机制就包含了教育体制。教育机制与教育体制的这种包容性给我们的启示是，教育机制的创新，不仅仅要注意教育体制的改革，还要注意教育活动改革以及教育观念的改革。因为这时教育机制创新所涉及的因素不仅仅是教育体制，而且还涉及教育活动与教育观念。换句话说，这时教育体制改革只是教育机制改革的一个部分。这样，在教育改革中仅仅提教育体制改革与教育机制创新就不够了，还要提到教育活动改革、教育体制改革、教育观念改革与教育机制创新。

（三）构建职业教育体制机制面临的挑战

从中国的历史文化源头与现实情况看，构建职业教育健康可持续发展的机制体制还面临着诸多的挑战。

1. 职业教育体制机制建设文化基础的缺失

文化传统是职业教育体制机制建设的文化基础，要真正理解学习一个国家的教育体制和制度，必须首先要了解这个国家的文化传统。我国的传统文化，是以儒家思想为正统，"学而优则仕""为学不离从政"的文化价值深深地融入到我们的思想中，使人们鄙视职业教育。新中国成立以来，行政机关、事业单位、国家企业"工人"身份管理模式，使人们在不自觉中轻视了从事技能型工作的劳动者。从社会分配和退休后的待遇来看，技能型的劳动者也远远低于从事学术研究和国家行政事务的管理者。这种轻视技能型人才的文化传统和价值取向，致使我国职业教育发展缓慢和得不到社会应有的重视。现实呼唤，社会不应盲目地追求文凭与高学历，而要始终注意教育的实用化和技能的创新，始终坚持按人发展的本性来培养人，并形成全社会崇拜技能型师傅的氛围，使职业教育与学术教育享有同等重要的地位。

2. 职业教育体制机制建设物质基础的动摇

优势的产业结构是职业教育体制机制建设的物质基础。我国的职业教育，在专业设置上大多沿用了传统的学历教育，没有过多地考虑地方的产业结构和产业发展规划，造成了职业院校间专业设置、专业内涵和专业培养目标雷同，没有形成支撑地方产业发展的专业结构和有自己特色的专业群，使职业教育没能形成一个很好的地方产业发展基础和职业教育发展的社会环境。

3. 职业教育体制机制建设保障基础的断层

规范的法律制度是职业教育体制机制建设的保障基础。我国的职业教育法律体系建设在不断地修订完善，但却依然存在许多不尽如人意的地方。1996年，我国实施了《中华人民共和国职业教育法》，这是一部职业教育的根本大法，但还缺乏相配套、可操作的条例和地方性法规，难以起到应有的法律保障作用。如第四章"职业教育的保障条件"，第二十六条至第三十一条都是讲职业教育的经费保障，但其中的阐述都是原则性，不可操作的，没有界定教育经费落实的部门及程序，这就使得举办职业教育的院校和培训机构，难以获得稳定、持续增长的教育经费，必将影响到职业教育院校的持续发展。

4. 职业教育体制机制建设发展基础的隔绝

畅通的教育体系是职业教育体制机制建设的发展基础。我国教育体系，中职教育和高职教育相阻隔，职业教育与普通高等教育不衔接，每种教育都是一种终结式的教育，使学生失去了选择教育的机会和环境，阻碍了学生的职业生涯发展之路。应建立起务实、高效、畅通和注重个人能力发展的教育体系。职业教育之间、职业教育和普通高等教育之间相互衔接和畅通，这样就创造了教育选择学生和学生选择教育的机会和环境，有利于学生根据自身特点充分展示和运用自己的才能，规划好自己的职业生涯发展之路。

5. 职业教育体制机制建设质量基础的松动

严格的用工制度是职业教育体制机制建设的质量基础。以职业教育的发展水平来看，以德国为首的发达国家建立起了严格的用工制度和规范的薪酬分配制度，这造就了德国高品质、高信誉度的工业产品和服务。德国根据求职者是否接受职业教育、接受职业教育的期限、技能熟练程度以及专业技术水平的高低来安排工作岗位，由行业协会对其技术等级进行评定，这种用工制度使得德国的接受职业教育者地位明显高于未接受职业教育者。德国企业的用工制度和薪酬标准受到行业协会的监管和法律的制约，保障了技能型工人的社会地位和待遇。反思我国的用工制度，虽然劳动社会保障部门制定了技能型人才的技能等级，但没有制定规范的技能等级薪酬参考标准，使得企业在用工时，并不考虑人员的技能等级，技能型人才也就得不到相应的报酬和相应的待遇，阻碍了技能型人才的发展和技能的提高。

二、一体化职业教育体制机制建设

在城乡一体化进程中，职业教育凭借其经济与教育的双重属性和显著的区域性特征成为促进区域经济协调发展的有效桥梁，而职业教育自身的均衡发展也是时代教育改革的必然趋势。由此，如何一方面发挥职业教育对区域经济协调发展的作用，一方面在区域经济协调发展的环境下实现职业教育的均衡发展，是城乡一体化进程中需要思考和解决的重要议题。

（一）一体化职业教育体制改革

国内学者的相关研究表明，要从根本上改善或解决城乡教育的背离，必须从体制与机制改革入手彻底打破城乡二元结构的桎梏。[①] 但就如何构建促进城乡职业教育统筹发展的新体制与新机制的研究，学者们多以经济学、教育学、管理学为视角，将城乡职业教育作为对立的两个办学实体，要么单方面偏重农村职业教育体制与机制的研究，要么偏重城市职业教育如何单向支持农村职业教育的体制与机制的研究，没有从城乡职业教育和谐共生的角度去研究城市和农村在未来职业教育发展中应担负起的责任，更谈不上从两者互利共生的角度去建构体制与机制。"不要就农村说农村，就城市说城市，要改变'城乡两策，重城抑乡'的思路，从城乡各自的小循环、小系统走向城乡统一的大循环、大系统，树立城乡一盘棋的总体思想，发挥城市辐射带动优势和城乡间的关联优势，使城乡资源共享，共赢共荣。"[②] 因此，在城乡一体化背景下融入和谐共生的态度，将城市职业教育和农村职业教育作为两个具有高度相关的生态种群，在分析它们的共生单元、共生模式、共生环境的基础上，以崭新的视角把城乡职业教育的发展放到共同的发展机理之下，构建城乡职业教育一体化发展的机制成为当务之急。

1. 办学体制改革：对称互惠集团化共生体制

城市和农村的职业学校、行业、企业、政府等共生单元构成了职业教育的共生系统。《国家中长期教育改革和发展规划纲要（2010—2020年）》明确指出，要健全政府主导、社会参与、办学主体多元化、办学形式多样化、充满生机活力的办学体制。但长期以来政府、社会与学校等共生单元间的合作缺乏有力的载体，共生单元间如多元办学主体间的关系不顺成为现行办学体制焕发生机活力的桎梏。职业教育对称互惠、

---

① 褚宏启：《教育制度改革与城乡教育一体化》，《教育研究》2010 年第 11 期。
② 李广舜：《国内外城乡经济协调发展研究成果综述》，《地方财政研究》2006 年第 2 期。

集团化共生办学体制是以政府统筹、行业参与、核心企业和规模职校为核心的办学体制。该体制是在政府统筹的前提下，依托区域内或行业内优质职业教育资源尤其是核心企业和规模职校，以专业为纽带，职业学校与行业、企业共同组建职业教育集团。这种体制打破了原有行业界限和资源配置无序的藩篱，既促进了职业教育与经济社会的紧密结合，又充分发挥了政府统筹和行业参与的积极性，将职业教育共生系统中政府、行业、企业、职业学校等共生单元整合成利益共同体，使其在追求各自利益最大化的同时确保职业教育集团的整体利益。该体制能有效减少职业教育共生系统中的不均衡性和非对称性，使诸多共生单元在横向、纵向、区域上实现耦合，并真正实现对称互惠。

2. 管理体制改革：多元发力

职业教育集团化办学的重要目标是统整多方教育资源，实现城乡职业教育和企业的共生多赢，这必然与原有教育管理体制产生一定的冲突。制度经济学认为稳定的制度会变成一种强大的力量对职业教育共生系统的诸多共生单元产生强大的约束力。为此，政府应从和谐共生的角度，发挥多元主体协同参与管理的职能，建立由政府主导、社会各界广泛参与的管理体制，从而实现学校教育资源和行业企业资源的整合，确保职业教育集团高效率运作。

（1）凸显政府的主导作用

政府是办好职业教育的第一责任人，是对称互惠集团化共生办学体制改革的宏观调控者和服务者，是职业教育共生系统各共生单元间职能和利益关系的协调者。政府应在统筹、规划职业教育发展的基础上为共生单元参与办学提供服务、支持与保障，尤其是要运用行政、经济、法律等手段建立各种激励和约束机制，调动职业教育共生系统中行业、企业参与职业教育的积极性。

（2）成立职业教育统筹发展工作委员会

从国务院到市地各级政府设立职业教育管理的组织协调机构——职

业教育统筹发展工作委员会。该委员会由政府统筹，以职业教育主管部门为核心，人事、劳动保障等有关业务部门、行业协会、核心企业、职业教育专家共同参与组成。

（3）提高行业和企业参与职业教育集团化办学管理的积极性

对称互惠集团化共生办学的重要基础就是共生单元之间的合作和资源共享，其中校企共生单元之间的资源整合是推进对称互惠集团化共生办学的重要切入点，社会参与对称互惠集团化共生办学的管理是政府和职业教育共生单元间对话的重要保障。因此，为了使行业和企业等共生单元在社会角色和经费投入等方面能以有效的方式和程序介入对称互惠职业教育集团化共生办学，就必须通过立法等强制手段，明确行业和企业在职教集团中的权利和义务，保障社会组织的参与权利，从而彰显职业教育对称互惠的集团化运营价值。

3. 人才培养体制改革：交互共生

职业教育是一个复杂的、多层次结构的共生系统，与其他类型的教育相比，经济、科学技术和社会发展对其的影响要深刻得多。经济发展带来经济结构布局调整，科技水平的提高引发行业结构的变化。而这些变化迫使职业活动的内涵和外延发生相应的转变。然而，长期以来，人们遵循"文化基础课——专业课——在岗实习"三段式的线性逻辑来培养人才，把职业教育搞成了普通教育和工厂师徒制的"三明治"，严重影响了人才培养的质量，损害了职业教育共生单元的诸多利益。要实现职业教育共生单元的对称互惠，把职业教育办成政府满意、行业认同、企业称心、学校开心、家长放心、学生喜欢的教育，就必须牢固树立"以服务为宗旨，以就业为导向"的办学思想，充分调动行业企业参与人才培养的积极性，保证共生系统校企信息流的顺畅沟通，构建交互共生的人才培养体制。

（1）双核校企实体"联姻"

合作是共生系统的重要特征。校企合作被公认为是职业教育与企业

"无缝对接"的最有效方式，然而时至今日校企缺乏实质性合作，校企合作辐射力减弱，已成为职业教育可持续发展的重要障碍。核心企业在技术、资金、人力等方面具备投资职业教育的优势，因此，要鼓励核心企业投资职业教育，组建由核心企业和核心职校实体"联姻"的股份制职业学校。这既有利于充分发挥核心企业和核心职校在各自领域的领头羊作用，又便于实现两者价值需求的整合，把学校与工厂、课堂与车间、教学与生产、教师与工程师、学生与学徒、作业与产品全面融合，将一个松散的职业教育共生系统转变成一个利益共同体。

双核校企实体"联姻"的股份制学校建立后，可以辐射同行业的其他企业和学校，为实现校校、校企实质的合作奠定坚实的基础，最终实现政府、企业、学校多个共生单元的互惠共赢。

（2）城乡互助对接构建职业学校共同体

建构城乡职业学校共同体的过程就是职业教育共生系统中共生单元相互激励、共同进化的过程。在此共同体中，城乡职业学校不是相互替代，不是"削峰填谷"，而是在相互合作与互相竞争中呈现多赢，进而实现职业教育共生系统的结构重组和功能创新。因此，要充分利用城市职业学校的优质教育资源，通过设立分校、合作办学、共享师资、对口扶持等方式将城乡职校联结成学校共同体，有效促进职业学校的和谐发展。

4. 招生与就业体制改革：双元一体化

从某种意义来说，职业教育的发展不仅仅是职业技术院校本身的利益，还是整个职教共生系统的根本利益所在，这一共同利益将系统中的诸多共生单元联结成由上游、中游和下游共同组成的"价值链"。职业教育共生系统中的各单元分别处于该价值链中的不同位置。

长期以来，处于职业共生系统价值链的各个部分基本沿袭了上游政府主管部门出政策、中游城乡职业技术教育院校具体组织招生和实施人才培养、下游行业和企业接纳中游的产品——学生的做法。

由于中下游的沟通合作机制没有建立，导致处于同一价值链的城乡职业教育和行业、企业的分离，于是出现了一方面学校出于自身利益的考虑，不顾行业企业的需求盲目扩大招生，毕业生找不到工作；另一方面行业和企业却急呼招不到高水平工人的尴尬局面。美国哈佛商学院教授迈克尔·波特（Michael Porter）认为，在市场经济体制下，竞争不是发生在企业与企业之间，而是发生在企业各自的价值链之间。① 因此，必须对共生系统中价值链的各个单元实行有效管理，才能使该系统在市场竞争中立于不败之地。

在对称互惠职教集团中，为了实现多赢，处于职业教育共生系统价值链中游和下游的城乡职业教育院校和行业、企业应从招生、人才培养和学生就业方面进行合作，实施双元一体化的招生就业体制。即招生计划由职教集团内的学校和行业、企业共同会商确定，报职业教育统筹发展工作委员会审核，学生毕业后可选择到该职教集团的相应企业工作。同时，规定企业有接受该职教集团毕业生的义务。由于双元一体化的招生就业体制将城乡职校和行业、企业联结成了利益共同体，行业、企业在专业设置、招生规模、人才培养等诸多方面从企业未来发展的角度精心考虑，企业办学主体地位能够充分彰显。

（二）一体化职业教育机制创新

构建城乡职业教育一体化发展的共生机制，在城市与农村之间的诸多单元间建立起相互作用的共生机制。统筹的目标是"共生、共进、共发展"，城乡一体化的关键是——能否实现资源的共享。所以城乡职业教育一体化统筹发展机制的构建应紧紧围绕城乡资源来打造。

1．建立区域内城乡职业教育资源共享机制

职业教育共生系统要实现对称互惠，必须以共生为切入点，构建资源共享机制。我国学者杨开明认为，从总体上讲教育资源分为有形资源、无形资源两大类。有形资源是指可以直接利用或开发其存在价值的

---

① 迈克尔·波特：《竞争优势》，陈小悦译，华夏出版社 1985 年版，第 247 页。

资源，包括财力资源、物力资源和人力资源；无形资源是指在教育发展过程中对有形资源的使用和开发所显示出的价值和使用价值，包括技术资源和管理资源等。① 因此，我们可以认为区域内职业教育资源的共享主要包括职业教育师资共享、办学过程共享和办学硬件共享等。

（1）改革教师人事管理制度

为了弥补城乡之间以及校际之间的差距，将教师由现行的学校所有制转变为行业所有制，即由教育行政部门和行业共同管理城乡职业学校教师，建立起教师和管理者在校际之间以及城乡之间合理流动的制度。

（2）实施职教集团内学生学分互认制度

由于目前我国多数单个职业学校受到师资和办学条件的局限性影响，各职业学校开设或开发完全满足学生个性化需求的各类课程的条件还不成熟，这就造成了教育有限性与学生需求无限性两极的矛盾。为使此问题得以解决，应创新学生学分认证的方式，可让学生在区域内职教学校间自由选课，各个成员学校学分互认。

（3）积极推进职业学校的办学硬件共享

职业院校的特性决定了其办学硬件建设应注重学习场所建设的情境性。但长期以来，我国同一地区隶属不同管理部门的同类职业学校林立，专业设置或参差不齐或单一重复，教学设备重复建设，面对有限的社会资源和政府资源，城乡职业学校之间更多的是竞争，而不是有效的合作，造成各种显性和隐性的资源浪费。为此，政府可通过宏观调控，形成院校联盟，两个或三个同类学校可共同建设一个标准的一体化操作室或模拟车间、校办工厂、校外实习基地、多功能教室等设施，形成良好的"情境场"。

2. 健全职业教育集团办学的投入保障机制

---

① 杨开明：《高职教育资源整合与共享当议》，《四川职业技术学院学报》2005 年第 4 期。

　　据统计，高职院校的经费需求是普通本科院校的 2.5 倍。① 高投入是发达国家发展职业教育的普遍做法。但目前我国大多数省份的职业学校大多面临着经费困难问题。造成此种状况的原因是多方面的。其中，缺乏法律制度的有力保障是一个重要原因。《教育法》第七章第 55 条规定"各级人民政府教育财政拨款的增长应当高于财政经常性收入的增长"。尽管在《职业教育法》中第四章第 27 条规定"各级人民政府、国务院有关部门用于举办职业学校和职业培训机构的财政性经费应当逐步增长"，但是对于增长多少，以什么样的速度增长却没有做出硬性规定。因此，从法律方面健全职业教育办学的投入保障机制就成为当务之急。

　　（1）促进职业教育投资行为法制化和具体化。政府应修订《职业教育法》，明确规定各级人民政府职业教育财政拨款的增长应当高于财政经常性收入的增长。同时，我国现在已进入"以工促农、以城带乡"的发展阶段，各级地方政府还可出台将城市教育费附加用于农村职业教育集团办学的政策，促进城乡职业教育的统筹发展。

　　（2）在区域分配结构上，政府应充分发挥财政转移支付制度对均衡农村职业教育集团发展的作用。财政转移支付属于国民收入再分配的范畴，是政府利用国民收入再分配的权力，根据社会的实际需要，采用财政补贴的方式对社会中部分有特殊需要的人群进行资助，其主要目的是维护社会的公平和稳定。用于均衡农村职业教育集团发展的财政转移支付因其有特定目的和使用方向，能有效地弥补我国农村职业教育发展的资金缺口。

　　（3）完善职业教育人才培养成本分担机制。根据"谁受益，谁投资"原则，政府要明确企事业单位在职业教育人才培养中应承担的责任，并确定政府、企事业单位及个人在职业教育人才培养成本中所应承担的比例。

---

① 王梦云：《现阶段职业教育的法律思考》，《山西大学学报》（哲学社会科学版）2007 年第 6 期。

（4）建立企业参与职业教育集团化办学的补贴制度。政府可以通过减免税收等政策对企业因进入职教集团而产生设备场地的损耗给予必要的补偿。

3. 构建课程设置和教学模式的市场导向机制

构建课程设置和教学模式的市场导向机制是职业教育均衡发展与区域经济协调发展互动的关键枢纽。一是建立市场主导型专业设置模式。区域内各个职业院校可以根据当地政府公布的人才需求预测报告、地方政府发展战略规划、区域经济发展需求和自身办学条件来设置专业，并根据市场的变化及时调整专业，将区域经济结构、产业结构和技术结构以及社会人才需求的变化趋势作为专业结构优化的主要依据。二是地方政府部门、职业教育机构、企业行业建立课程开发的"三方联动"机制。三方紧扣区域产业优势，共同开发符合市场需求的品牌特色课程；三是建立政府部门、职业院校、企业行业以及民间机构共同参与人才培养的过程机制，探索多方联动的一体化人才培养方式，凸显职业教育与培训过程中的实训化特征。①

---

① 林克松、朱德全：《职业教育均衡发展与区域经济协调发展互动的体制机制构建》，《教育研究》2012 年第 11 期。

第八章

一体化职业教育的案例分析

第一节 现实情况总体分析

一、城乡统筹

城乡统筹概念的提出源于城乡二元结构导致的城乡不均衡发展。追溯其发展历程，恩格斯首先提出了"城乡融合"的概念。英国城市学家霍华德在《明日的田园城市》中，从城市与农村布局的角度出发，提倡使用新的城乡一体社会结构。20 世纪 60 年代，美国城市学家刘易斯明确主张建立城市中心，重建城乡之间的平等。赫尔希曼认为，城市在发展进程中被过多分配了优质资源，进而从非均衡增长理论出发，提出城乡一体化问题。由此可见，人类社会的发展，逐步从工业化过渡到城市化，再到现在的城乡一体化。这是历史发展的规律，同样也是发展之必然。时下，正值"十三五"规划和贯彻落实十八大系列讲话精神，中国也将面临改革开放近 40 年的关键期。适应经济发展新常态、坚持以可持续发展为方向的变革，已然涉及到社会各个方面。城乡之间的显著差距，二元结构的持续对立，导致区域之间各种发展问题日益凸显。《国家中长期教育改革和发展规划纲要（2010—2020 年）》中指出，"整体部署教育改革试验，统筹区域协调发展"。实现城乡统筹，建立城乡一体化，成为当前优化区域经济发展、实现资源优质均衡配置的话语体系。

城市与农村的持续分离，引起了人们对于实现城乡发展一体化的思考。恩格斯指出："通过消除旧的分工，进行生产教育，变换工种，共同享受大家创造出来的福利，以及城乡融合，使全体成员的才能得到全面发展。"① 党的十六大，已经提出"统筹城乡发展、区域发展、经济社会发展、人与自然和谐发展、国内发展和对外开放"五大统筹。其中，"统筹城乡发展"位居首位。城乡统筹的最终目标，是实现整个社会大范围下的全面且共享发展。追求人的发展，必须着重强调科学发展观和可持续发展的理念。前者是为了实现整个发展的全面和协调，后者则是前者的应有结果。同样，坚持实现人的全面发展，必须坚持人民群众的共同发展，做到一切为了人民、一切依靠人民、一切成果由人民共享。

具体来说，城乡一体化是不能与城乡统筹等同的。城乡统筹属于一个更上位的概念。而城乡一体化只是一个保障措施。城乡统筹理论比较集中从空间统筹理论、产业筹备理论以及要素统筹理论来分析具体问题。城乡一体化则更多倾向于从体制机制角度来论及城乡统筹，尤其关注城乡布局、资源配置等一体化的管理。② 有学者认为，城乡一体化是指在生产力、城市化水平发展到一定阶段，城市和农村实现有机结合，以城市带动乡村、以乡村促进城市，城乡互为资源、互为市场、互为服务，最终实现城乡社会、经济、文化、教育、生态协调发展的过程。③ 也有学者认为，城乡一体化是发展过程和发展目标的统一体，城乡一体化是城乡文化的趋同。如图所示，这是 2011—2015 年中国人口数量图。可以看到，就整个中国总人口来说，总人口数呈逐年上升趋势，而城镇人口和乡村人口呈现相反趋势变化。中国的城镇化率从 1982 年的 21%上升到 2015 年的 56.10%，第六次人口普查时城镇化率为 50%，2016

① 《马克思恩格斯选集》（第一卷），人民出版社 1995 年版，第 243 页。
② 朱德全：《职业教育统筹发展论》，科学出版社 2016 年版，第 2 页。
③ 袁海涛：《河南省城乡一体化进程中农民职业教育思路探析》，《农业经济》2013 年第 8 期。

年的最新城镇化率的数据是 57.35%。截止到 2015 年，中国居住在农村的人口超过 6 亿，中国城镇化进程仍然在路上。

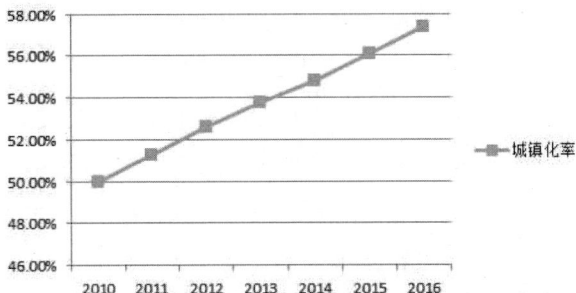

图 8.1　2010—2016 年中国城镇化率走势分析

与此同时，区域经济直接影响着城镇化的进程和发展水平。针对每个具体的省市来讲，由于区域经济发展存在着一定的悬殊，导致了城镇化水平的差异。

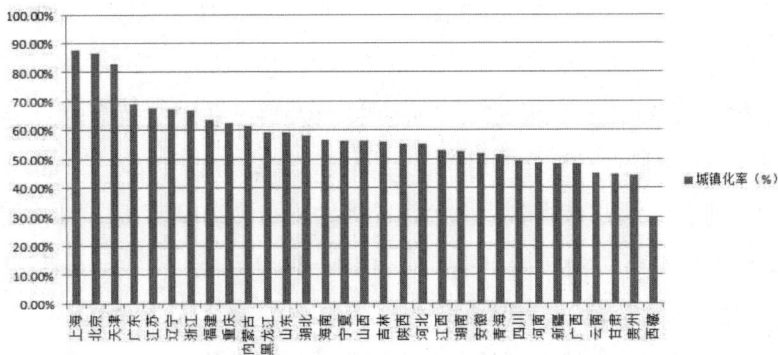

图 8.2　2016 年全国各省城镇化率

图 8.2 是 2013 年统计的全国各省城镇化率。第一直观印象就是参差不齐，中部、西部和东部城市群的发展情况不一样。将全国 31 个省按照八大经济区域来划分，发现有 17 省的城镇率低于当年的平均水平 53.73%。进一步从 17 个省市所分布的经济区域来看，可以得知：第一，东北地区（辽宁、吉林、黑龙江）和东部沿海（上海、浙江、江

苏）均处于平均水平之上。第二，大西北（西藏自治区、甘肃、青海、宁夏回族自治区、新疆维吾尔自治区）全部处于平均水平之下。第三，西南地区、黄河中游、长江中游、北部和南部沿海中，只有重庆、北京、天津、山东、福建、广东、内蒙古和湖北处于平均水平之上。这些差别的产生，决定于每个经济区域的政策实施和投入力度，当然更要受到每个省独有的地理和自身条件的影响。以高水平发展的省市作为"领头羊"，选择性地吸取有用的经验，探寻出具有地方特色的城镇化道路，才是有效落实城镇化进程的关键。

二、职业教育

加快发展现代职业教育，是党中央、国务院做出的重大战略部署。职业教育对于深入实施创新驱动发展战略，创造更大人才红利，加快转方式、调结构、促升级具有十分重要的意义。[①] 早在 1996 年，我国就颁布了《职业教育法》，其中明确规定了"职业教育是国家教育事业的重要组成部分，是促进经济、社会发展就业的重要途径"。2005 年，国务院召开职业教育大会，通过《国务院关于大力发展职业教育的决定》，提出"把发展职业教育作为经济社会发展的重要基础和教育工作的战略重点"，职业教育逐步得到我国政策的大力支持。2010 年提出的《国家中长期教育改革和发展规划纲要（2010—2020 年）》中，明确提出要"大力发展职业教育"。2014 年印发了《国务院关于加快发展现代职业教育的决定》，着力建设新时代下的职业教育。党的十八大报告中指出"加快发展现代职业教育"。职业教育是我国实现现代化建设的重要支撑点，能够很好地推动经济社会等方面的发展，理应成为教育战略部署的重要着力点。

近年来，我国职业教育事业快速发展，体系建设稳步推进，培养了

---

① 《国务院关于加快发展现代职业教育的决定》，职业技术教育 2014 年版，第 45 – 49 页。

大批中高级技能型人才。根据人力资本理论等相关学说，职业教育与社会的重要节点都有着密不可分的关系。第一，从社会角度。英国经济学家巴洛夫认为，"发展中国家的职业教育与经济发展是相辅相成、相互促进的，教育与人力资本、科技、经济增长之间呈正相关的辩证关系"。①可以说，职业教育对经济的发展有着直接推动作用，与整个社会发展处于一种动态平衡之中。据相关数据分析，职业教育对经济贡献度达到了6.8%，并且对产业结构的优化升级有着积极促进作用。② 当下，实现经济增长由粗放型向集约型转变，正需要职业教育培养大量的应用技能人才。经济的发展，旨在实现社会的公平问题和效率问题，其中，职业教育发挥着自己独特的作用。第二，从教育角度。职业教育在整个教育体系中有着举足轻重的地位。纵观国内国外，职业教育都是国家教育法明确规定的教育类型。其中，英国是最早从法律角度明确职业教育地位的国家。③ 职业教育着重培养应用型人才。随着各种招生制度的改革，高等教育得到了明显的发展，但是教育的问题并没有真正得到解决。优化教育资源配置就是问题之一。温家宝同志指出，"教育结构调整总方向是：普及和巩固义务教育，大力发展职业教育，提高高等教育质量"。可见，教育结构调整和均衡发展尤为重要，同样，职业教育是其中不可或缺的重要教育形式。第三，从人本身。核心素养要求我们要培养全面发展的人，从三大维度，即文化基础、自主发展和社会参与出发，最终形成每个人的必备品格和关键能力。职业教育与后两者有着密切联系。一个人的自主发展，不仅要受普通教育的熏陶，掌握必要的基础知识和能力，还要进行个性化和社会性的拓展。职业教育将学生的兴趣个性发展和以后的谋生技能结合起来。除此之外，人是一切社会关系

---

① 欧阳河：《职业教育基本问题初探》，《中国职业技术教育》2005年第12期。

② 职业技术教育编辑部：《十八大：加快发展现代职业教育——关于背景、内涵和路径（大战略）》，《职业技术教育》2012年第11期。

③ 朱德全：《职业教育统筹发展论》，科学出版社2016年版，第4-6页。

的综合。职业教育的本质在于培养人的社会活动，巩固人的社会性。

同样我们也看到，当前职业教育还不能完全适应经济社会发展的需要，结构不尽合理，质量有待提高，办学条件薄弱，体制机制不畅，需要进一步的改革。职业教育的关键，在于为实现社会主义现代化培养合格的接班人和建设者。2014 年，为贯彻落实党的十八大和十八届三中全会精神，贯彻落实《国家中长期教育改革和发展规划纲要（2010—2020 年)》以及《国务院关于加快发展现代职业教育的决定》，加快发展现代职业教育，建立现代职业教育体系，服务于实现全面建成小康的社会目标，教育部、国家发展改革委等组织编制了《现代职业教育体系建设规划（2014—2020 年)》。2015 年，继续贯彻落实全国职业教育工作会议精神和《国务院关于加快发展现代职业教育的决定》（国发〔2014〕19 号）要求，深化职业教育教学改革，全面提高人才培养质量，《教育部关于深化职业教育教学改革全面提高人才培养质量的若干意见》出台。《意见》致力于从更细微处，即职业教育的教育教学，来完善职业教育体系。

三、一体化职业教育

2017 年是实施"十三五"规划的重要一年，是供给侧结构性改革的深化之年。中国经济的航船正聚合澎湃之力欲破浪前行，但要清醒地看到国际形势的不确定和不稳定因素，国内经济增长内生动力不足，全面做好改革发展稳定各项工作任务十分艰巨。职业教育是整个教育大系统中的重要组成部分。发展好职业教育，培养更多应用技术型人才，不仅能解决社会就业等大问题，还能促进整个社会经济的发展，为早日实现伟大复兴的中国梦和社会主义现代化打下坚实基础。随着全球化和信息化的到来，中国社会经济发生了巨大变革，职业教育自然被提上重要日程。然而，城乡二元经济社会结构导致了城乡职业教育发展的不均衡，成为职业教育一直存在的问题，严重阻碍了职业教育的发展。城市与乡村的分割、经济与社会的失衡等问题构成制约我国区域和谐稳定发展的桎梏和顽疾。① 由此，为实现职业教育城乡统筹，一体化职业教育的概念应运而生。

什么是"统筹"？《现代汉语词典》中给出的解释是"统一筹划"。有学者指出，职业教育统筹是一项综合性的社会改革。从形态的角度出发，包括城乡职业教育统筹发展、区域职业教育统筹发展、职业教育与其他教育类型统筹发展、职业教育与经济社会统筹发展等。② 我们这里将谈到的是城乡职业教育统筹。这也是整个职业教育统筹的主要内容，最终要达到均衡、公平与和谐的发展。不可否认的是，城乡职业教育统筹与其余三者的发展是紧密相连的。我们现在选择用"城乡职业教育一体化"这一概念，即统筹城乡背景下的一体化职业教育，与城乡职业教育统筹的概念差不多，不同点在于两者的侧重点有些许不同，这个在之前已经提到过。城乡职业教育一体化隶属于城乡一体化，是最终实现一体化良好发展态势中不可或缺的部分。城乡一体化是生产力发展到一定高度的必然结果。城乡职业教育一体化是职业教育领域内的一体化，即突破城乡二元结构对职业教育分离的束缚，把城与乡的职业教育放在同等重要的位置，将社会资源进行整合，有机地融合为一个整体，以优化城乡职业教育资源配置和调整职业教育相关政策，来实现城乡职业教育的优势互补、双向流动。③

当前，我国职业教育城乡统筹发展的力度仍然不足，城乡职业教育之间存在着不平衡与不协调的矛盾，在一定程度上影响了职业教育的整体发展，制约了职业教育服务功能的发挥。主要体现在职业教育的优质

---

① 李涛等：《中国统筹城乡教育综合改革：统什么？改革什么？——〈国家中长期教育改革和发展规划纲要（2010—2020年）〉视域下的"城乡治理论"建构》，《西南大学学报》（社会科学版）2011年第5期。

② 朱德全：《职业教育统筹发展论》，科学出版社2016年版，第1页。

③ 徐晔、盛振文：《论城乡职业教育的一体化发展》，《中国成人教育》2014年第9期。

均衡发展问题，即城乡职业教育的质量和公平性问题，比如说城乡之间的教育资源分配不均衡、教育政策和资金投入导致的教育过程不公平等。要想改变这一现状，就必须根据城乡教育、经济、文化一体化良性互动的内在要求，深化城乡职业教育体制机制改革。[①] 大多数学者都提到了以下三个方面的措施：第一，增加对农村职业教育的资金投入，优化教育环境和加强师资队伍建设；第二，健全城乡一体化市场机制，提升职业教育的吸引力；第三，进行管理体制的改革，制定优惠农村教育的相关政策。

同时，区域职业教育统筹发展也是职业教育统筹中的重要内容。我们这里先不讨论怎样发展区域职业教育统筹发展。从这一概念中，可以得知的是，发展职业教育，区域经济发挥着关键性作用。不同区域的职业教育始于不同的起点和发展水平，需要在审视自身情况的基础上，提出具有针对性的措施，从而增强职业教育与区域经济发展的适切性，这是实现双赢的必然要求。往大的来说，特定的地区需要审视自身独有条件和短板，并在此基础上制定相应的对策，找到合适的切入点和实施点，这点极为关键。以上海为例，它作为全国第二大城市、经济最发达地区，率先贯彻政策方针、响应号召，实现产业结构优化升级和经济发展方式转变的要求。[②] 从 20 世纪 80 年代初至今，上海的职业教育始终以深化改革和内涵建设为重点，所采取的方式并非以城乡统筹为重点依托来进行，而是以"大职业教育"理念为引领，选择在服务经济转型中实现职业教育自身转型，逐步从以规模发展为重点到以质量提升为重点，最终实现可持续的高水平均衡发展，踏上全面提高教学质量的新征程。

---

① 张涛、罗旭、彭尚平：《论城乡一体化背景下职业教育的统筹发展》，《教育与职业》2012 年第 27 期。

② 马树超等：《区域职业教育均衡发展》，科学出版社 2011 年版，第 269 页。

第二节　河南一体化教育发展

一、河南省一体化教育

（一）城乡统筹

"十三五"时期，对处于中原经济区的河南省来说，与整个中国的发展一样，处于攻坚克难的关键期。适应经济发展新常态，实现"新型工业化、信息化、城镇化、农业现代化和绿色化"五化同步发展，完成产业转型升级，必须以科学发展观为引领，坚持可持续发展，将发展与协调紧密联系起来。[①] 城乡发展不协调一直是河南经济社会发展中存在的问题。在审视自身情况的基础上，河南省提出一方面要坚持以点带面的战略，中心城市带动周边核心城市群，实现核心圈 9 市率先发展，一方面大力发展县域经济，发挥已有资源优势，加大对传统农区的支持力度，从而形成了中心城市、中原城市群核心圈、资源型地区、传统农区等几大板块共同发展的局面。

总体来说，河南省城镇化速度在加快，水平也在逐年提升。改革开放前 30 年间，城镇化率就提高了 7.8 个百分点，平均每年增长 0.25 个百分点。城镇率增长的同时，质量水平也在同步提高。现在，河南省已经形成了以省会郑州为首的包括洛阳、开封、新乡、焦作、许昌、平顶山、漯河、济源九个城市的中原城市群。[②] 河南全省城镇化的快速发展是 18 个省辖市城镇化快速发展的综合体现。由于各省辖市人口规模、经济发展水平和结构等方面的差异，导致其城镇化水平在发展状况、速

[①]　省政府发展研究中心课题组：《河南协调发展：城乡统筹 克难攻坚》，《河南日报》2016 年 6 月 29 日。

[②]　河南省统计局联合课题组等：《走向城乡统筹的河南新型城镇化研究》，《河南教育学院学报》（哲学社会科学版）2013 年第 4 期。

度和质量等方面的不平衡，突出体现在各省辖市城镇人口比重悬殊较大。随着城镇化进程的快速发展，全省各地区间的差距在逐年减少。分析数据可知，2000 年城镇人口比重标准差和标准差系数分别为 10.17 和43.4%，2010 年分别为 8.6 和 22.3%。城市行政区内实际已成片开发建设的区域，即所谓的建城区，面积从 2010 年 2014 平方公里增加到了 2015 的 2503 平方公里。与此同时，城市建设用地面积也在同步增加之中。另外，对于城乡建设这一块的投资范围逐步扩大。财政上对于城乡社区事务的支出从 2010 年的 165.30 亿元提高到 2015 年的 645.21 亿元，反映了政府对于城乡社区建设的重视和加强，城乡社区的公共设施、环境卫生等也都得到了相应地改善和发展。城镇投资环境的不断优化，引来更多产业投资商的加入，产业集聚区迅速得到发展，城镇化产业基础日益坚实。如图 8.3 所示，这是河南省近五年各类人口数据。

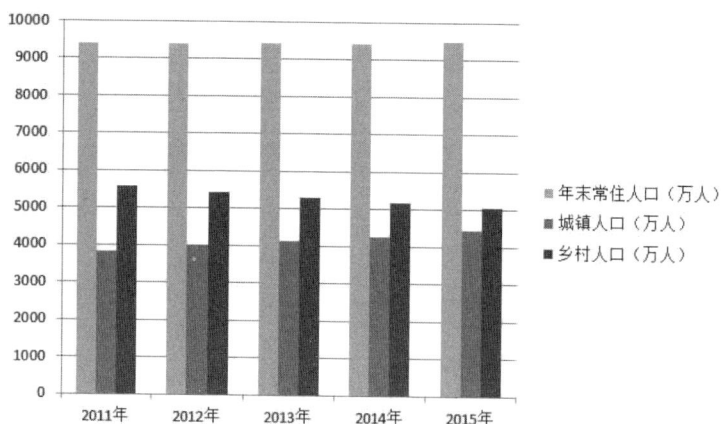

图 8.3 河南省近五年各类人口数据

可以看到河南省的城镇人口在逐年增加，城镇率从 1978 年的 13.63% 到 2015 年的 46.85%，最新数据显示 2016 为 48.5%，城乡统筹工作取得了显著的成效。不得不承认的是，河南省仍有将近一半以上的农村人口，还需要进一步地推进城乡一体化进程。就总的形势来讲，截止到 2015 年，河南 48.5% 的城镇率仍远远低于整个中国的平均水平

57.35%，相差 8.85 个百分点。在中南地区六省中，以 2015 的城镇化数据为例，第一是广东省的 68.71%，河南省居于最后一位，差距显而易见。因此，河南省城镇化还是处于一个总体发展滞后的位置。

新时期，中原经济区的建设正在如火如荼地开展中，河南省作为重点战略部署区域，抓住发展机遇，制定合适战略显得尤为重要。现阶段，需要找到一条具有地方特色的科学化的城镇化发展道路，并能很好地推动整个中国城镇化和社会主义现代化进程。统筹城乡发展，实现资源均衡配置，成为该省长期以来的战略重点。从大范围来看，国家实行经济发展转型为其提供了动力机制。政府出台了很多相应的政策条例，来支持加快中原经济区国家战略。从小方面来说，河南省利用自身发展形成的空间差距，来拓展新的产业，将巨大的农村人口压力转化为发展动力。这些因素都将助推河南省城镇化进程的发展。去年年底，发改委印发了《促进中部地区崛起"十三五"规划》。实施促进中部地区崛起战略，已经成为党中央、国务院的重大决策部署。中部地区包括了山西、安徽、江西、河南、湖北和湖南六个省份。截止到 2015 年，人口总量占总人口的 26.5%。在城乡统筹这一块，只有湖北省 56.85%，达到了平均水平 56.10%，其余都在之下。

（二）职业教育

河南省作为一个人口大省和农业大省，从 20 世纪 80 年代以来，就组织建立了一大批高等职业学校，随着招生制度的改革，职业教育逐步得到相应的发展。近年来，河南省按照"狠抓招生、就业两个关键，积极推进体制机制创新，努力实现农村职教规模发展、城市学校质量两个突破"的工作新思路，大力提升服务社会主义新农村建设的能力。为推进河南省经济社会实现"两大跨越"，形成了具有地方特色的"河南职教发展模式"。[1] 2010 年提出的《国家中长期教育改革和发展规划纲要

---

[1]　马树超等：《区域职业教育均衡发展》，科学出版社 2011 年版，第 190 页。

（2010—2020 年）》中，明确要求"加快发展面向农村的职业教育"，要提高广大农村劳动力的教育水平。为认真贯彻落实《国务院关于加快发展现代职业教育的决定》（国发〔2014〕19 号），深入实施职业教育攻坚工程和全民技能振兴工程，加快发展现代职业教育，培养一大批适应该省经济社会发展需要的技术技能人才，河南省颁发了《关于加快发展现代职业教育的意见》（豫政〔2014〕75 号），进一步指导职业教育的发展。紧接着，全面实施职业教育攻坚二期工程，加快发展现代职业教育，进一步整合职业教育资源，促进优胜劣汰，优化学校布局，集中力量建设以品牌示范学校和特色学校为骨干的中等职业学校，切实提高中等职业教育的办学质量和水平，《河南省人民政府关于进一步优化中等职业学校布局提升办学水平的意见》出台。《意见》要求，从 2015 年起，围绕做大做强职业教育的总体要求，通过资源整合和布局调整，将办学条件基本达到《中等职业学校设置标准》要求，不断提高中等职业教育的办学质量和水平。

根据《河南教育事业发展统计公报》，2015 年的数据显示，全省共有各级各类学校（机构）5.87 万所，教育人口 2704.3 万人，其中在校生 2553.99 万人，教职工 150.31 万人，教育人口占总人口的 25.36%。中等职业学校 875 所，招生 47.89 万人，在校生 131.48 万人。中等职业教育的招生数和在校生数分别占高中阶段教育的 41.33% 和 40.36%。河南省 2016 教育相关数据指出，过去的一年间，全省教育系统深入推进教育领域综合改革，以办好人民满意的教育为目标，坚持优化结构、提高质量、促进公平，重点领域改革取得新进展，若干教育难点问题有了新突破。就整个教育综合来看，与 2015 年的数据基本持平，并稍微有所下降。2016 的数据显示，中等职业学校 800 所，招生 47.79 万人，在校生 128.25 万人。中等职业教育的招生数和在校生数分别占高中阶段教育的 40.73% 和 39.12%。教职工 6.42 万人，其中专任教师 5.03 万人，专任教师学历合格率 90.00%，其中专任教师具有研究生及以上学历占总数的7.80%。这里所说的中等职业教育包括普通中专、成人中专、职业高中和技工学校。

仅仅用2015年和2016年两年数据进行对比可以发现，除了在招生人数这一块基本持平外，中等职业学校的数量从之前的875所减少到800所，在校生人数也将近减少了十来万。这不是所谓的对职业教育的削弱，而是更好地发展职业教育，整合并优化教育资源。2015年末的《意见》中指出，要用3年的时间，采取撤销、合并、兼并、划转、转型、共建等形式，整合一批弱、小、散的中等职业学校，推动中等职业教育资源向优质学校集中，优化学校布局，增强办学能力，提升办学质量。经过资源整合、布局调整，到2018年，全省中等职业学校调减至420所左右；原则上校均在校生规模达到3000人以上；在优化学校布局过程中，确保中等职业教育招生和在校生数与普通高中大体相当，确保中等职业教育资源不流失。到2020年，要形成适应发展需求、产教深度融合、中职高职衔接、职业教育与普通教育相互沟通，体现终身教育理念的现代职业教育体系。

纵观十年间的河南教育，不管是学前教育还是高等教育，都发生了很大的变化，职业教育同样如此。从相关数据可得知，中等职业教育的招生数和在校生数所占的比例呈稳中求进的趋势，正着力构建现代职业教育体系。

（三）河南一体化职业教育发展

河南作为我国的农业大省，农民人口的众多决定了河南职业教育发展的定位和取向。对于河南来说，着重强调农村职业教育的发展。近年来，《河南省人民政府关于实施职业教育攻坚计划的决定》（豫政〔2008〕64号）、《河南省人民政府中华人民共和国教育部共建国家职业教育改革试验区实施方案》和河南省人民政府2010年"一号文件"《关于加快推进职业教育攻坚工作的若干意见》等一系列文件相继出台，河南省人民政府明显加大了对农村职业教育的政策引导和投入，明确提出计划 5 年内投入 100 亿元用于发展河南的职业教育。实施城乡统筹，提高农民的从业能力，加强职业教育的开展，着力发展农民职业教育以推动整个一体化职业教育进程，是推动河南整体教育水平和经济水平提高的必要路径，更是实现伟大复兴中国梦和现代化建设的应有之义。河南省清晰明确自身条件和局限，将战略重点基于发展一体化职业教育，实现从人口大省到人力资源强省的转变，完成以工促农、以城带乡、城乡互通、城乡协作和城乡融合的城乡一体化目标。

城乡一体化，职业要先行。在河南省的视域下，被赋予了新的个性化特征。城乡统筹的实施推进，促进了一体化的快速形成。在城市化的带领下，重新调整和改善产业结构，实现产业转型升级，实现资源的合理配置，这将为职业教育的发展带来新的契机。与此同时，职业教育也将为城市化的发展培养更多的优秀人才。没有职业教育的统整和科学的实施，就不会为城乡统筹输送优秀人才，进而一体化进程也会由此搁置，一体化职业教育便更无可能。国务院印发《全国农业现代化规划（2016—2020 年）》。《规划》提出，将加快构建新型职业农民队伍。这个文件对河南省农民职业教育有着指导性的意见。《规划》中指出，要加大农村实用人才带头人、现代青年农场主、农村青年创业致富"领头雁"和新型经营主体带头人培训力度，到"十三五"末，实现新型经营主体带头人轮训一遍。将新型职业农民培育纳入国家教育培训发展规划，鼓励农民采取"半农半读"等方式就近就地接受职业教育。建立教育培训、规范管理、政策扶持相衔接配套的新型职业农民培育制度，提高农业广播电视学校教育培训能力。图 8.4、8.5 分别显示了全国和河南省五年间的中职招生情况。

可以看出，中等职业学校的招生数、在校人数等都在逐年减少，与国家大力倡导职业教育貌似不太相符，这一点在前面已经有所提到。从 2011 年起，中等职业教育学校数、专任教师数、招生数、在校学生数均呈逐年减少趋势。2014 年中等职业教育学校数比 2010 年减少 1591

指标 ⇕	2015年 ⇕	2014年 ⇕	2013年 ⇕	2012年 ⇕	2011年 ⇕
中等职业学校(机构)招生数(万人)	479.8174	495.3553	541.2624	597.0785	649.9626
中等职业学校(机构)农林牧渔类招生数(万人)	34.3258	39.4930	46.7279	71.9852	85.4314
中等职业学校(机构)资源与环境类招生数(万人)	1.3386	2.1188	3.3843	4.8297	4.9497
中等职业学校(机构)能源与新能源类招生数(万人)	1.4966	1.8613	2.0704	2.6902	3.4555
中等职业学校(机构)土木水利工程类招生数(万人)	17.4109	22.8806	24.0140	22.5438	24.7204
中等职业学校(机构)加工制造类招生数(万人)	64.0537	70.1260	79.1948	89.6233	105.0657
中等职业学校(机构)石油化工类招生数(万人)	2.06	2.75	3.50	4.16	4.64
中等职业学校(机构)轻纺食品类招生数(万人)	4.25	4.85	5.83	6.91	7.87

图 8.4 全国近五年中职招生情况

指标 ⇕	2015年 ⇕	2014年 ⇕	2013年 ⇕	2012年 ⇕	2011年 ⇕	2010年 ⇕
中等职业学校招生数(万人)	37.82	39.34	42.22	52.25	56.96	62.56
中等职业学校初中毕业数(万人)						54.80
中等职业学校应届初中毕业生数(万人)						50.38
中等职业学校在校学生数(万人)	104.04	110.39	119.31	145.66	156.78	163.60
中等职业学校毕业生数(万人)	38.83	41.96	51.17	52.27	52.90	52.63
中等职业学校获得职业资格证书毕业生数(万人)	30.69	32.23	39.12	28.01	29.61	29.61
中等职业学校预计毕业生数(万人)	35.66	39.33	42.57	53.92	54.53	54.69

图 8.5 河南省近五年中职招生情况

个，招生数减少 172 万人，在校学生数减少 278 万人，专任教师减少 0.5 万人。究其本质，一是职业教育资源在进一步整合；二是在教育发展过程中尚存在薄弱之处。《中国儿童发展纲要（2011—2020 年)》中明确指出中等职业教育发展需继续加强，不断扩大中等职业教育规模是《纲要》提出的目标。增强中等职业教育的办学活力，继续发展中等职业教育，是解决教育发展薄弱环节的重要举措。

另一方面，《2016 国民经济和社会发展统计公报》中，指出城镇化率在进一步提高。2016 年末常住人口城镇化率为 57.35%，比上年末提高 1.25 个百分点；户籍人口城镇化率为 41.2%，提高 1.3 个百分点。城镇化率提高幅度虽然比上年有所回落，但仍大体保持过去多年的提高幅度，城镇化进程继续保持旺盛势头。按照常住人口计算，2016 年城镇人口比上年增加 2182 万人，农村人口减少 1373 万人，农村向城镇转移的人口仍比较多。① 城镇化的加快，中等职业学校等机构的锐减和整合，两者的结合和共同发展，从而进一步制定一体化职业教育的一系列体制机制。这对于全国各个省市都是一个新的挑战和命题，不单单是河南。

二、发展经验

目前，河南省教育厅主持召开了全省教育脱贫攻坚工作推进会议。作为全省首家召开全系统会议推进脱贫攻坚的政府部门，省教育厅认真贯彻落实全省脱贫攻坚第二次推进会议精神。会议上强调，第一，要充分认识教育在打赢脱贫攻坚战中的特殊地位和作用，切实增强责任感和紧迫感。教育脱贫是精准扶贫的重要环节，更是党中央和省政府的明确要求。河南省具有农业人口最多的特殊性。实现占总人口多数的农业人口教育脱贫，能有效促进经济社会的发展，提高人民的生活水平。第二，要明确任务和突出重点，增强脱贫工作的针对性和实效性。与此同时，要彰显领导力，积极做好落实工作。此次会议对河南一体化教育，或者说农民职业教育，有着重要意义。每个人都应该扛实扛牢教育扶贫重大责任，落细落实省委、省政府教育扶贫政策，建立健全教育扶贫工作协调推进机制，引导支持贫困家庭新成长劳动力接受职业教育，进而实现"美好河南"的中国梦。对于接下来进一步的工作，我们首先需要总结已有的经验和教训，发扬做得好的方面，抓住之前工作的薄弱环节，这样才能有针对性地部署之后的工作。

1. 发挥政府领导力，坚持政府推动

河南省作为全国职业教育发展的大省，一直都将职业教育作为重要着力点。作为职业教育改革试验区，致力于用"一体化职业教育"的

① 中华人民共和国国家统计局：《中华人民共和国 2016 年国民经济和社会发展统计公报》，《人民日报》2017 年 3 月 1 日。

思维方式，建设具有地方特色的现代职业教育体系。政府作为执掌社会公共权力的主体，在社会的进步和发展中承担着义不容辞的责任，可以说"没有一个有效的政府，不论是经济的还是社会的可持续发展都是不可能实现的"。[①] 而政府作用的发挥程度，政府职能的履行程度，绝大部分取决于政府的领导力。不断提升政府领导力，有助于促进经济社会的繁荣与发展。针对具体的管理活动而言，政府统筹工作的开展得力于领导力的有效发挥。

近年来，河南省委、省政府高度重视职业教育工作，把大力发展职业教育作为实现中原崛起宏伟目标的一项重要举措，积极探索在中原经济区背景下协调发展的有效途径。[②] 2008 年，省政府与教育部签署共建国家职业教育改革实验区的协议，河南省由此成为全国第三个国家职业教育改革试验区。同年，为全面落实省部共建协议，省政府制定了《关于实施职业教育攻坚计划的决定》，并举行全省职教攻坚动员大会。2009 年，正式联合制定了《共建国家职业教育改革试验区实施方案》（豫政〔2009〕37 号），时任省长对职教攻坚活动进行了再激励、再动员，公布《关于表彰 2009 年河南省职业教育攻坚工作先进单位的决定》。年底，河南省新乡市成立了职业教育局，这是全国首家省辖市级职业教育局。2010 年，河南省出台了"一号文件"《关于加快推进职业教育攻坚工作的若干意见》。2011 年，省政府对在攻坚工作中的优秀者进行表彰。2012 年，召开全国职业教育工作会议，明确"三改一抓一构建"的发展思路。2014 年，制定了《关于实施职业教育攻坚二期工程的意见》（豫政〔2014〕48 号）和《关于加快发展现代职业教育的意见》。2015 年，省政府出台了《关于进一步优化中等职业学校布局提

---

① 世界银行：《1997 年世界发展报告：变革世界中的政府》，中国财政经济出版社 1997 年版。

② 白俊梅：《河南职业教育存在的问题与对策》，硕士学位论文，郑州大学马克思主义学院 2006 年，第 13 页。

升办学水平的意见》。一系列文件的颁布，工作会议的持续跟进，足可以看出省政府强大的领导力和实施力，以及在政府统筹的引领下大力发展职业教育的决心。

2. 创新体制机制，改革办学模式

为认真贯彻实施《国务院关于支持河南省加快建设中原经济区的指导意见》（国发〔2011〕32号）精神，巩固职业教育成果，省政府决定，"十二五"期间，以国家职业教育改革试验区为平台，创新职业教育发展机制，改革封闭式办学模式，积极推进校企合作。2003—2009年期间，河南省一共成立了60个职教集团，吸纳了2054家成员单位，包括职业学校、行业协会、企业。职教集团以"以城带乡、以强带弱，纵向贯通、横向联合"的新兴办学模式，形成了校企开展合作，城乡"联姻"的模式。积极发挥职教集团的载体作用，以产业和专业为纽带，统筹行业、企业、职业院校资源，发布行业人才预警信息，开展行业内员工培训，建设专业教学资源共享库；通过实施"订单"培养、开展职业技能鉴定、举办行业职业教育技能大赛引领课程体系改革；开展专业建设、师资队伍建设、实训基地建设、实习就业指导等，实现专业与产业对接、教学过程与生产过程对接、专业课程内容与职业标准对接。另一方面，《河南省职业教育校企合作促进办法（试行）》通过审议，开展职业院校与企业、事业单位、社会组织在人才培养与职工培训、科技创新与技术服务、资源共享与共同发展等方面的合作，推进实施职业教育校企合作。

3. 设立品牌学校，突出专业特色

对于河南省来说，职业教育的发展具有其自身的特殊性。实现城乡统筹背景下的一体化职业教育，需要同时兼顾城市职业教育和农村职业教育的发展，进而在此基础上，实现两者的资源共享和整合推进。城市职业教育的良好发展首先直接影响到一体化职业教育的完善。河南省一直坚持以"服务为宗旨，以就业为导向"的办学方针，切实进行职业教育的改革，争取早日实现一体化背景下的现代职业教育体系。2010年，省政府采取"重点建设、示范带动"的策略，确定 50 所县级职业教育中心为重点建设的示范性职业教育中心，40 所行业职业学校、11所高等职业院校为重点建设的示范性职业学校，5 个职业教育园区为重点建设的示范性职业教育园区，并对其持续跟进和适时调整，充分发挥示范引领作用，推动职业教育攻坚目标如期实现。之后，2012 年，省政府印发了《关于转发河南省职业教育品牌示范院校和特色院校建设管理办法的通知》，着力建设河南省职业教育品牌示范院校和特色院校，进一步深入贯彻落实《河南省人民政府关于创新体制机制进一步加快职业教育发展的若干意见》。将这些学校纳入本地经济社会发展总体规划和教育事业发展规划，把品牌示范院校和特色院校作为今后全省职业教育的支撑予以重点支持，统筹安排，推动职业院校形成品牌、办出特色，提升职业教育的服务力、吸引力和办学活力。

4. 重视师资培养，提高技术技能

职业教育的办学水平和人才的培养，取决于教师的素养。河南省教育厅从 2007 年起，就开始组织中等职业学校的教师到相应企业中实习，要求在实习过程中针对具体问题，提出属于自身的建设性意见。在之后几年当中，教育厅鼓励中等职业学校的教师参加国家级培训，增加对特聘兼职教师的资助经费，并申报河南省职业教育教学专家。"十二五"期间，根据《教育部、财政部关于实施职业院校教师素质提高计划的意见》和《教育部办公厅财政部办公厅关于做好职业院校教师素质提高计划 2011 年度项目申报工作的通知》，河南省新增中等职业学校青年教师企业实践培训计划，并遴选中等职业学校青年教师企业实践基地。根据《河南省教育厅关于申报 2016 年度河南省中等职业教育专业技能名师工作室的通知》，各级教育行政部门和有关学校要加强对名师工作室建设和运行工作的指导。通过名师工作室的形式，来进一步促进教育专业成长、提高教育教学质量和培养高素质高技能人才。与此同时，从

2002 年开始，省教育厅每年都会举行一些有关中等职业教育技能的比赛，通过实践教学来强化学生的技能训练。为了进一步加强学生们的职业道德和职业精神教育，培养具有社会责任感、创新精神和实践能力的高素质人才，省教育厅每年都会在全省评选当年中等职业学校优秀学生和班集体等，以进一步鼓励和促进学生们的发展。

三、对策建议

职业教育是面向人人、面向社会，着力培养技术技能型人才、提高劳动者素质的教育，包括了各级各类职业学校教育和各种形式的职业培训，是与经济社会联系最紧密的教育。河南省自 2008 年启动实施职业教育攻坚计划以来，职业教育规模迅速扩大，办学条件极大改善，办学水平显著提升，服务经济社会能力明显增强，职业教育攻坚一期工程取得了显著的阶段性成就。但从总体上看，职业教育仍存在不少困难和问题，制约职业教育发展的瓶颈还没得到有效破解，职业教育规模、结构和质量与经济社会发展的需求还不是很适应，职业教育攻坚任务依旧艰巨。

当前，河南省正处于职业教育攻坚二期工程阶段（2014—2018年）。2014 年提出的《河南省人民政府关于实施职业教育攻坚二期工程的意见》中，就明确要求，适应加快发展的现代职业教育，必须巩固和扩大自身攻坚成果，更好地满足经济社会发展对于各级各类技术型人才的需求。在应对接下来的职业教育改革过程中，必须全面落实"三改一抓一构建"（改革封闭式办学模式，积极推进校企合作；改革单一的政府投资模式，建立多元投资模式；改革职业院校管理体制和机制，切实增强办学活力。抓一批具有品牌效应的职业教育示范院校和特色院校建设项目，探索构建现代职业教育体系）和"六路并进"（教育、人力资源社会保障、民政、农业、扶贫、残联部门共同推进）的职业教育工作思路，深入推进省部共建河南全民技能振兴工程，有效支撑现代产业发展，使职业教育更好地适应经济社会发展需要。

第一，加强农民职业教育，扩大发展规模。省政府下发了《关于实施支持农业转移人口市民化若干财政政策的通知》，围绕解决"三个一批人"新型城镇化问题，建立健全支持农业转移人口市民化的财政政策体系，加快实现基本公共服务向常住人口全覆盖。《通知》中明确要求强化"一基本两牵动三保障"，稳步提高户籍人口城镇化率，并提出了一系列支持农业转移人口市民化的政策措施。与此同时，深入实施全民技能振兴工程，争取40岁以下的农业转移劳动力至少享受一次政府提供的职业技能培训服务补贴。开展中要根据农民的意愿、年龄、文化程度等情况，以及市场需求和输入地企业需求，开展多种形式的职业培训，并逐步建立起职业培训与农民就业相衔接的机制。政策法规层面，减少教育的"不平等"，破除城乡二元结构和计划经济体制造成的教育体制机制障碍。为了促进区域职业教育协调发展，省教育厅之前制定了《关于大力推进县域职业教育改革和发展的若干意见》，提出相应的目标任务和实施措施。比如说开展职业教育强县教育活动、建立中等职业教育贫困家庭学生助学制度、确立农村教育综合改革试点单位等。

第二，优化职业教育结构，提升质量水平。省政府指出，到2018年，全省职业院校在校生规模达到320万人，其中，中等职业学校在校生规模达到160万人，技工学校、技师学院在校生规模达到30万人，高等职业教育在校生规模达到130万人；专业学位研究生达到在读研究生规模的50%以上。将职业院校调整到500所左右，重点建设10所示范性应用技术型本科院校、100所品牌示范职业院校和200所特色职业院校，重点建设30个左右省级品牌示范专业和50个左右省级特色专业。这一目标和要求，旨在进一步调整职业教育布局、层次和专业结构，形成适应经济社会发展需求的职业教育结构。与此同时，大力发展民办职业教育，落实支持民办职业教育发展的政策措施，加强对民办职业院校的指导和管理，引导民办学校依法办学、健康发展。按照"教育与产业、学校与企业、专业与岗位对接"的原则，整合职业教育资源，优化办学结构，加快调整专业结构，培育品牌特色专业，有效促进一体化职业教育的发展，有助于提高职业教育的办学活力和实施效益。

第三，建立内部衔接机制，实现纵深推进。首先，巩固提高中等职业教育发展水平。加强中等职业学校基础能力建设，通过加大投入、资源整合、布局调整等措施，到 2020 年，办学条件基本达到国家制定的标准。其次，创新发展高等职业教育。建立以职业需求为导向、以实践能力培养为重点、以产学研结合为途径的专业学位研究生培养模式。最后，建立职业教育内部衔接机制。加快构建从中职、专科、本科到专业学位研究生教育的技术技能人才培养体系。加强中高职衔接，特别是推进中等和高等职业教育在培养目标、专业设置、课程体系、教学过程等方面的衔接。其中，在学段的衔接部分，完善以初中为起点的五年制高职人才培养制度，开展"3＋4"中职与应用技术类型本科贯通试点，探索出应用技术类型本科与高职专科联合开展"3＋2"本科人才培养试点，与此同时，搭建高等职业教育与技师教育的沟通途径，培养"双师型"的师资队伍。

第四，改革人才培养机制，创新办学模式。实施过程中，进一步完善政府主导、行业指导、学校企业双主体的校企合作运行机制，大力推进校企深度融合，积极探索引企入校、办校进厂、订单培养等多种校企合作形式，遴选建设 100 个产教深度融合、校企紧密合作的办学实体进行改革，推进校企专业共建、课程共担、教材共编、师资共训、基地共享、人才共育。另外，制定本科院校转型发展指导性意见，积极引导、重点扶持一批普通本科院校向应用技术型本科院校转型发展。充分发挥该省国家职业教育改革试验区先试先行的作用，探索在国家、省级示范性中等职业学校开展"3＋2"高等职业教育试点，在国家、省级示范性高等职业院校开展"3＋2"应用技术型本科教育试点，在应用技术型本科试点院校开展专业硕士教育试点。当然，还应建立职业教育校企合作政府奖励制度，引导和推动职业教育校企合作。

第五，培养"职业型"教师，促进教育教学改革。积极深化教育教学改革，提升城市职业教育的质量，必须加强"双师素质"教师队伍建设。首先，采取引进、培养、聘用等办法，建设一支结构合理、素质优良、专兼结合的"双师素质"教师队伍。其次，加强教职工编制管理，实行教职工编制总量控制、绩效评价、动态管理。制订和完善高等职业院校教师职称评审标准和评审办法，探索建立符合高等职业院校特点的职称评价机制。在此基础上，继续开展河南省职业教育教学专家评选工作。每年启动开展该省职业教育教学名师评审工作，评审、认定100名左右河南省职业教育教学名师。紧接着，支持建成100个左右由职业教育教学专家、教学名师或行业协会、企业专家领衔的技能大师工作室。最终实现：一体化教师占专任教师的比例达到70%以上，学生获取"双证书"（毕业证书、职业资格证书）率达到90%以上，中、高等职业院校毕业生就业率分别保持在95%和90%以上，对口就业率分别达到70%和65%以上。

第三节　重庆一体化职业教育

一、一体化职业教育

（一）城乡统筹

重庆，作为我国著名历史文化古城之一，现如今已有3000多年的发展历史。其位于中国内陆西南部、长江中下游地区，辐员面积达到了8.24万平方公里，山城占76%，故素有"山城"之称。区域直辖38个区县（自治县），包括26个区和12个县。人口以汉族为主体，有土家族、苗族、回族、满族、彝族、藏族等54个少数民族，少数民族人口近200万人，占总人口的6%。重庆不仅是大城市带大农村，更是大山区和大库区并存，形成了"一圈两翼"的区域结构。这是重庆城乡结构的独有特征。新中国成立后，重庆市先后成为中央直辖市、四川省辖市、国家计划单列市。1997年成为我国第四个直辖市。直辖以来，重庆经济社会发展成就显著，产业结构调整取得积极进展，老工业基地焕发生机活力，农业农村和现代服务业发展水平大幅提升，基础设施建设明显提速，内陆开放格局基本形成，三峡百万移民搬迁安置圆满完成，各项社会事业都得到全面进步。十八大以来，市委、市政府带领人民，协调推进"四个全面"战略布局，谋划实施五大功能区域发展战略，坚持发展是第一要务、民生是第一目标、稳定是第一责任，各项事业取得新进展。

实现城乡统筹，促进资源优良均衡配置，是当下适应经济发展新常态的关键所在。自十六大提出"统筹城乡经济社会发展"的要求以来，统筹城乡经济社会发展一直是党中央推动社会经济进步的重大战略部署，具有极强的时代性和针对性。重庆市作为中西部地区唯一的直辖市，是中国西部最具潜力的特大城市。为落实这一重大战略部署，国家首先将其确定为全国统筹城乡综合配套改革试验区。就重庆而言，具备独特的地理和人文特点，集大城市、大农村、大库区、大山区和民族地区于一体，导致自身城乡二元结构矛盾突出，老工业基地改造振兴任务繁重，统筹城乡发展道路步履维艰。2009年，国务院出台了《关于推进重庆市统筹城乡改革和发展的若干意见》，来指引新形势下统筹城乡发展的方向和策略。当前正处于应对金融危机的关键时期，适应经济发展新常态，保持经济平稳较快增长，需要将解决当前困难与谋求长期发展结合起来，不断增强发展活力，着力解决劳动就业、社会保障、教育公平等重要民生问题，切实维护社会稳定。与此同时，我们要有长远的眼光，站在全局和战略的高度，充分认识加快重庆市改革开放和经济社会发展的重大意义，努力把重庆市改革发展推向新阶段。如表8.1所示，这是重庆市近十年的城镇化率。

表8.1 重庆市近十年城镇化率

年份	常住人口（万人）	城镇（万人）	乡村（万人）	城镇化率（%）
2005	2798.00	1265.95	1532.05	45.2
2006	2808.00	1311.29	1496.71	46.7
2007	2816.00	1361.35	1454.65	48.3
2008	2839.00	1419.09	1419.91	50.0
2009	2859.00	1474.92	1384.08	51.6
2010	2884.62	1529.55	1355.07	53.0
2011	2919.00	1605.96	1313.04	55.0
2012	2945.00	1678.11	1266.89	57.0
2013	2970.00	1732.76	1237.24	58.3
2014	2991.40	1783.01	1208.39	59.6
2015	3016.55	1838.41	1178.14	60.9

从数据可以得知，重庆市的城乡统筹工作呈现出一片良好发展态势。比如说，2015年60.9%的城镇化率位于当年全国平均水平56.1%之上，高出了4.8个百分点。2016年末全市共有常住人口3048.43万人，城镇化率62.60%，比上年提高1.66个百分点。城镇化率提高幅度相比上年有进一步提升，城镇化进程继续保持旺盛势头。在城镇化带动下，城乡收入差距再次缩小，由2015年的2.59:1缩小为2016年的2.56:1。城乡结构在进一步优化，城镇化进程持续加速推进。另一方面，城乡居民收入稳步增长。居民消费支出更趋合理，全市居民恩格尔系数为34.2%，比上年下降1.0个百分点，其中城镇为32.7%，农村为38.7%。

尽管如此，还是存在不同程度上的问题。城乡规划是实现城乡统筹发展的主要内容。2010年通过实施的《重庆市城乡规划条例》，在一定程度上对协调城乡空间布局和促进城乡统筹发展，起到了一定的作用。但是，从该市规划管理工作实际看，违法建设屡禁不止、规划刚性不足、修改随意、职责不明、部分法律责任缺失等问题亟需解决。基于此，修订后的《重庆市城乡规划条例》（2017 版）于今年三月份开始实施。就城乡统筹，《条例》指出，城乡规划工作实行市人民政府统一领导下的市、区县（自治县）、乡（镇）分级管理体制。这是从法规层面提出市、区县（自治县）、乡（镇）三级分级管理体制的开端。另一方面，借鉴上海等地方经验，来解决城乡规划和其余相关规划衔接不够的问题，将之前工作中好的方面通过修订条例的方式加以固化和进一步规范。

"十三五"时期，重庆将继续坚持"四个全面"战略布局，以"以城带乡、整体推进、城乡一体、协调发展"的总体思路，坚持以政府统筹为主体，以优化资源配置为核心，全面贯彻五大发展理念，深入实施五大功能区域发展战略，大力推进供给侧结构性改革，加快建设国家重要现代制造业基地、国内重要功能性金融中心、西部创新中心和内陆开放高地，基本建成长江上游地区经济中心，建设城乡统筹发展的国家中心城市，确保如期全面建成小康社会，为实现中华民族伟大复兴的中国梦贡献自身的力量。

（二）职业教育

教育能够有效推动经济社会的发展，解决城镇就业等社会性问题。其中，职业教育的重要性尤为突出。发展职业教育是实现四化建设的必然需求。根据《中华人民共和国职业教育法》和《中华人民共和国劳动法》，2007 年 7 月 27 日重庆市第二届人民代表大会常务委员会第三十二次会议通过《重庆市职业教育条例》。《条例》从职业学校与培训机构、教师与受教育者、教育与教学、保障措施和法律责任几个方面，就重庆市的职业教育发展做出了相应的规定和指示。2012 年，《中共重庆市委重庆市人民政府关于大力发展职业技术教育的决定》印发。之后，教育部印发了《现代职业教育体系建设规划（2014—2020 年)》，明确要求各省（直辖市）制定实施方案，并将各省贯彻落实职教会议情况纳入国务院督查重点。重庆市为了贯彻落实国家发展现代职业教育的重要部署，于2015年3月印发《重庆市人民政府关于加快发展现代职业教育的实施意见》，这同时也是重庆市提高自身职业教育服务经济转型升级能力的需要。《意见》指出，实施需立足市情，着眼于城乡统筹发展、五大功能区建设和产业转型升级，明确以"统筹规划、需求导向、产教融合、协调发展"为基本原则，以服务发展为宗旨，以促进就业为导向，深化职业教育综合改革。另一方面，从组织领导、经费投入、师资队伍建设、信息化建设、现代学校制度建设等方面，提出了职业教育改革发展的保障措施。

可以说，近年来，在中央和地方的得力支持下，重庆市的职业教育有了显著的进步与发展。根据重庆市2016年的国民经济和社会发展公报相关数据，2016年全市中等职业学校182所，中等职业学校招生13.77万人，在校生40.16万人，毕业生12.62万人；普通高等教育学校65所，普通高中招生19.97万人，在校生60.68万人，毕业生21.92万人。中职招生人数占了普通高中招生的69%，基本上实现国家要求的普职招生大体相当。与此同时，结构调整步伐加快，校均规模中职增长71%、高职增长43%，民办学校资产规模翻了一番。办学条件逐步改善，生均校舍面积、生均仪器设备、实训场地不断增加。全年全员劳动生产率为101544元/人，比上年提高10.0%，一大批技能型人才和高素质劳动者汇集在各条战线干事创业，这是劳动力素质提高、科技进步等因素共同作用的结果，资源配置效率得到进一步提升。

不得不承认的是，重庆市职业教育的发展，与缩小城乡之间的差距和产业转型升级之间，仍没有很好的契合度。新的时代，对技术技能人才规模和质量提出了新的要求，职业教育不能很好适应新形势新任务。有的学校违规招生、买卖生源、虚假宣传，有的学校投入不足、违规挂靠办学、教学质量不高，有的学校学生学籍造假、套取政府资助资金等。这些不仅降低了群众的满意度，还严重影响了重庆市职业技术教育的良性发展。

"十三五"时期，着眼于推动科学发展、和谐发展，落实好"314"总体部署，市委、市政府把大力发展职业技术教育作为推进兴渝富民的战略重点、深化教育体制改革的重要突破口、提高劳动力素质和企业生产效率的关键举措，以及缩小城乡差距和区域差距的主要抓手。以面向市场、面向就业、面向人人、面向社会为目标，坚持整合资源、优化结构；加快形成体现终身教育理念，与城乡统筹发展和现代产业体系相匹配，与充分就业和市场需求相适应，开放灵活、发展协调、特色鲜明的现代职业技术教育体系。最终目标，到 2015 年基本形成现代职业技术教育体系，到 2020 年建成职业技术教育强市。中国职教质量万里行重庆行活动在重庆工商学校启动。此次活动分为集中培训和送教入校两个阶段，以弘扬工匠精神为主旨，致力于服务中职学校内涵建设、质量发展，建立东部拉动西部、示范带动一般的共同发展机制，推动中职学校理念更新、教学革新和管理创新。此次活动的开展，将有力助推本市中等职业教育办学水平、育人质量的整体提升。

（三）重庆市一体化职业教育发展

城乡之间形成的巨大发展差距，究其本质，来源于城乡二元对立的体制机制所造成的问题。推进城乡经济社会统筹发展，必须加快推进城乡教育统筹发展。2008 年，教育部与市政府签订了《中华人民共和国重庆市人民政府建设国家统筹城乡教育综合改革试验区战略合作协议》。其中，实现教育体制机制的改革创新是统筹城乡教育发展的重要内容，更是统筹城乡发展的关键。近年来，重庆市一直致力于对城乡教育统筹进行深化改革，已经慢慢形成统筹城乡教育发展的制度体系。通过体制和制度的革新，寻找适合重庆教育统筹发展的路径，促进各个阶段的教育均衡发展，实现真正的教育公平。其中，发展好职业教育，实现职业教育的一体化建设，对统筹城乡发展有着重要战略意义。2012 年《中共重庆市委重庆市人民政府关于大力发展职业技术教育的决定》中提到，优化职业技术教育布局，要按照产业布局和城乡体系规划来展开；优化专业布局，要求农业农村区域围绕现代农业、效益农业发展等涉农专业建设。2015 年重庆市政府办公厅下发了《重庆市人民政府办公厅关于促进职业教育校企合作的通知》，《通知》要求以"政府引导、市场驱动、行业协调、产教融合"为总体思路，按照"政府引导、统筹协调、产教互动、整体融合、市场驱动、创新机制"的基本原则，到2020 年，建立适应重庆产业发展需要，符合现代职业教育本质特征的校企合作制度，形成较为完善的校企合作政策体系和机制，全面提升职业院校人才培养质量。现阶段，重庆市建立了城乡统筹下的职业教育培养体制，完善了职业教育统筹管理体制。改革职业教育办学模式，实行集团化办学，大力推进工学结合，加强校企融合，在职教集团和园区中实现资源共享和城乡互动。统筹普高和中职的招生计划，中职实行注册入学，普高招生实行指标分层次、按比例分配到初中学校的办法，从而让更多的农村学生进入重点中学学习。[①] 另外，在"一圈"和产业集群相结合的过程中，布局了很多职业教育基地，规划建设了"渝东南民族特色职业教育园区"。这能很好地推动重庆市区域职业教育的发展。在城乡学校布局规划上，重庆市按照主城区、区县城和农村乡镇的划分，层级化地根据各自特征规划学校布局。

改革虽然在一定程度上取得了进展，但是依然存在着一些问题和困难。一体化职业教育同时涉及城市职业教育和农村职业教育的发展。从某些方面来说，区域不同的经济发展水平会加剧教育的分化，即一体化教育的实施进程不能与社会经济的发展相对同步。重庆市着力把主城区作为职业教育发展的核心区，到 2015 年，基本保持主城区中职学生占38%，"两个基地"、"四个中心"各占16%，其他区县占30%的格局。

---

① 周旭等：《重庆市统筹城乡教育改革体制机制创新》，西南师范大学出版社 2014年版，第 3 页。

这一措施会在某些方面导致优质资源集聚于城市，边远农村地区学校边缘化。实现从城乡割裂到城乡统筹，形成一体化职业教育体系，让城市教育走出去，农村教育走出来，两者共同促进农村劳动力的水平提高和转移。一体化职业教育进程还需要进一步的改革和努力。

2017 年 3 月 21 日至 22 日，全国职业教育与继续教育工作会议在江苏苏州举行。会议的召开旨在推动职业教育向着现代化目标前进。李克强总理指出，"我们要发展人民满意的教育，以教育现代化支撑国家现代化，使更多孩子成就梦想、更多家庭实现希望。"会议要求，进行教育工作的开展要坚持"三稳三进"，做到方向要稳、目标要稳、阵地要稳和服务要进、内涵要进、队伍要进。发展职业教育要坚持从国情出发、从实际出发、从规律出发，抓住关键、突出重点。重庆市正在着力构建覆盖城乡的职业教育体系，逐步建立以主城区为"一体"、以永川和万州为"两翼"、以区域中心城市为"依托"、以其他区县职业院校为"多组团"的结构布局。实施城校互动等办学新模式，大力推进职业教育办学模式改革，探索建设"城乡互动、联合办学"等方式。

二、发展经验

去年，重庆市政府办公厅印发了《教育部重庆市人民政府共建现代职业教育体系国家制度建设试验区实施方案》，为深入贯彻落实《国务院关于加快发展现代职业教育的决定》和全国职业教育工作会议精神，加快发展现代职业教育，根据《部市协议》，制定了相应的实施方案。实施过程中，要坚持问题导向、依法治教、改革创新、稳步推进的原则，积极推进现代职业教育制度建设、试点试验和总结推广，促进职业教育科学发展，为经济社会发展提供坚实的技术技能人才支撑。近年来，重庆市针对统筹城乡下的教育发展进行了重点性突破改革，创新体制机制，并在一些方面取得了实质性的进展，初步形成了统筹城乡教育发展的制度体系。

第一，形成了统筹城乡教育发展的体制机制。首先从顶层设计的角度来说，以一种宏观的大教育观视角，重庆市完善了公共财政保障教育机制，增加对于教育这一块的财政支出，与此同时，坚持"钱随事走"，促进教育经费合理分配。市政府教育督导室按照构建决策、执行、监督相互协调的行政管理新体制的要求，结合了自身大城市、大农村、大库区的实际，创新体制机制，完善教育督导制度，形成了城乡统筹的一体化管理体制。从学校层面角度，使用层级化的思维方式，按照主城、区县城和乡镇来合理分布城乡学校，将分布的数量和类型进行规范化处理，并针对不同层次的学校，设置统一的标准体系。比如说构建学校标准化建设体系。从教师层面角度，加强培训的力度，实施"双特计划"等，继续完善农村教师补充和专业提升机制。从教学层面角度，顺应时代的潮流和需要，首先使用教育信息化促进城乡教育一体化。再者，从合作学习出发，加强教育合作和对外交流，将重庆教育推出去，面向世界，面向未来，缩短地区和城乡之间的差距并提升自身影响力。从一体化的角度，逐步建立起城乡统筹的培养体制，比如说建立"体育、艺术、科技2+2"培养机制，改革职业教育的办学模式，深入实施"质量工程"。在关键环节上，进行招生考试制度的改革。实施定向招生计划，向民族地区等薄弱区域倾斜，增加更多孩子入学的机会。

第二，实施农村与城市教育的齐头并进。职业教育处于整个教育大体系框架下，唯有推动不同类型教育的纵向和横向发展，才能更好地实现城乡统筹背景下的一体化职业教育。可以说，重庆市教育城乡二元结构相当明显，布局的基本情况可以用"三个减少、三个增加、三个问题"来加以概括。在改革中，重庆市一直坚持以"城乡教育一体化"为统领，把握呈现的问题导向，加强城乡教育容量研究，建立城乡学校布局结构规范，最终实现资源配置更优化和教育优质均衡发展。与此同时，重庆城镇率的增加，带来了大量农村留守儿童的问题。对农村留守儿童的照顾与经济社会的发展有着密不可分的关系，更是统筹城乡教育发展的重要方面。市委、市政府着力构建了教育关爱农村留守儿童的体制机制，促进广大农村留守儿童的健康成长。比如说构建适合于他们的办学体系和培养模式。为了促进农村学校的发展和整合重庆市内外优质资源，重庆市启动了"领雁工程"项目。该项目旨在引领并带动更多农村地区的学校发展，从而实现农村教育的良好发展。另一方面，由于重庆独特的地理条件，地域空间上形成了"一圈两翼"的结构。针对各级各类教育，不同区域有着不同的举措。"一圈"充分了发挥教育的引领作用，"两翼"加大扶持力度。其中，渝东北突出教育移民功能，渝东南突出民族教育特色。

第三，构建城乡统筹背景下的职业教育体系。实现职业教育一体化，其中构建现代职业教育体系起着决定性的作用。职业教育的发展，要顺应当下经济发展方式的转变和产业结构的调整，体现终身学习的理念，逐步建立起各级职业教育连贯协调发展的职业教育体系。只有系统化的实施策略，才能满足如今经济社会的需求以及人民群众对于职业教育的需要。重庆市密切把握职业教育的发展动态，逐步健全完善"政府主导、行业指导、企业参与"的办学体制，融合多种力量推动职业教育的发展，在此基础上，积极统筹区域职业教育协调发展，促进每个区域的职业教育的契合发展，建立以主城核心区为"一体"、以永川和万州为"两翼"、以区域中心城市为"依托"、以其他区县职业院校为"多组团"的结构布局。具体来说，重庆创新开发了新的职业教育办学模式，大力推进职业教育园区建设和办学模式改革。在人才培养方面，确立了"需求导向、学生中心、能力本位、学做合一"的理念，根据所确立的人才培养模式，优化对应的专业设置和实现教学方式的转变，建立第三方评价新机制，进而改革相关的评价机制，并制定了重庆市职业院校教职工编制标准。从整个职业教育的发展来说，重庆市逐步完善现代职业教育体系，实现纵向衔接和横向贯通，探索建立中职教育、高职教育、应用本科教育等相衔接的人才培养"立交桥"。

第四，增强对教师队伍的培养。《中国学生发展核心素养》于2016年9月出台，文件中所提到的核心素养，主要针对如何培养适合未来社会的人才。在落实核心素养相关工作之际，注意到人才的培养需要教师的大力配合，因此基于核心素养发展的教师素养也被逐渐提上日程。发展职业教育也不例外。教师是办好教育事业的关键点。对于一体化职业教育来说，农村地区的教师队伍建设还需要进一步地努力。在一点上，重庆市自2006年就开始关注农村学校教师队伍的发展，形成一系列的机制和办法。先后解决了农村学校代课教师问题，印发《重庆市在农村义务教育阶段学校代课教师中招聘公办教师实施方案》和《重庆市人民政府关于引发重庆市事业单位工作人员收入分配制度改革实施意见的通知》。在此基础上，建立农村学校教师待遇提升保障机制，包括了生活补贴制度、绩效工资政策等，尽可能地统一区域标准，缩短城乡之间的差距。不仅如此，重庆市还着力构建城乡一体的教师培训工作体系，系统制定了《重庆市教师队伍建设中长期规划（2010—2020年）》、《重庆市中小学教师教育第十二个五年规划》和《各年度中小学教师教育工作要点》等，以此进行长期性的统筹工作。教师队伍的良好发展，需要依靠一定的管理制度，才能最终建设成为具备高尚素养、组织严谨、活力四射的专业化队伍。在这一点上，重庆市首先完善了教师管理体制机制，再者，市政府建立了师德师风建设的长效机制和促进城乡教师交流机制，从而实现城乡教师水平均衡发展。

三、对策建议

2017年全国职业教育与继续教育工作会议在苏州召开。会议的目的在于总结2016年的发展经验和成果，结合"十三五"规划趋势，探讨部署2017年的工作安排和计划，以此更好推动职业教育向着现代化方向发展。会议指出，2017年职业教育的总要求是稳中求进。方向要稳，坚持高度重视、加快发展的总方针，牢牢把握服务发展、促进就业的办学方向，确保在实现教育现代化进程中不掉队，力争上游、努力走在前边；目标要稳，加快构建现代职业教育体系，做强中职、做优高职、做大培训、做好职业启蒙，推进考试招生制度改革，构建更加开放畅通的人才成长"立交桥"；阵地要稳，保持职普招生规模大体相当，坚定办好中等职业教育，高度重视培训。服务要进，紧贴供给侧结构性改革，服务国家重大发展战略的实施；内涵要进，狠抓体制机制和模式创新，着力做一些有示范引领作用的改革探索；队伍要进，畅通校企人员双向流动渠道，完善职业院校用人机制和教师培养培训制度，建设高水平的"双师型"教师队伍。与此同时，会议对坚决落实中央部署、着力培养大国工匠、不断扩大职业教育影响力等重点任务进行了部署。

1. 方向：推进教育信息化建设，关注农村职业教育发展

职业教育的发展方向，需要与经济社会动态一脉相承。全球化和信息化的到来，要求我们实现职业教育的一体化和现代化，顺应时代潮流，培养每个当下所需要的人才。重庆市今年将大力推进教育信息化建设工程，实现都市功能核心区、都市功能拓展区100%、城市发展新区60%以上、渝东南生态保护区、渝东北生态涵养发展区40%以上的中小学出口带宽到达10M以上。教学层面，加强高等教育优质数字教育资源开发与应用。鼓励区县、学校在数字校园建设基础上，开展智慧校园建设，形成"人人用资源、课课有案例"的教学应用环境。师资层面，分层开展教育信息化专题培训。实施全国中小学教师信息技术应用能力提升工程，完成不少于10万名中小学、幼儿园教师的专项培训。这项工程不仅能提升重庆市教育现代化进程，还能为农村教育的发展带去新的契机，为更好实现统筹教育打下坚实基础。与此同时，渝北区投入15亿元助推农村地区快速发展，加快农村基础设施建设，改善人民居住环境，从而加快农村社会事业发展，促进城乡均衡化发展。

2. 目标：构建现代职业教育体系，推进考试招生制度改革

构建现代职业教育体系，就是要将中等职业教育、高等职业教育、

应用技术本科教育和专业硕士培养相衔接,达到纵向衔接。重庆市政府4月6日发布新闻,指出要稳步推进高职招生制度改革,首先要坚持"文化素质＋专业技能"相结合的考试方式。之前重庆市一直致力于创新招生深造制度和改革高职招生办法,实行统一考试招生和部分学校单独招生相结合。现如今,在稳定高职单招和对口招生规模基础上,继续推进高职对口招生专业技能全市统一考试,积极探索在高职分类考试招生中使用学生综合素质评价结果、办法和"一档多投"录取模式。另一方面,要严格高职对口招生报考条件。比如说,严禁中职学校未经市教委审批擅自开展高中起点一年制、两年制、弹性学制、学分制等招生并注册学籍。完善高职教育考试招生制度,能有效促进中等职业教育与之衔接,以及拓展高职学生继续深造的途径。以招生考试制度的改革为突破点,从而探索出建立中职教育等其他类型教育相关联的人才培养"立交桥"。

3. 阵地:中职普高招生规模相当,着力办好中等职业教育

职业教育要取得良好的长期发展,必须坚守自己独有的教育阵地。保证普高和职教招生率的合理性,能够有效实现教育资源的均衡配置、各级教育的合理发展。《重庆市人民政府关于加快发展现代职业教育的实施意见》中提到,普教、职教应协调发展,即两者的招生规模相当,并着力发展好中等职业教育。提高高职在高等教育中的比例,推动部分本科高校向应用技术型大学转型,提高专业学位研究生比例。重庆市又指出要深化教育考试招生制度改革。制定2017年高考工作实施方案,取消部分加分项目。合并普通高校招生录取二本、三本和专科一段、二段批次。对中等职业教育来说,首先采取"学生申报、学校选择、学生确认"的选拔和注册入学相结合的招生方式。其次,中等职业学校在现有学校基础上再减少10%左右,调整到160所左右,在校生规模保持在45万人左右,来进一步优化教育布局结构。再者,在关键的招生制度上,进一步完善全市高中阶段学校考试招生办法,建设统一的高中阶段

学校招生信息发布管理平台。之后再完善高职专科及应用技术本科对口招收中职毕业生"文化素质＋职业技能"的考试招生办法。

4. 服务：密切联系供给侧改革，实现结构优质发展

所谓的"供给侧改革"，即"供给侧＋结构性＋改革"，就是用改革的办法推进结构调整，减少无效和低端供给，扩大有效和中高端供给，增强供给结构对需求变化的适应性和灵活性，提高全要素生产率，使供给体系更好适应需求结构变化，着力解决中国尚存的供需关系问题和结构性问题。其中，区域结构问题突出表现在人口的区域分布不合理。目前，我国城镇化率尤其是户籍人口城镇化率偏低，且户籍人口城镇化率大大低于常住人口城镇化率。对于大城市、大农村、大山区、大库区共存的重庆来说，将继续致力于资源整合，实现资源优化配置和优化再生。重庆市九龙坡区正在全力推进城乡结合部整治工作，优化城乡环境建设。市政府提出，一要深入辖区城乡结合部，进行全面摸排；二要开展宣传动员，形成全社会参与的良好工作氛围；三要按照"属地管理，条块结合，以块为主，综合治理"的原则，进行集中整治。另外，南岸区围绕促农增收全面深入实施农业供给侧结构性改革。比如说探索"互联网＋农业"的方式等等。重庆周边的垫江县，通过实施"全面改薄"，不断改善办学条件、增强教育发展潜力，持续完善农村留守儿童机制，改善教育民生民计。

5. 内涵：创新体制机制模式，丰富职业教育内涵建设

创新发展体制机制，实现办学模式改革，能有效促进今后职业教育的良好发展。全国职业教育会议要求从内涵出发，再次探讨新形势下职业教育的发展方向。重庆市教委最近针对人才培养模式改革，增添了新举措。从整个教育体系来说，义务教育阶段要落实"减负提质"十条意见，深化中小学课堂教学改革；高中阶段要推动普通高中特色化、多样化发展，新立项建设普通高中课程创新基地27个、精品选修课程100门、教育教学改革研究项目160个；职业教育要大力度推进"3＋4"和

"五年制"人才培养模式改革，构建技术技能人才培养"立交桥"；大学教育要推动一流大学、一流学科建设，新设市级重点学科建设项目200个，立项建设83个本科特色专业、372项研究生科研创新项目，与此同时，推进高校转型服务我市重点产业行业，新增7所高校向应用型高校转型和12所高校相关学科专业转型。另外，重庆市还着力推进"智慧校园"建设，制定智慧学校建设基本指南，同时，加快高等教育创新发展，制定加快推进高校产学研合作实施方案，确立国家级大学生创新创业训练计划项目100个，支持建设市级2011协同创新中心5个。

6. 队伍：增强校企人员交流，培养专业教师队伍

以重庆市巴南区为例。《重庆市巴南区教育事业发展"十三五"规划》中指出，师资队伍结构亟待优化。中职"双师型"教师不足，农村优秀教师较难稳定。教师交流体制机制还不完善，教师的交流学科互补作用发挥还不够好。要力争在2020年，职业教育中高级"双师型"教师占比50%。为进一步深化教育体制改革，调整优化教育结构，合理配置优质教育资源，全面提高教育质量和水平，缩短区域之间的差距，重庆市巴南区人民政府提出了《重庆市巴南区人民政府关于深化集团化办学的意见》。集团化办学要着力于解决束缚教育发展、学校发展、质量提升、产教融合、校企合作的现行体制机制问题，统筹兼顾普通中小学、职业教育、学前教育等不同类别、不同层次学校的发展需求，围绕区域重点产业，探索建立职业院校、科研机构、行业协会、园区企业参与的全方位的校企合作模式。到2020年，实现全区优质教育资源显著增加。实施过程中，可以通过"城区优质学校+农村学校、薄弱学校"构建"学校发展共同体"，促进农村地区快速发展；也可以借助"重点中职学校+参与配合学校+科研院校+行业协会+园区企业"构建"产业教育联盟"，增强校企人员之间的交流和流动。

参考文献

一、著作类

［1］马克思:《哲学的贫困》,《马克思恩格斯选集》(第 1 卷),人民出版社 2012 年版。

［2］李淼:《城乡二元结构下的基础教育公平问题》,中国社会科学出版社 2012 年版。

［3］王颂吉:《中国城乡双重二元结构研究》,人民出版社 2016 年版。

［4］郭翔宇等:《统筹城乡发展—理论、机制、对策》,中国农业出版社 2007 年版。

［5］陈承明等主编:《中国特色城乡一体化探索》,吉林大学出版社 2010 年版。

［6］陈燕:《公平与效率》,北京中国社会科学出版社 2007 年版。

［7］吴洪彪:《建设社会主义新农村》,江苏人民出版社 2006 年版。

［8］保罗·萨缪尔森、威廉·诺德豪德:《经济学》,华夏出版社 1999 年版。

［9］[法]《傅立叶选集》(第三卷),商务印书馆 1982 年版。

［10］[英]《罗伯特·欧文选集》(第 1 卷),柯象峰、何光来、秦果显译,商务印书馆 1979 年版。

［11］约翰·罗尔斯:《正义论》,中国社会科学出版社 1998 年版。

［12］[美]西奥多·W. 舒尔茨:《改造传统农业》,商务印书馆 2003 年版。

［13］吴雪萍：《国际职业技术教育研究》，浙江大学出版社 2004 年版。

［14］鲁传让：《职业教育在丹麦》，转引自吴雪萍：《国际职业技术教育研究》，浙江大学出版社 2004 年版。

［15］张小林：《城乡统筹：挑战与决策》，南京师范大学出版社 2009 年版。

［16］克孝：《职业和技术教育课程概论》，华东师范大学出版社 2001 年版。

［17］［日］青木昌彦：《比较制度分析》，周黎安译，上海远东出版社 2001 年版。

［18］宋恩荣：《晏阳初文集》，教育科学出版社 1989 年版。

［19］达尼洛夫、叶希波夫：《教学论》，北京师范大学外语系 1995 级学生译，人民教育出版社 1961 年版。

［20］王策三：《教学论稿》，人民教育出版社 2005 年版。

［21］黄甫全：《现代课程与教学论学程》，人民教育出版社 2006 年版。

［22］王道俊、王汉澜：《教育学》，人民教育出版社 1998 年版。

［23］吴也显：《教学论新编》，教育科学出版社 1991 年版。

［24］袁华、郑晓鸿：《职业教育学》，华东师范大学出版社 2010 年版。

［25］贺祖斌主编：《职业教育管理》，北京师范大学出版社 2010 年版。

二、论文类

［1］冯海发、李澂：《我国农业为工业化提供资金积累的数量研究》，《经济研究》1993 年第 9 期。

［2］赖文燕：《我国城乡居民收入差距的回归分析分析》，《企业经济》2015 年第 1 期。

［3］颜媛媛、张林优：《医疗卫生资源城乡分配差异的全面审视》，

《调研世界》2006 年第 4 期。

　　[4] 王勇辉、管一凡：《英国城乡统筹政策对我国城乡一体化战略的启示》，《城市观察》2014 年第 5 期。

　　[5] 孙健夫、张士军：《英国社会保障制度对我国的启示：借鉴与创新》，《甘肃社会科学》2002 年第 5 期。

　　[6] 国务院农村综合改革工作小组办公室考察团，黄维健等：《英国农业支持与保护体系建设考察报告》，《财政研究》2008 年第 1 期。

　　[7] 孔祥利：《战后日本城乡一体化治理的演进历程及启示》，《新视野》2008 年第 6 期。

　　[8] 王勇：《国外农业可持续发展科技创新战略研究》，《广东农业科学》2008 年第 8 期。

　　[9] 褚宏启：《城乡教育一体化：体系重构与制度创新——中国教育二元结构及其破解》，《教育研究》2009 年第 11 期。

　　[10] 邬志辉：《城乡教育一体化的制度束缚与破解》，《华南师范大学学报（社会科学版）》2013 年第 1 期。

　　[11] 范魁元、王晓玲：《城乡教育一体化背景下的教育管理体制改革研究》，《教育科学研究》2011 年第 6 期。

　　[12] 邵泽斌：《理念变革与制度创新：从城乡教育均衡到城乡教育一体化》，《复旦教育论坛》2010 年第 5 期。

　　[13] 黄若君：《城乡教育一体化与资源均衡配置》，《沿海企业与科技》2011 年第 1 期。

　　[14] 张道祥：《当前农村教师队伍存在的问题与建议》，《教育探索》2008 年第 9 期。

　　[15] 黄若君：《城乡教育一体化与资源均衡配置》，《沿海企业与科技》2011 年第 1 期。

　　[16] 谭璐：《浅析城乡教育一体化的发展模式与实施路径》，《邢台学院学报》2014 年第 1 期。

　　[17] 张乐天：《城乡教育一体化：目标分解与路径选择》，《复旦

教育论坛》2011 年第 6 期。

[18] 鲁昕：《职业教育，加快适应经济新常态》，《职业技术》2015 年第 2 期。

[19] 葳蔓：《中国职业教育发展的机遇与挑战——中国职业技术教育学会 2006 年学术年会综述》，《职业技术》2006 年第 21 期。

[20] 姜作培、李汝：《城乡统筹背景下职业教育面临的挑战及对策》，《石家庄职业技术学院学报》2011 年第 3 期。

[21] 褚宏启：《城乡教育一体化：体系重构与制度创新——中国教育二元结构及其破解》，《教育研究》2009 年第 11 期。

[22] 郭彩琴、顾志平：《城乡教育一体化的困境与应对措施》，《人民教育》2010 年第 20 期。

[23] 李建忠、刘松年：《从教育政策的演进看我国的教育公平》，《教育财会研究》2009 年第 1 期。

[24] 杨清荧：《基本公共服务均等化视域下城乡教育资源一体化研析》，《教学与管理》2017 年第 6 期。

[25] 杨开明：《高职教育资源整合与共享当议》，《四川职业技术学院学报》2005 年第 4 期。

[26] 王梦云：《现阶段职业教育的法律思考》，《山西大学学报（哲学社会科学版）》2007 年第 6 期。

[27] 袁海涛：《河南省城乡一体化进程中农民职业教育思路探析》，《农业经济》2013 年第 8 期。

[28] 欧阳河：《职业教育基本问题初探》，《中国职业技术教育》2005 年第 12 期。